梁野东风

武东印记

练良祥 主编

林善珂 执行主编

社会科学文献出版社
SOCIAL SCIENCES ACADEMIC PRESS (CHINA)

序 一

王光明

为一个偏远乡镇的历史、文化和风俗著书立说，《梁野东风——武东印记》的出版不仅是地方有识之士的创举，也是新时代政通人和的见证。

在中国三万多个乡镇中，福建省武平县武东镇表面上是一个默默无闻、无足轻重的存在。这种默默无闻、无足轻重的状况，首先是由于它与许多"小地方"一样，一直处于无名的状态：虽然乡制始于西周，但隋唐以降直至清末，正如著名人类学家、社会学家费孝通先生在《乡土中国》和《江村经济》中所揭示的那样，封建帝制实际上并未在广大乡村社会建立起垂直的统治格局，它们千百年来一直处于自然村落的状态，治理这个"小社会"，依靠的主要不是法典、官宦，而是村（族）规民约和乡绅长老。因此，就像本书中练良祥先生在《武东镇建制沿革》中追溯的那样，在漫长的历史时空中，"武东"实际上是武平县一个没有行政边界的方位，须到 20 世纪 30 年代，"武东区"才作为有明确边界的行政区域在年轻的苏维埃政府诞生。

但即使进入 20 世纪，现代制度开始对乡村进行规划和管理以来，武东在相当长的一段时间里也处于归属无定的状态：不是被切成两块分别并入十方和中堡，就是分成丰田和六甲两个行政单位。为什么武东的行政规划摇摆不定？除了社会转型和政策变化的因素，恐怕原因还是地方特色和支撑性产业的匮乏。客家人落脚生存的闽地之西，本来就是穷乡僻壤；而在武东，除了人均不足一亩的山地之外，几乎没有发展规模性产业的资源：在我对 20 世纪 70 年代的记忆中，武东公社甚至不如十方和中堡两个近邻，它们至少在矿产和林业资源方面要优越一些。

或许有人认为这不是生存发展的理想之地，但以客为家的客家人不仅世世代代在这里繁衍生息，以大地群山一样的沉默，显示出平凡生命奇异的坚毅与庄严，而且以一个个几乎令人难以置信的奇迹，诠释着客家民风民俗的精神魅力。其中最值得重视和珍惜的，就是以"耕读传家"为本的生存定力。你看看林善珂先生写的《古代武东书院概述及崇文书院简介》，武东古代书院、书屋竟然比现在的小学还多，光四维一个村就既有知名的观成书院，又在雷公井、大窝里建有书屋和学堂。有这样崇尚文明、敬畏知识的传统，几乎不为世人所知的培英书屋，会走出王贵生先生这样在中华人民共和国成立后武平县第一个考入北京大学的学生，就自然是情理之事了。王贵生先生是1959年考入北京大学的，那时他已经与童养媳妻子结婚，是一个两岁孩子的父亲。我读过他自印的传记《记忆的容颜》，他那完全称得上悲壮的求学经历，让我又心酸又骄傲。

最值得注意的，当然是清康熙三十八年举人林宝树先生。在闽、粤、赣三地客家人中，不知林宝树其人的或许有之，但不知道《元初一》的，肯定少之又少。我们客家儿童在没有听说过子曰诗云、唐诗宋词之前，就已经在背诵他这本方言写成的启蒙读本了。林宝树的意义实际上远不止创造了用客家方言写作的奇迹：他不仅仅是耕读传家的客家士子的榜样，甚至不仅是进退有据的传统读书人的典范。在传统中国读书人人生与事业格局之外，他探索了另一种面向民间社会安顿身心和建功立业的方式。

林宝树中举后被选授海城知县，究竟是敬谢不赴，还是赴任后打道回乡，现有的史料不甚清晰，似乎也无从稽考。这并不重要。重要的是，第一，无论是不赴任，还是赴任后辞官返乡，都体现了一个读书人独立的思想和人格。第二，传统中国的读书人，历来奉行的是"达则兼济天下，穷则独善其身"的人生哲学，仕途不畅无缘施展政治抱负时，以退为进，隐居于田园和诗赋书画之中，追求自我人格的完成。但林宝树归隐故土，仍然找到了运用知识服务广大社会的方式，既保全了人格，又为社会做出了重要贡献。

我个人非常敬仰不求闻达、外朴内刚的林宝树先生，他表现了传统客家读书人非常可贵的品格，不只因为他战胜了封闭环境和物质条件的限制，在拥挤的科举道路上脱颖而出；而是崇敬他不忘初心，经过心与脑的运用所形成的独立精神和强大的内心定力，为了自己的内心信念，不要说功名利禄，即使面对人生悲剧，照样义无反顾，一往无前。

这是一种非常有趣的文化气质，像一种基因的遗传，从古至今，成为一代又一代梁野山下读书人共同的印记。譬如文化前辈林默涵先生，挺立在时代的潮头，身不由己处于现当代文坛的是非旋涡中，骨子里仍然是初心不改、富贵不移的客家人本色。我敢于这样评价林默涵先生，是因为与他认识并有过不浅的交往。那是 1981 年至 1983 年我在北京大学、中国社会科学院进修和帮助工作的时候，我与他在他北京沙滩文联办公室有过好几次难忘的交谈，他还好几次让秘书寄邀请函和打电话，让我出席过包括在人民大会堂召开的纪念鲁迅诞辰 100 周年等重要的文化活动。那时我也是年轻气盛，不十分在意他对小老乡的亲切关怀和宽厚大度，竟当面表达不同的文学见解，也没有接受他要我评论电影《喜盈门》的任务。但是私心里，却一直对他怀有一种特殊的尊敬：他曾与我谈到过当时主要中央领导让他主持整个文艺界的情况。我知道，如果不是客家读书人秉性使然，像当时一些文坛要人那样跟着潮流改变自己的文艺观念，随波逐流，见风使舵，我的林伯伯是会担负更重要的职责的。

我深深感到无论读书还是不读书的客家人，似乎都有一股倔劲，爱认死理，面对千变万化的世界不擅（更准确说是不愿）通融，随机应变。这是长期被封闭而艰辛的生存环境和民俗民风交融塑造的一种执着自恃的性格，积极与消极的发挥正如一种性情的两用，全看能否得到人生观与价值观的引导。从好的方面说，它是自信与定力，对心中认定的东西执着如一，不改初衷，不计得失。而在不经头脑的情形下，却是一种盲目的力量，拿客家话说是一种"蛮"力，或者安贫乐道，不思进取；或者热情与力量用错了方向。这就是客家文化要把"耕读传家"作为安身立命根基的原因，光是拳头硬、力气大、能吃苦会劳作是不够的，力气还必须用在正道上，因此必须通过知识和文化的力量训练我们的反应能力，用崇高的价值观指引我们的人生。

《梁野东风——武东印记》全面展现了一个客家乡镇的历史与现实，让我们能够更好了解自己的历史，看清未来的方向。在这个意义上，它不仅是新时代政通人和的见证，也是通过历史与现实反观自己的一面镜子。

是为序。

2019 年 7 月 18 日于北京四季青

序　二

练良祥

　　仰望梁野山，沐浴东坡风。《梁野东风——武东印记》一书终于要付梓了，我们也终于放下了一颗悬着的心，松了一口气。有点小欣慰，有点小欣喜。

　　武东镇历史悠久，源远流长。虽然地不广袤，人不众多，物产也尚欠富饶，但她钟灵毓秀，人杰地灵，人文荟萃，英才辈出。从这里走出去的文史专家、科技翘楚、革命志士，不胜枚举。

　　中华传统文化有句俗语云：盛世修志。我们国家正当盛世，我们的乡镇也躬逢前所未有的发展发达的时期。为此，我们镇的有识之士、旅外乡贤乡亲乡友们，向镇党委、政府建议：为存史、资政、团结、育人需要，为向社会各界展示武东的风物、风光、风情、风俗，亟须搜集武东的自然地理、历史人文成一册，让我们镇的人民和诸生后辈捧读之后，知我武东、爱我武东，增强自信和自豪，激发爱家、爱乡、爱国之情怀；让镇外的贤达朋友们，披阅之后，对我们的家乡有所了解、有所钦敬、有所爱慕，并由此生发为其发展、发达施以援手，并为之鼓与呼之心。由此可见，其意义非凡。

　　戊戌年季冬，镇党委、政府动议编辑此书，历经半年多的动员征稿、田野调查、整理编辑，终于成书。力主史实、以史为鉴，是贯穿于本书的准线，由此而展开的是历史事件的起因、历史人物的况貌、历史真实的脉络，营造出浓郁的沧桑感、获得感。思想的锋芒与情绪的感染聚焦于历史，又生发出勃勃生机。这就是我们编写此书的初衷。在这里，我要代表镇党委、政府，向尽心尽力出版本书的社会科学文献出版社，向鼓励支持出版本书的各级领导、镇里的有识之士、旅外乡贤乡友，向为本书出版付出巨大辛劳的编辑诸友，表示最诚挚的谢意和敬意！

　　由于时间仓促和编辑力量所限。本书肯定存在不足之处，也存在诸多缺点。在此敬请读者诸君见谅并不吝赐教指正。

　　是为序。

己亥年盛夏于寒舍

目录

古迹追寻

文化之乡

教育之乡

人物春秋

乡村红风

苏维埃时期武东的革命斗争

维　文

1929 年 3 月以后，毛泽东、朱德和陈毅等领导同志率领红四军主力挥戈进入武平，播下了革命的种子，在红军帮助下，武平东部地区的人民纷纷起来暴动，建立苏维埃政权，土地革命蓬蓬勃勃地开展起来。

1929 年 10 月，红四军第三纵队来武东活动，帮助建立了革命委员会，各乡成立农会组织，打土豪、分田地的斗争此起彼伏。1930 年 6 月，红军主力途经武东时，再次推动着斗争的发展。年冬，蒋介石纠集十万兵力进攻中央苏区，此时盘踞在上杭、武平两县的团匪也乘机向官庄、回龙掳掠的同时，向武东苏区扰乱。武东苏区人民英勇抗击，由于当时力量还较为薄弱，缺乏斗争经验而失利。后上杭、武平两县根据闽西特委的指示精神，发动汀江西岸和武北区两股革命势力向武东增援，狠狠地打击了敌人的嚣张气焰，很快就收复了阵地，稳定了革命局势，巩固了苏维埃政权。翌年春，上级党组织为了便于革命局势向武东、六甲方向发展，也便于联系象洞等地区，决定武东区由杭武县委县苏领导。当时杭武县苏维埃主席是邱致和，还有武东、中堡、六甲群众熟悉的朱发古同志为委员，他是武东张畲人，当时任游击中队长，后被叛徒出卖，牺牲于武平城。县苏设有军事、财粮、文教、妇女、土地、裁判、检察等部，以及团县委、少先队等机构（县苏财粮部主任林兴贤，系中堡罗助人，1932年牺牲在美西角；裁判部部长林彩明，1932年在上杭中都牺牲；检察部部长罗近华）。同时，还成立了县赤卫团、杭武游击大队（大队长兰东辉，中堡章丰人，1932年在本乡被敌杀害）、杭武独立团、杭武教导大队等地方武装组织，积极投入反"围剿"斗争和深入敌区捉土豪、攻"围子"斗争，形势一片大好。然而，由于"左"倾路线的干扰，加之蒋介石先后发动第二、第三次反革命"围剿"，武东区一时受到严重的损失，革命又一度转入低潮。

1932年春，红十二军在罗炳辉军长的率领下克复了杭武两县，中正区（武东区）苏维埃政府宣告成立，首任主席聂祖唐（十方处明人，1934年在桃溪小湘坑对敌斗争中牺牲）。同时调集乡武装骨干组建武东游击队，聂祖唐兼队长（其侄聂国春当时也在此游击队，红军长征后，他留下坚持了三年的游击战，抗战时加入新四军北上抗日，解放战争时期转战华东战场。"文化大革命"期间受"四人帮"的迫害，不幸在南昌逝世）。还组建了一支区警卫连，连长廖荣生，不久警卫连在中堡编入福建军区独立第二团，随后聂祖唐调入该团任团长，区苏主任石寿才（中堡远富人，1935年12月在中堡被敌杀害）接任，警卫连连长王星照。当时中正堂亦成立了苏维埃政府，主席廖棋堂，副主席刘森兰，财政部部长王伴容，文书廖步奇，各乡还组织贫农团、村贫小组。此外，各乡还有赤卫军、少先队。各武装力量都能配合游击队深入白区打击敌人。到1932年11月，武东区少先队发展到700多人，革命力量空前强大。

在打击敌人、粉碎敌人"围剿"的同时，在党组织的领导下，各乡村开展打土豪、分田地活动。匪敌眼见土地革命如火如荼地向前发展的局势，伺机反扑扰乱武东苏区，最可恶的是钟绍葵勾结武东上畲林四子，串通土豪劣绅，常在深更半夜对苏区群众偷袭，掳掠财产，奸淫妇女，造成白色恐怖。

武东苏区人民并不因此而被吓倒，在党的领导下进行英勇顽强的斗争，就连广大妇女也都能在战火纷飞的年月里英勇参军参战，开展战地宣传，唱起"日头一出照高楼，团匪士兵快回头，有哩好处你无份，出没冲锋你在前"的歌谣来瓦解敌人，规劝团丁叛离匪队。有的妇女还亲送丈夫、儿子参加红军；有的妇女通宵达旦地赶做草鞋，送米送菜给红军、游击队，以实际行动支持革命战争。

在广大人民群众的大力支持下，武东游击队积极配合红军狠狠打击团匪进攻。1932 年秋，少先队配合武东游击队，采取穷追猛打的战术，把中堡吉湖、章丰等处的钟绍葵团匪，逼向武东中间堂，他们溃退至上杭千家村，才将其残部歼灭，取得了革命战争的新胜利。

武东区游击队不但敢于和来犯之敌展开针锋相对的斗争，还勇于深入白匪驻地奇袭敌人。当时，高梧驻有广东军阀，武东游击队则利用敌人人地生不熟的弱点，组织骨干力量把敌人打得晕头转向，一败涂地。

1937 年 7 月 7 日，卢沟桥事变点燃了抗日战争的烽火，武东人民和全国人民一样，在中国共产党的领导下展开了持久的抗日运动。不久闽粤赣边省委在龙岩成立，后又成立梅县中心县委，武平抗日救亡运动归梅县中心县委领导，工作由秘密转向公开，武东地区虽远离粤东，但各种宣传活动也相应展开。之后，国民党反动派的假抗日、真反共的面目越来越暴露，尤其是"皖南事变"和"闽西事变"后，时局一度紧张，党组织活动被迫转入地下。直至 1943 年 3 月，闽西特委根据形势发展的需要，派特派员邱锦才、副特派员章荫木同志来武东地区开展革命活动。

邱、章两同志来武东后利用林友谦的关系（友谦是革命老妈妈林客嫂——王太金秀的儿子。林客嫂是张鼎丞、邓子恢、林映雪等同志的老接头户）住进五坊村，同时还改名换姓（邱锦才同志改为林德发），以挑担为掩护出没于十方、武东、中堡、千家村一带，收集情报，秘密联络。在此同时，利用挑担、劳动之便结交可靠青年，实行同吃、同住、同劳动。经邱、章同志的努力，在泥坑骨和鸦鹊塘吴光辉（小学教员）、吴国恩、吴国祥、吴锡园、林国照、林日基、林佩禧、林佩煌、林佩梅、林树良、林佩棋、林日联等人结为知心朋友，实为发展革命的骨干力量。从此，武东的革命活动又秘密地开展起来了。

随着形势的发展，经上级批准，成立杭武边游击大队，并由章荫木同志代表组织宣布任命林日基为队长。游击队在继续开展宣传活动的同时，还组织游击武装力量维持社会治安和袭击土匪武装，牵制敌人巩固后方。

1946 年 6 月，林日基、吴光辉、林佩梅、王秋富等人被国民党反动派以"奸匪罪"逮捕，后被押至省特种监狱。他们在被关押期间经受住了敌人的利诱和严刑拷打，没有向敌人低头，没有出卖党的组织和革命同志，表现出了英勇不屈、顽强斗争的英雄气概。

在漫长的斗争岁月里，武东人民谱写了可歌可泣的英雄业绩，涌现了林路妹、林太保生、林连珍、林秀子、王拔奇、王仰光、王发生、王德胜、王茂兰、王兴才、王登麟、胡维麟、王赠香等许多革命青年参加红军，有的为革命献出了宝贵生命，有的至今下落不明。据民政部门普查核定，在抗战时期为革命献出青春的革命烈士，武东就有 110 多人，武东人民为中华人民共和国的成立作出了重大的贡献。

根据《林日基回忆录》改编

苏维埃时期武平县革委会和中共武平县委驻地

——陈坑村古民宅"中书第"

何雪珍　饶稳祥

陈埔村，古称陈坑村，是个古老美丽的村庄。村前溪流交错，有四座桥梁将四个自然村、五大姓、3000多户、近1万名村民联结起来。古汀州府至潮州府和武平县至上杭县的陆道，在该村交会。陈坑村是武东片区政治、经济和文化中心，也是兵家必争之地。

中书第

大革命时期，1929年冬，红四军从上杭出发，沿着古道寨背、黄埔等地，不到半天就来到陈埔，用奇袭的方法打掉了欺压村民的反动民团。以陈坑古宅"中书第"为司令部，帮助村民组织农会，宣传发动贫苦农民打土豪分田地，古宅墙上至今还有红四军标语和红军十大纲领。1930年6月，陈坑区苏维埃政府宣布成立，后遭反动势力破坏。1932年2月，罗炳辉将军率领的红十二军来到陈坑，陈坑区苏维埃政府得以恢复，古宅为武东区苏维埃政府和武东游击大队的办公地点，聂祖唐为武东苏维埃政府主席和武东区游击大队长。武平县革命委员会也在陈坑恢复成立，赖信荣为县革委会主席，朱锦云为军事部部长兼裁判部部长，中共武平县委重建后也进驻武东陈坑办公，由练灿华任书记，杨勇、聂云虎、练世祯任委员。随后，为适应时局的需要，恢复共产党内部肃反扩大化的"左"倾路线危害下丧失的武北红色区域，县委、县革委会又由陈坑迁至武北亭头，领导武东区和高梧、中堡等地开展轰轰烈烈的土地革命运动。今天，古宅"中书第"不仅是红色遗存的载体，而且古宅建筑本身也有重要的文物价值。它于清咸丰丙辰年（1859 年）建造。该古宅为明清时代建筑风格，坐北朝南，土木结构，主屋上下两厅，之间有天井一口，上下两厅皆圆木立柱支撑横梁，架成天心，雕梁画栋；上下两厅均饰屏风，上雕行云流水、人物传奇，十分精美。厅堂两侧配有厢房，穿过上厅左右厢房过道，各有天街和横屋围绕，与主屋正面围墙构成内院，布局显得十分紧凑。该祠堂主门楣书四个刚劲有力的大字"声振西江"，是取饶氏这一宗族分脉在西江颇有声望，抑或说祠堂主人在西江经商有方名声在外？令人浮想联翩。外大门建在内院右侧，门头横书"中书第"三个大字，熠熠发光。据考，中书在清朝的位阶约为从七品，职能为辅佐主官，属基层官员编制。经商成功人士为光耀门庭，也可捐款而得。古宅有大小房屋 28 间，宅后还有池塘围护，总面积 900 平方米，蓝瓦白墙装饰，颇为壮观。

声振西江

土地革命战争时期的红色中间堂

王胜祥

中间堂在土地革命战争时期是武平红色区苏重要组成部分之一，武平苏区活跃之区域、战略据点、红色交通驿站。1929年11月中旬，红四军曾在此宿营休整，宣传、发动群众进行革命。20世纪30年代，曾在此地建立了革命政权，即左田中正（中间堂）乡苏维埃政府，属于陈坑区苏维埃政府（中正区）所辖之乡苏。

《武平人民革命史》记载，1929年8月底，朱德率红四军第二、三纵队从闽中打回闽西。9月21日，红四军四个纵队，加上地方赤卫队、运输队、担架队，总计1万余人一举攻占了"东无退路，西无战场，南有河道，北有池塘"的"铁上杭"。接着，第一纵队一部和第三纵队直属队，七、九支队进入武平分兵活动，继续采用"固定区域的割据，用波浪式的推进政策"，扩大红色区域。红四军第三纵队由上杭进入武东，开展分兵革命的活动，没收土豪财产，焚烧田契债务，革命的烈火在中间堂及周边地区燃烧起来，唤醒了长期遭受剥削压迫的民众。他们成立了赤卫队、贫农团，并为红军及工农武装提供粮食、草鞋等给养。星星之火，终成燎原之势，革命势力不断壮大。1929年10月7日，红四军第三纵队在武东、十方等地农民赤卫队的紧密配合下，首次攻占武平县城。

1929年11月15日，红四军出击东江失利，返回武平、上杭，从广东平远的差干进入武平的下坝蕉头坝，11月16日，进入武平武所（中山）宿营休整。随后，途经武平的凹坑、十方、高梧、陈埔、炉坑、中间堂等地，抵达上杭千家村，至官庄召开红四军前委扩大会议。红四军队伍进抵中间堂后，曾在此宿营休整，并得到了给养。在宿营休整期间，红军指导群众成立农民协会、召开群众大会等。在群众大会上，朱德同志在中间堂"三圣庙"发表了鼓舞人心的讲话，宣传共产党的主张和红军的宗旨，发动、号召民众积极参加红军，推翻国民党的统治，建立新中国。红军应广大劳苦大众的要求，公开惩办了一些罪大恶极的劣绅恶霸等，为民除害。民众拍手称快，喜笑颜开，得以翻身。中间堂及周边各村的群众纷纷前来参加大会，目睹了大会盛况及代表广大民众利益的胜利之师，接受了革命思想的熏陶，深受鼓舞，革命觉悟进一步提高。同时，群众在中间堂慰问红军，为红军补充粮食等给养，为红军游击队搜集情报，支援红军游击队深入白区捉土豪，攻打"土围子"，以实际行动支援革命战争。在革命热情持续高涨下，周边各村的革命群众觉悟不断提高，一批批热血青年当即报名参加红军，随红军主力转战各地，浴血奋战，为革命洒热血、抛头颅。

"枪杆子里面出政权"，1930年6月，毛泽东、朱德等率领红四军主力第二次到武平，攻占了武平县城，恢复了县苏维埃政府，使武平打土豪、分田地的革命热情继续高涨。中正区人民在革命的实践中，成立了左田中正（中间堂）乡苏维埃政府。左田中正乡苏维埃政府继续发动广大群众深入开展土地革命，废除债务契约，取消苛捐杂税，消灭封建地主的土地所有制，实行"耕者有其田"制度。在分配土地中，事先成立分田机构，由贫农团主任兼主任，同时设立没收委员会，然后由没收委员会根据《武平县苏维埃政府布告片关于土地问题的决定》，把"一切地主、土豪及神会、公尝的田地，不论典当卖绝，概行没收，由苏维埃政府分给贫农耕种，由县或区苏维埃政府，发给耕作证"。（《武平县苏维埃政府布告》，1930年6月）。1931年春，上级党组织为使革命局势便于向武东、中堡方向发展，决定武东区由杭武县委、县苏领导。成立杭武游击大队、杭武独立团、杭武教导大队等地方武装组织，这些地方武装组织常活动于中间堂及周边各村，积极投入反"围剿"斗争，进一步推动了中间堂及周边各村革命的高潮。开展"打土豪，分田地"运动，重视农业生产，并积极发展各类手工业，大力发展商业，活跃市场，粉碎了国民党政府的经济封锁。组织宣传队，组建赤卫队，成立拥红会，积极开展拥军优属、支前扩红活动，有力地支援了红军的扩大和发展。

　　1931 年 10 月间，红十二军进驻汀州与新十二军会师合编，仍称红十二军。1932 年 2 月，红十二军攻占了武平、上杭县城，武平苏区得到巩固，武平的土地革命掀起了更新的高潮。鉴于武东区有较好的群众基础，武平县革命委员会于 1932 年 2 月底在武东陈坑恢复，赖信荣为主席，朱锦云为军事部部长，吴国光任县革委会文书，谢步声任土地部部长，张兆兴任交通部部长兼裁判部部长，王其伟任团县委书记。1932 年夏、秋间，中间堂及周边各村等村赤卫队、游击队、模范少先队等配合武东游击队，采取穷追猛打的战术，在炉坑村赖坑设伏，把中堡吉湖、章丰等处的钟绍葵部的民团，逼向武东中间堂，迫使其溃退，并追至上杭千家村，将这股匪敌歼灭。正如《红色中华报》总结的："上杭武平两县都成赤区，团匪钟绍葵全部被击溃，闽赣两省联系更加巩固，是革命战争胜利第一声。"

　　1934 年 10 月，中间堂及周边各村的苏区人民随着红军主力的战略转移、国民党军队对地方游击队进行疯狂"围剿"的情况下，中间堂乡苏维埃政府所属游击队为保存革命的有生力量，转入地下革命活动，并与敌人周旋，伺机打击敌人和消灭敌人。

　　中间堂及周边的革命群众在白色恐怖的艰难岁月里，始终如一地支持革命斗争，为中华人民共和国的成立作出了不朽的贡献。

追忆闽西义勇军武平支队活动片段

林日基　蓝大仁

1949 年 5 月 22 日，闽西通电宣布起义；次日，武平县县长练平立即响应，武平县宣告和平解放。不久，闽西义勇军武平支队在总部的指挥下，参加解放长汀战役。由于敌我装备悬殊，战斗失败，部队只好撤回。7 月，因溃败南逃的国民党中央军胡琏兵团窜扰闽西，盘踞在武平县城，勾结当地反动势力，大肆搜捕起义人员和他们的家属。为保存有生力量，武平支队人员一部分化整为零，分散回乡隐蔽；一部分在支队长王嘉奇的带领下，转移到乡下开展游击活动。而支队内的个别坏分子——如钟勇、钟国勋、林国梁等——趁机拉拢煽动三个中队 200 余人拖枪叛变，上山为匪（以后部分随胡琏溃逃到金门）。

这时，支队处境非常困难，但同志们的革命意志毫不动摇。在驻扎于象洞的中共武平县委领导下，支队长王嘉奇和中正区区长林日基，带领着其余同志，活跃在与上杭交界的武东、中堡、十方、高梧等地，一边深入群众宣传开展减租减息，一边进行游击活动。支队运用声东击西的战术，神出鬼没，深入伪乡公所、敌军驻地等处张贴解放军标语，大大鼓舞了群众情绪，有力地打击了敌人的嚣张气焰。

有一次，区长林日基带领吴国祥及支队钟成信、钟四满头两名短枪手，深夜潜入中堡，分散张贴标语，弄得敌人惊恐不安。第二天夜里，又袭击了敌军驻地的哨所，逼使敌军仓皇撤走。中堡圩天时，我们的便衣队在圩上抓到三个下乡征收苛捐杂税的征收员，经押到中正区政府审讯，得知他们都是城里人。通过我们的教育，他们了解了我们的政策，表示愿意悔过。我们就把三人放走了。

农历八月上旬某天，牛券坑有一位姓侯的群众报告说，杨炯的"乌军"有一股 20 余人，在一名营长的率领下，从六甲来，驻扎在陈埔。当时我支队加上中正区政府武装班，共有长短枪 30 余支和轻机枪 1 挺，考虑到敌寡我众，决心消灭这股敌人。临晚，集中在炉坑村，决定兵分三路：由王国平带领短枪班从李兰岗（今陈埔小学）搜索至李屋祠堂埋伏；支队长和警卫排长蓝大仁及机枪手登上饶家祠后龙山制高点；区长林日基带领区武装班由洋门甲沿现今公路方向搜索前进。

开始行动后，第二路迅速到达制高点，立即向陈埔敌乡公所打了三枪，探听敌人反应，结果毫无动静。接着又用机枪扫射了一排火，还是没有反应。我们高喊着"同志们冲啊！"，村里的狗才吠叫起来。我们觉得十分奇怪，按照约定用手电为联络信号，便到现在的饶家新祠堂集中。问了群众后我们才知道，原来"乌军"一到陈埔，看见我们张贴的布告和标语，草木皆兵，吓得不敢在这里驻扎，大约半个小时以前，就赶快撤回县城去了。几天后，我们在洋门甲抓获了4名杨炯部下的逃兵。经讯问，知道他们都是江西人，是被抓壮丁来的，家中还有老婆孩子。因为受不了匪军的打骂和非人待遇，就偷偷开了小差。我们按照党的优待俘虏政策，让他们饱餐，换上便衣，发给了路费遣散回乡。他们千恩万谢地回家去了。

农历八月二十四日晚上，支队到中堡互助村包围土匪头潘子崇住地，要缴他的枪支。不料战士王元根被土匪冷枪射中，光荣牺牲。我们怒火万丈，正准备替他报仇时，突然接到中正区政府吴国恩同志转来的第四野战军某部团长王如珊的亲笔信，信中叫我们支队"火速来城"。于是我们就在八月二十六日派出便衣人员前往武平县城窥探敌情，准备和大部队取得联系。那天刚好逢圩天，我四野大军某部，在当天下午就已经攻下了武平县城。听到这个消息，大家十分高兴，立即回区政府，准备了三头大肥猪，抬到县城去慰问大军。大军领导人叫支队赶快进城接管，我们便很快赶到城里。区长林日基带领区政府人员和武装班驻防在原敌警察局（今梁山书院）；公安队长林安祥带武装维持德平楼和城北片的治安；武平支队驻扎在东门炮楼，负责南片治安并搜剿残匪及缴其枪支。同时，驻象洞的中共武平县委来到县城，成立了武平县军事管制委员会。不久，支队就接受了上级的整编。

中正区人民民主政府被匪袭击前后情况

林日基

　　早在 1943 年，中共闽西特委魏金水同志就派了邱锦才、章荫木两同志，来到中正区五坊村秘密开展革命活动。闽西闻名的革命老妈妈林客嫂（原名王太金秀）就是五坊村人。当时活跃在武东一带的共产党员是以经商为名进行革命活动的。至 1944 年农历六月间，国民党福建省第三清剿区指挥官陈余珊，带兵五六十名，"围剿"五坊村，党的组织遭到破坏。但被抓去的共产党员宁死不屈，守口如瓶，敌人无法掌握当时党组织的真实情况。1948 年农历正月间，国民党苦于查无实据，遂将长期关押的我，从福州的监狱里释放回家。1949 年三月间，邱锦才同志派专人连送两封信给我，说："解放大军源源南下，你们要赶快出来。"我找见了当时任闽西支队政委的邱锦才同志。他当即令我回乡开展革命宣传活动，迎接大军到来。并在上杭下庄拨出粮食作活动经费，同时用一部分粮食救济贫困群众渡过饥荒。

　　1949 年六月间，龙岩地委组织部部长罗炳钦同志，叫我去象洞与武平县委负责人之一的饶奕昌同志联系工作。饶奕昌指示，须迅速建立地方政权，便于宣传、发动群众，开展革命工作。令我等组织成立中正区人民民主政府。那时，武平县城和很多乡村还被国民党杨炯部队盘踞着。武东中正一带还是游击区，要建立革命政权，必须要有武装保卫。上杭总指挥部令武平支队王嘉奇率领队伍进驻武东一带，保卫和配合区政府开展各项工作。武平支队到武东后，数次智袭驻扎于六甲、陈埔和中堡等地的杨炯部队，使敌人惶惶不安，难以立足。

　　此时的中正区人民民主政府，还不敢公开设立，只有革命干群内部知道。办公地点也几经迁移。最初设在泥坑村寨子上，旋迁至南石壁下，继而迁至联芳课。直至四野大军解放了武平县城，区政府才公开迁设于中正堂的三圣庙里，即今中间堂防保院。

　　上级指派林日基为区长，廖宜新为副区长，林培敏为副指导员，后又派冯孔维为指导员。杨正强任区中队长，吴锡园任副中队长，林日联、吴加恩为排长，林树良、林佩煌为总务。公安股长林安祥、财粮股长王坚美、文教股长吴国祥、民运股长林凤岐（不久调上杭中学任教），继由王占钦接任。区政府下面还建立了各村政权，指派了各村村长——

联四村村长戴安升、副村长周仰员；

四维村村长王树生；

丰田村村长林佩梅、副村长王泮容；

三坊村村长林登武、副村长吴庭文、刘章；

袁田村村长饶进芬；

陈埔村村长李曰林、副村长林元清；

六甲村村长黄文班、副村长温大梧。

当时六甲片其他各村，正筹建之中。

中正区人民民主政府成立之后，除组织力量深入群众做好宣传工作外，着力于发动和支持群众抵制杨炯部队在武东一带派粮派款、抽丁（一甲一兵一枪一床被）；配合武平支队摧垮了国民党六甲、陈埔、中堡三个乡公所；发动和支持农民实行减租减息；禁止封建迷信活动；劝募制作棉衣一百余件支援贫困的干群；整顿学校，调整了教师队伍；保送了一批有志于革命的青年到闽西公学学习；保护商旅安全往来，打击拦路抢劫的土匪；等等，深得广大群众的欢迎和拥护。

然而这一系列革命活动，引起了地方反动势力的仇视，他们不甘心失败，伺机反扑。股匪石启山、地主恶霸吴增华、匪首廖岐鸣等与中正区政府民政股长林正元（本是当地的恶霸，后参加起义）相勾结，纠集匪徒共二百余人，携机枪等长短武器，于1949年十月二十五日夜，突然袭击中正区人民民主政府。当时区政府人员有的下乡工作去了，在家人数不多。公安股长林安祥即指挥留家人员英勇反击，号召革命者为了革命事业要不怕牺牲，大家都坚定地投入战斗。由于敌众我寡，敌人火力很猛，激战许久，看到三圣庙房子不利于久守，战士石达胜带头突围，不幸中弹身亡。公安股长林安祥随即冲出门外，与敌对抗，不久也英勇牺牲。指导员冯孔维、民运股长王占钦也先后殉难。敌人步步进逼，旋又烧掉区政府小门，闯了进来。中正区人民民主政府就这样被这帮土匪捣毁了。之后，土匪更为猖獗，公开结伙到汀江抢劫船只，称之为"闹大河"；在高梧圩日抢摊劫店；抓人勒索，名之曰"捉羊牯"。到处拦路抢劫，群众深受其害。

1950年一月，中正区和全县革命干群一道，配合南下解放大军剿匪，二五九团进驻武东、武北，警卫团进驻中堡地区。在武装追剿的同时，执行缴枪不杀、欢迎自新、坦白从宽、抗拒从严的分化瓦解的政策，许多胁从人员带枪下山自新，使顽固匪首日陷绝境。大恶霸吴增华被我军民联合搜山围剿击毙；匪首石启山已捕获被公审处决；反革命分子林正元、匪首廖岐鸣先后分别于浙江和江西被捉拿归案，判处死刑，群众拍手称快。

附注：本文原送福建省文史资料研究室《四主县篆的回忆》一文的第三节中的一部分内容并加以补充的，特此陈明。

红军标语，红色记忆

——武平县武东镇安丰村"竹阁流徽" 厅堂红军标语历史背景简介

江禄全　何雪珍　廖镜生

武东镇安丰村"竹阁流徽"厅堂，已有 100 多年的历史了，至今仍然保留着 1932 年红军驻扎此地时写下的数十条宣传标语。

1932 年春，红十二军在罗炳辉军长的率领下克复了武、杭两县，武东区苏维埃政府宣告成立，首任主席聂祖唐，同时，还调集各乡武装骨干组建起武东游击队，聂祖唐

红军宣传标语

兼任队长。另组建一支区警卫连，连长廖荣生。不久警卫连在中堡编入福建省军区独立第二团，聂祖唐调往该团任团长，区苏主席由石寿才接任，警卫连连长王星照。当时，丰田乡亦成立乡苏维埃政府。各乡还组织贫农团、村贫农小组，这是乡苏维埃的柱石。较健全的有五坊村贫农团。此外，各乡还有赤卫队、少先队、儿童团。各武装力量都能积极配合游击队深入白区打击敌人。到 1932 年 11 月，少先队发展到 700 多人，革命势力空前强大。〔注：该段摘自《红色武平》中由武平武东五坊村离休干部林日基（老地下工作者）供稿的"忆武东人民革命斗争"（片段）〕

1932 年 3 月，为了配合红十二军大部队北上长征，一部分红军队伍留在武平继续做好后续保障。留在武平的一支红军分队六七十人在战略转移中来到了安丰村，在经过了解之后，就驻扎在"竹阁流徽"厅堂。驻扎期间，红军战士与此处的百姓们和谐相处。红军除了训练外，还经常帮助老百姓挑水、劈柴、做家务、带小孩等。老百姓也积极为红军送消息、送米、菜等食物；妇女们还为红军补衣服，做草鞋。军爱民，民拥军，

处处体现了鱼水之情。红军干部也积极向当地的老百姓宣传当时的革命形势，动员老百姓积极参加革命，一起打倒土豪劣绅，打倒反动派军阀。同时，为了配合宣传，就在厅堂里外书写了数十条宣传标语。如："扩大红军""打倒土豪劣绅""打倒广东军阀陈济棠"等。这些标语，为当时发展红军、支援红军，起到了极大的宣传作用。该村的步云、荣生、增本、三仁、其敏、唤桂、道才、树青等就是在红军的大力宣传下，毅然参加了红军，然后跟随红十二军北上长征。（注：其中荣生、增本、三仁、其敏、唤桂、道才等在长征途中牺牲，树青也在长征途中受伤致残。）

2007～2008年，曾有龙岩电视台、武平电视台、武平文化局、武东文化站等单位组织人员来到该厅堂实地观察和拍照。2015年5月14日，中央苏区（闽西）历史博物馆又派了工作人员来到此处进行深入调查，搜集、辨别标语的内容、落款部队及时间，对标语进行清扫及尺寸测量，了解这些标语的相关历史背景。工作人员还特地找到廖步云将军的同庚、就住在该厅堂的廖添增（已故）介绍当时的一些情况。

廖添增介绍，他当时也吃过红军给的锅巴。他还讲了一个小故事。

有一次，由于受到钟绍葵匪部的袭扰，这支分队必须安全转移。一位红军保管员来不及转移，手抱一个袋子，里面都是红军的开支费用和重要文件，就匆匆地把袋子交给廖添增保管。保管员还跟他讲："如果我牺牲了，以后若有红军来找，你就把这个袋子交给红军。一定要保管好，不能被别人拿走。"然后这位红军就钻到厅堂门口的阴沟里躲藏起来。土匪没有发现这位红军战士，这位红军战士侥幸保住了性命。土匪走后，廖添增原封不动地将袋子交还给了他。这位红军战士也就去继续寻找分队了。

红军标语是特定历史时期的产物，是永不磨灭的红色记忆。它所折射出的内容丰富翔实，形式也多样，有通俗易懂的文字宣

红军宣传标语

传，也有幽默风趣的漫画宣传。不仅宣传了中国共产党的政治主张，当时当地的革命任务及工人、士兵、妇女儿童的利益，还唤醒民众，号召民众参加革命，期盼革命早日成功，向往安居乐业的新生活等。

"竹阁流徽"厅堂，由于年久失修，历经风吹雨打已残破不堪，到处漏水。又因厅堂旁修了一条水泥路，破坏了不少原貌。厅堂四周的泥墙倒掉部分，墙上的不少红军标语也被损毁。现厅堂里墙壁上仍存有一些红军标语。2016 年 7 月 4 日，武东镇党委和文化站的几位同志，又到此视察、拍照。

开国将军林伟

建　子

　　林伟 1914 年出生在武平县武东镇川坊村一个贫农家庭，17 岁参加革命。1931 年参加少先队，任队长；同年 9 月，参加乡赤卫队，不久编入武平独立团。1935 年 9 月加入中国共产党。土地革命战争初期，林伟任福建武平游击队独立支队书记，红十二军三十五师一〇五团宣传队队长。1933 年起，林伟任红一军团三师司令部参谋处书记、电译员，红九军团司令部参谋处测绘员，红三十二军政治部秘书科股长。参加了中央苏区第四、五次反"围剿"作战和二万五千里长征。1937 年，林伟任中央军委卫生学校秘书科秘书、党支部书记，红军前敌总指挥部参谋处书记。1938 年 5 月，林伟任八路军前敌总指挥部作战参谋。1939 年 2 月，林伟进入中国抗日军政大学学习，并兼任军政大学军事教员训练队指导员。毕业后，历任八路军总部参谋处作战股长、通信科副科长。1943 年，林伟进入中共华北中央局党校学习，后任党校审干委员会秘书。抗日战争时期，林伟参加了黄崖洞保卫战、吴家岗战役、百团大战等战役。抗战胜利后，林伟任晋冀鲁豫军区通讯局政委兼政治处主任，通信学校政委、通信局局长兼政委。曾在邯郸地区组建广播电台，出色地完成了接替陕北广播电台的任务，参加了上党战役。1948 年 8 月至 1949 年底，林伟任华北军区司令部通信处政委兼政治部主任、通信处处长兼政委。中华人民共和国成立后，林伟奉命进入北平，协助接管北京城，负责接收与改造国民党驻华北通信部队。1950 年冬至 1960 年 6 月，林伟先后任华北军区通信兵第九团团长、海军通信学校校长、总参谋部通信兵部副主任。1955 年授予少将军衔，荣获三级八一勋章，二级独立自由勋章，二级解放勋章。林伟是政协第五届全国委员会委员、北京市第二届人大代表。著有《战略骑兵的足迹》一书。1979 年 1 月 17 日因病在北京逝世，享年 65 岁。

林伟将军，在中国共产党的领导下，为了中华民族的解放事业，披荆斩棘、流汗流血，创建了许多可歌可泣、名留史册的业绩，值得人们永远缅怀。

廖步云将军

毅 八

廖步云（1914～2008年），福建省武平县武东安丰人，1931年参加中国工农红军，1933年加入中国共产主义青年团，1934年加入中国共产党。土地革命战争时期，任红十二军第三十六师政治部宣传员，红一军团第二师四团连政治指导员，第二团政治处技术书记，参加了二万五千里长征。抗日战争时期，任八路军一一五师三四三旅六八五团连政治教导员，军委总政治部保卫部干事，晋绥军区第八军分区五团营政治教导员，第八军分区一支队副支队长，第十七队支队长。解放战争时期任晋绥军区第八军分区十五团政治委员，第四野战军十二兵团兼湖南军区政治部副秘书长。中华人民共和国成立后，任湖南军区郴县军分区副政治委员，湖南军区副政治委员兼政治部主任，湖南军区政治部副主任，重庆步兵学校政治委员，西藏军区昌都军分区政治委员，西藏军区副政治委员，四川省军区政治委员，成都军区后勤部顾问。1964年晋升为少将军衔，是中国共产党第九次全国代表大会代表。

廖步云将军走向革命的心路历程

刘勇汉

20世纪90年代初，共和国将军廖步云，在给武平县委党史室的一封信中，深情回忆起在土地革命斗争的峥嵘岁月里，他在杭武地区的革命战斗历程。回忆往事，将军心潮澎湃，感慨万千，特别是父母支持其参加红军的情景，依然历历在目，在他的脑海中经常浮现，久久难以忘怀。

廖步云将军出生于1914年，1931年参加武东安丰赤卫队，1931年参加中国工农红军。为保卫中央苏区，他转战南北，出生入死，浴血奋战，屡立战功。1934年10月，他随中央主力红军参加了举世闻名的二万五千里长征，在经历了无数次的艰难险阻后，终于到达陕北。在抗日战争中，他参加了著名的平型关战役，八路军打破了"日军不可战胜"的神话。在解放战争中参加了晋中、太原等诸多战役，功勋卓著。中华人民共和国成立后，廖步云被授予少将军衔，曾当选中共九大代表。

1927年，廖步云正在上杭私立中学就读，此时，蒋介石发动了"四一二"反革命政变。5月7日晚（星期六）10时左右，自己最敬重的张楷老师被反动派枪杀。年幼的廖步云心中无比悲痛。不久，上杭县城的裁缝工人周继英、小商人包究生两位革命者又惨遭杀害。反动派的倒行逆施对年幼的廖步云刺激很大，他无比憎恨刽子手，对那黑白颠倒的社会感到相当迷茫。

当年9月，贺龙等率南昌起义军南下攻打潮汕时经过上杭县城，廖步云参加了盛况空前的欢迎大会。据廖步云回忆，在未见到这支共产党领导的部队之前，谩骂共产党的谣言甚多，使人半信半疑。经过亲眼看到贺龙率部进城的情景，他对共产党有了新的认识，那些谣言不攻自破。南昌起义军进城时纪律严明，队列整齐，步伐一致，军容严整，令人感到精神振奋。廖步云还参加了军民联欢大会，第一次聆听革命军军官的讲话，备感亲切；第一次目睹革命军军乐队的演奏表演，鼓舞人心，他从心里感到这支部队是真正的人民子弟兵。这短短几个月，在上杭城所发生的一切，对廖步云影响很大，在他的心中打下了参加革命的思想基础。

此后，廖步云家遭受反动派欺凌的两件事，对廖步云刺激更大。一是国民党税务官强迫廖步云家卖掉三担田纳税，他父亲进行说理反抗不成而被捕，在中堡坐牢半月并罚大洋三十元才释放。二是因山林界址问题打官司被无理判决，不仅丢掉一块山林，还被罚了款。两件事情使廖步云家陷入赤贫境地。年少气盛的廖步云对此愤愤不平，开始思考着怎样才能砸烂这万恶的旧世界。

1930年6月，廖步云16岁，毛泽东、朱德率红四军主力进军武平开展伟大的革命实践。红军开展分兵活动，一支工作队来到廖步云家乡武东安丰村，宣传共产党主张、红军的任务和三大纪律八项注意，并发动群众打土豪分田地，把土豪劣绅的粮食衣物分给贫苦农民，广大贫苦群众扬眉吐气，欢欣鼓舞，农民拥护红军的情绪高涨起来。不久就把原为防卫土匪的安丰乡自卫队改为乡赤卫队，队员都是半脱产的，白天劳动生产，晚上集中准备行动。经过几年的耳濡目染，廖步云认定只有红军才能救民于水火，于是他毅然报名参加赤卫队。廖步云父亲通过把红军与白军作对比分析，认定红军好，参加红军是为了贫苦农民的翻身解放，所以热情支持他参加革命队伍。

1931年底，廖步云所在的安丰赤卫队整编为武东游击支队第二连，不久支队奉命开到武平县城内整编为武平县独立团的一个营。1932年3月间，廖步云光荣地成为红十二军三十六师政治部宣传队宣传员，分配到武北桃地工作组，发动群众，开展轰轰烈烈的土地革命斗争。过了几个月，随着斗争形势的变化，工作组归队，三十六师集结梁山待命。三天后，红十二军全部集结上杭千家村待命。这时，廖步云父亲闻讯赶来看望，并想要点钱辅助家庭开支。廖步云非常为难地向父亲解释说，红军是人民的军队，目前正处于艰苦的斗争时期，官兵都没有经费发薪水。其父听后，没说二话。分别前父亲问廖步云还需要什么东西，廖步云想了想说，母亲会做布鞋，就请母亲做一双布草鞋托人捎来吧。随后廖步云拿出身上仅有的两角银毫子，让父亲在一家小店住宿后，第二天赶路回家。不久，廖步云就收到母亲连夜赶做的布草鞋，真是太高兴了！睹物思人，看见鞋，就会想起母亲。

廖步云带着这双布草鞋，带着母亲的牵挂，南征北战，驰骋疆场，在枪林弹雨中走完了二万五千里长征，又参加了平型关、晋中、太原等诸多战役。关山万里，战事频繁，直到全国解放，他一直没听到父母的音信。全国解放之初，百忙之中的他，终于抽空兴冲冲地回到阔别多年的故乡探望父老乡亲，但是等待他的却是山头那三座埋葬着祖母和父母亲的坟茔。

武平早期革命者邹济苍

刘勇汉

邹济苍，原名大霖，号沛甘，1906 年出生于武东乡美和村，青少年时期就读于上杭旧制中学。俄国十月革命的胜利，开创了人类历史的"新纪元"，促进了马克思主义在中国的广泛传播，特别是五四运动后，青年学生和知识界掀起了读新书、阅新报的热潮。随着反帝反封建运动的蓬勃发展，武平、上杭的学校也掀起了批判孔学、提倡民主和科学、冲破旧的束缚、活跃思想的新教育浪潮，从而使各地在学校的青年教员和学生也开始受到新文化、新思想的教育。邹济苍求学期间，对传入武平、上杭的《列宁学说》《马克思主义》《独秀文存》《新青年》《向导》等进步书刊爱不释手，他如饥似渴地从中汲取营养，接受革命思想的熏陶。1925 年 12 月，武平籍共产党人谢秉琼等人在中山大学法学院创办《汀雷》刊物，传播马克思主义，在中山大学就读的温大明是"汀雷社刊"成员。温大明与邹济苍同为六甲人，是同乡好友，他经常把《汀雷》等进步书刊邮寄给邹济苍。邹济苍的思想不断受到革命洪流的陶冶，从此义无反顾走上反帝反封建的道路上来，投入轰轰烈烈的大革命潮流中。

在第一次国共合作的形势下，以工运、农运、妇运、学运为主的武平国民革命迅速发展，掀起了一个把革命的基地建筑在民众之上的革命高潮。1926 年冬，以谢秉琼为专员的长杭武永政治监察署决定先行把农民组织起来，并成立武平县农民协会筹备委员会，筹备处设于县城孔庙后的文昌阁，邹济苍任筹备处干事。经过紧张的筹备，在成立了 8 个乡农协会和 10 个乡正筹建的基础上，在县城南门坝召开隆重的武平县农民协会成立大会。农协成立后，邹济苍充分发挥演讲天赋，利用集会、圩期及各种方式进行演讲，宣传革命思想。同时，邹济苍还参与创办《武平农民》刊物，用通俗易懂的白话文编撰成诗歌、短文进行宣传发动，鼓励武平劳苦大众积极行动起来，扫除封建势力，铲除贪官污吏，打倒土豪劣绅，从而自己解放自己。

　　1927年1月，作为武平的优秀青年代表，小澜的张涤心、六甲的邹济苍、城关的梁心田等先后被派往广东海陆丰参加澎湃主办的农民运动培训班学习。他们都认真学习马克思主义的基本理论和海陆丰开展农民运动的经验，积极参加军事训练和实际斗争，思想觉悟迅速提高，邹济苍等当即被发展为中国共产党员。

　　学习结束后，蒋介石发动"四一二"反革命政变，杭武地区也发生五七"清党"事件，致使武平的中共党、团组织和群众团体机关关闭，人员解散，革命暂时转入低潮。大革命虽然失败，但武平的大部分共产党人并没有被敌人的屠杀吓倒，他们分散转移到农村，进行深入的隐蔽斗争。邹济苍与张涤心一道在小澜创办育英学校，并以学校做掩护，在武北、武东等地继续秘密开展宣传活动，发动群众，组织群众，为迎接革命高潮的到来，进行必要的准备。1927年9、10月间，邹济苍与张涤心一道深入浩甲（今新华）等乡村一带传播马列主义，宣传革命新思想。不久，武北地区"铁血团"正式成立。此后，邹济苍还参与武东等地"铁血团"的组建。"铁血团"主要以义盟结拜方式建立，实际上是共产党较大型的秘密外围组织，为后来成立的农民自卫军、赤卫队、游击队奠定了良好的基础。大部分"铁血团"成员后来成为党员、团员和区、乡苏的主要干部。在组建"铁血团"的同时，邹济苍等革命者利用广大群众渴望获得文化的有利时机，以兴教办学的形式，集结贫苦农民的青少年，借教学以传播马列主义，唤起工农革命运动，小澜的"育英学校"，六甲的"荟育学校"等为农运培养和输送了许许多多的优秀骨干。

　　随着各地的秘密革命组织的建立和发展，以"铁血团"为主体的活动也逐渐公开，在党组织的领导下，逐步开展武装斗争。1929年12月，邹济苍与张涤心、李长明、刘克谟等人一道领导和参加小澜农民武装暴动，并取得成功。不久，小澜附近九乡和汀南各乡相继举行暴动，革命斗争一片火红。

　　1930年6月初，应武平劳苦大众要求，毛泽东、朱德、陈毅等率领红军主力再次由寻乌进入武平开展革命实践，在武平开展了一系列革命活动，并指导召开武平县工农兵代表大会和党员代表大会，恢复武平县苏维埃政府，邹济苍先后任武平县苏维埃政府总务、县苏裁判部文书等职，参加了轰轰烈烈的土地革命斗争。红军离开武平后，邹济苍等与武平县赤卫大队一道转战武平各地，浴血奋战。1932年初，福建省苏维埃政府在长汀成立，因邹济苍工作出色，调任省苏裁判部任文书。不久，调任红色首都瑞金，任中央司法人民委员部文书、中华苏维埃共和国最高法院民事庭庭长等职，与老一辈无产阶级革命家何叔衡、董必武等在一起工作。中华苏维埃共和国临时最高法庭、最高法院，为巩固新生的工农民主政权，在支援革命战争、粉碎敌人军事"围剿"、建立新型的苏维埃法制等方面，均发挥了极为重要的作用。

1934年10月，中央苏区主力红军开始长征，邹济苍奉命留守调回福建省苏，坚持艰苦卓绝的游击战争。不久，因病在长汀四都后方医院治疗。1935年初，四都受到国民党军重兵"清剿"，邹济苍在突围时在山野被捕，被关押在长汀县城监狱数月；几经周折，最后敌人决定把他遣回武平原籍调查处理，押解途经上杭千家村时，他寻机机智逃脱，潜回梁野大山躲藏一段时间后，在寻找组织无果情况下，饥寒交迫，万般无奈只好回到家中，经七家联保在家，限制两年不得外出，同时由国民党武平县部给其自新证书。1937年12月后在武平国民政府任职。中华人民共和国成立后任小学教员，1971年病故。

土地革命战争时期的朱发古

朱发古，又名朱永明、朱宗炎，武东乡张畲村上屋人。清光绪二十五年（1899 年）出生于一个贫农家庭。因为家贫，发古读了几年小学，就在家种田。农闲时带着妻子林营妹到中山上峰等地替人剥竹麻做土纸，以维持生活。

1928 年 8 月，中共闽西特委蓝维龙和武平县委练世桢，来六甲张畲一带宣传群众，开辟革命新区。朱发古加入了中国共产党。不久，朱发古组织起读书会，将附近 18 个进步青年凑在一起，向他们宣传革命道理，在村头书写革命标语，发动群众起来闹革命。

1929 年春，朱发古串联 30 多个贫苦农民成立赤卫队，在张畲打出劫富济贫的红旗。8 月，赤卫队发展到 70 多人，20 多支枪。朱发古领着队伍开进六甲圩，开展打土豪斗争。9 月，赤卫队被钟绍葵保安团袭击，牺牲 20 多人，剩下的隐藏在袁畲雪竹山上。不几天，红四军第三纵队来六甲开展革命活动。朱发古带着队伍回到六甲。六甲成立区革命委员会，朱发古任委员会主任兼赤卫队队长。不久，他率队伍配合红军进入武平城。在武平县苏维埃政府成立大会上被选为县苏维埃政府委员兼县赤卫队大队长。红军出击梅县。朱发古带领赤卫队到象洞等地筹粮筹款，支援红军。保安团疯狂反扑，朱发古率部转移到上杭中都一带，11 月回到张畲村。钟绍葵的保安团跟踪扑来，上屋村 23 户农民的房子全部被烧，群众无家可归。部分队员在白色恐怖面前害怕了，朱发古召集大家开会，他说："这样吧，怕死不革命，敢革命的跟我走，害怕的把枪交出来，去留自便。"朱发古带着留下的人和部分家属转战在帽村、中堡一带。白天他们隐蔽在深山老林，没有粮食，他带头吃"朱腿笋""硬饭头""苍子树叶"，夜间深入农村散发标语，串联群众，还请来铁匠在山洞里修造武器，加强武装力量。

1930 年 1 月，敌人又侵扰武东北根据地。朱发古把队伍拉到武西的油心地、背寨、上峰、岭下一带。不久，他的队伍与当地赤卫队合编为武西游击大队，到东留一带打土豪。这时他发现并处理了煽动队员逃离的内奸，粉碎了敌人瓦解游击队的阴谋。4月，朱发古部队配合武南游击队，消灭了东留钟永才保商队，又打击了武所和东留的民团，游击队士气大振，队伍扩大到300多人，保卫了武西南一带的分田斗争。

6月2日，陈道、朱发古带领游击队800多人，在武所与毛泽东、朱德、陈毅率领的红四军主力会合，并消灭了驻在武所的吴德隆部。6日，在第二次全县工农兵代表大会上，朱发古再次被选为苏维埃政府委员兼县赤卫队大队长。8日，红四军在南门坝举行全县赤卫队大检阅。朱发古指挥赤卫队走过司令台，接受首长检阅，并聆听毛泽东、朱德的讲话。红四军出击广东后，朱发古带领赤卫队转战武西南，打退保安团的多次进攻。

救乡团团长钟绍葵，看到用武力无法打垮朱发古的赤卫队，改用收买叛徒进行诱杀，朱发古中计，在上杭刘氏宗祠落入敌人手中。被害那天，朱发古一路高喊："我是被叛徒出卖的，搞革命不能轻敌麻痹！""只有跟着共产党闹革命，穷人才能翻身！""苏维埃万岁！""共产党万岁！"

朱发古牺牲时，年仅31岁。

摘自《武平县志》

革命烈士林营妹

维　文

　　林营妹，女，又名炎箕嫲，化名林福秀。清宣统二年（1910年）4月出生于武平县武东乡袁畲村。幼年抱给张畲朱家做童养媳。14岁跟丈夫朱发古（宗炎）到中山乡上峰村纸寮打工。

　　1928年，上峰村来了共产党人练世桢、蓝维龙，他们经常到纸寮住宿，向营妹宣传革命道理。1929年春，营妹回到张畲租种的公尝田被豪绅夺走了，夫妻俩非常气愤。正在这时，练世桢、蓝维龙、蓝大祥等人又来到张畲开展革命活动。不久。朱发古、林营妹和几十个穷人在伯公坑组织赤卫队，朱发古被选为队长，在张畲竖起第一面红旗。营妹工作积极，宣传、筹款、联络、后勤，样样都做。

　　1929年10月，红四军第三纵队进驻六甲。在红军的帮助下，成立六甲区革命委员会和区赤卫队。在区革委会领导下，林营妹同丈夫一起走上了革命的道路。红四军撤离六甲后，土豪劣绅纠集钟绍葵救乡团围袭赤卫队，上屋村23户人家的房子全部被烧掉。同年11月，六甲赤卫队调往象洞打游击，营妹担任宣传员。她自编自唱民歌，走到哪里唱到哪里，每到一处都找妇女姐妹谈心，宣传革命道理。1930年3月，营妹和朱发古一起编入武南游击队。4月，在东留打了胜仗，歼灭了东留保商队。6月，游击队随红四军进入武平城。朱发古被选为县苏维埃政府委员，兼县赤卫队大队长，营妹也在赤卫队工作。7月，朱发古被叛徒出卖被捕，壮烈牺牲于武平南门坝。

　　丈夫被害，兄弟被冲散，只剩下婆婆和弟媳，又与组织失去联系，营妹悲痛万分，只得回到上峰帮人做土纸，并参加当地的革命斗争。1932年2月，红十二军攻打武平城，营妹同上峰暴动队一起随红军参加战斗。5月，县苏维埃政府迁往武北，营妹化名林福秀，任县妇女部长，在武北、汀南和上杭官庄一带，组织妇女支援革命战争，扩大红军，并多次随游击队攻打民团。

营妹在战争实践中，练得一手好枪法，作战胆大心细、机智勇敢。1938 年冬，营妹所在的游击队在美西角被敌人包围，她毫无惧色。她一枪一个击毙了好几个敌人，最后子弹打完，落入民团之手。敌人对营妹施尽酷刑，要她供出游击队情况。营妹坚强不屈，守口如瓶。就义前她昂首挺胸，高喊"共产党万岁！"唱革命歌曲。刽子手拔掉她的头发，割了她的耳朵，敲掉了她的牙齿，她还呼喊。敌人又挖出她的眼睛，割掉她的乳房，砍下她的头，肢解她的身体。在场群众无不痛心落泪，林营妹殉难时年仅 28 岁。

血洒湘江的勇士——王拔奇

进 中

王拔奇，又名先翠，1912年3月出生于武东乡四维大窝里。拔奇父亲是位穷秀才，家庭世代贫穷，靠租种地主的田地耕作，一年收获缴完租谷后，还不够一家糊口，生活在水深火热之中。

1929年，红四军第三纵队在武东一带活动，帮助四维建立农民协会组织，宣传革命道理。武平地下党组织谢毕真、练平等领导同志多次到四维宣传革命，领导农会打土豪、分田地。王拔奇接受革命教育后，认识到，穷苦人民只有起来闹革命，才能翻身得解放。他邀集本村雷公井的铁匠王秋富、左田的王赠香等人到五坊与地下党组织取得联系，同年8月在四维观成书院秘密成立了赤卫队，刚开始只有20多人，拔奇被选为赤卫队队长。赤卫队缺少武器，就由铁匠王秋富打造长矛、大刀，靠大刀、长矛和鸟铳等与土豪劣绅作斗争。斗地主、分浮财，大大鼓舞了赤卫队队员的士气，队伍发展到了50多人。拔奇还亲自到张畲村与赤卫队朱发古联系，得到朱发古3支步枪的支持，加强了赤卫队的武装力量。

1929年10月，朱德、陈毅率红四军经过武东中正堂。朱德在中正堂三圣庙讲话，向群众宣传革命和扩大红军。拔奇听了朱德等的讲话后，在村里积极宣传革命的道理，发动青年参加红军和赤卫队。当时，四维就有30多个青年加入了红军。

农民运动的如火如荼震惊了统治阶级。以钟绍葵为首的救乡团向苏区进行反扑，勾结上畲村林四子，经常在夜间偷袭区乡苏维埃政府，杀害区乡干部、掳掠财物、奸淫妇女。拔奇带领赤卫队与敌人顽强周旋，袭击团匪，保护群众，在白色恐怖下坚持革命斗争，维护苏维埃政权。1929年12月，拔奇率赤卫队参加了武北的小澜暴动，与武北游击队一起击溃了救乡团。到1930年12月，四维赤卫队已经发展到110多人，拥有50多支长短枪，壮大了革命的武装力量。

1932年春，成立杭武县苏维埃政府和县游击中队。拔奇加入了县赤卫队（四维赤卫队由王赠香、王仰光负责），接着参加了红军，随红军主力到达江西瑞金。红军长征前，拔奇编入红十二军三十四师一〇一团，他读过私塾，算是文化人，团首长安排他在团部当文书，后任团政治部主任。

长征后，拔奇一直跟着一〇一团团长苏达清、团政委彭竹峰进入广西境内。国民党反动派重兵死守湘江防线，阻挡红军北上。红军进入广西北部全州、兴安地区与国民党白崇禧指挥的桂军、湘军展开了激烈的战斗，红军最后胜利渡过湘江，粉碎了蒋介石围歼中央红军于湘江以东的企图。在湘江战役界首阻击战中，遇多架飞机对架桥部队轮番轰炸。拔奇为保护指挥架浮桥团首长的安全，被弹片击中头部，壮烈牺牲。

中华人民共和国成立后，王拔奇被民政部授予烈士称号。

绝命后卫师幸存者——邹勇三

刘勇汉　林伟辉

邹勇三，又名冠军，1913 年 4 月出生于武平县武东六甲美和邹屋自然村，家中以耕田造土纸为生。1919 年邹勇三入私塾小学就读，后转入六甲荟育学校，毕业后因家庭经济困难而无力继续求学深造，只好随父亲在梁野大山学造土纸。"世上第一苦，挑担行长路！"邹勇三小小年纪便经常挑着土纸，翻山越岭，艰难地行走在弯弯曲曲、陡峭险峻的梁野羊肠小道上，风餐露宿，食不果腹，饱尝艰辛。艰苦的生活磨砺了邹勇三顽强的意志，练就了邹勇三健壮的体魄。

"闽赣路千里，春花笑吐红。铁军真是铁，一鼓下汀龙。"1929 年毛泽东、朱德、陈毅率领红四军进军闽西，创建革命根据地，土地革命斗争在闽西大地风起云涌。武平六甲区的共产党人邹沛甘、朱发古深受鼓舞，积极响应，在六甲开始了半公开的革命活动。8 月，革命壮士朱发古组织赤卫军，高举红旗，向国民党六甲区公所发动进攻，让反动派心惊胆寒，土地革命斗争的号角在六甲吹响，革命的烽火在六甲点燃。钟绍葵救乡团闻讯急忙派兵镇压，妄图扑灭革命烈火。朱发古率赤卫队不畏强敌，在六甲圩、袁畲雪竹山等地与安保团展开激战，而后退往梁野大山开展游击。保安团恼羞成怒，把朱发古和赤卫队队员的房子付之一炬，一时六甲区又处于血雨腥风之中。10 月初，红四军等三纵队七支队进入六甲开展革命活动，红军放手发动组织群众，没收土豪财产，焚烧田契债约，调查分配土地。年幼的邹勇三耳濡目染，初步受到革命思想的启蒙。红军走后，邹勇三家乡的革命志士朱发古、朱锦云兄弟率领的县赤卫队经常活动于梁野山一带，驻足于邹勇三做土纸的纸寮。邹勇三对革命更加充满憧憬，并跃跃欲试，但由于他尚年幼，加上他父母的担心，赤卫队并未答应他的要求，只让他做些望风放哨的外围工作，邹勇三恨不得自己赶快长大。1930 年 8 月，邹勇三心目中的英雄、武平县赤卫队大队长朱发古不幸被捕，朱发古威武不屈，大义凛然，赴刑场路上不断高呼"共产党万岁！"等。穷凶极恶的敌人砍下他的头颅，悬挂于县城东门城墙示众，妄图用这种卑劣手段恐吓革命群众。挑着土纸进城的邹勇三目睹惨状，心如刀绞，泪如雨下。敌人的白色恐怖没有吓倒年少气盛的他，反而激起了他心中为英雄雪恨、为人间铲除不平的强烈愿望。1932 年 2 月，红十二军克复武平，土地革命斗争的烈火在武平熊熊燃烧，家乡发生了剧变，此时的邹勇三更加热血沸腾，参加革命的念头非常迫切。邹勇三找到了时任武平县苏维埃军事部部长的老乡朱锦云，表达了投身革命的坚定决心。朱锦云看到邹勇三日渐长大成熟，参加革命的态度坚决，遂批准其参加革命，并介绍他光荣地成为共青团员。同年 2 月，邹勇三被派往武北一带开展武装斗争，他机智果敢、英勇善战，经受了血与火的考验，兼有一定文化知识，11 月经武平县委推荐就读于红军福建军区随营学校，被作为后备干部重点培养对象。在校期间邹勇三表现优秀，并成为一名正式的共产党员。

1933 年 4 月，邹勇三在福建军区随营学校毕业后，派往红十二军三十四师任一〇一团交通大队政治指导员。邹勇三英勇善战，后被任命为侦察连连长。他经常带领侦察连神出鬼没，深入敌阵，刺探敌情，为战斗的胜利一次又一次提供重要的情报，为保卫苏区出生入死，浴血奋战，屡立战功。

1934 年 10 月，红三十四师作为中央红军后卫部队开始了长征。在湘江血战中，红三十四师作为红军总后卫，承担掩护主力部队过湘江的重任，与国民党军展开殊死搏斗。由于红三十四师全体指战员的浴血苦战，迟滞了国民党军的进攻，掩护了中共中央、中革军委和兄弟部队于 12 月 1 日晨渡过湘江，为中国革命的最后胜利保存了火种。红三十四师经过数天血战，部队由当初的 7000 多人锐减至不足千人，师长、政委壮烈牺牲，数千名将士的鲜血染红了湘江，他们用生命和鲜血谱写了一曲惊天地泣鬼神的英雄史诗。从此，当地群众"三年不饮湘江水，十年不食湘江鱼"。陷入重围的红三十四师余部渡江无望，他们不畏强敌，拼死作最后一搏，少数红军指战员终于突出了敌人重围，而后转往湘南准备开展游击战争。邹勇三在突围转战中不幸被捕，敌人从他身上搜出一支驳壳枪，顿时眼睛发亮，高兴地认为抓到了红军的高官（当时上了级别的才配这样的枪），可以邀功请赏。敌人为了一网打尽我军骨干，对邹勇三同志软硬兼施、威逼利诱，严刑拷打，挖空心思想从邹勇三口中得到我军情报。邹勇三受尽敌人毒辣手段，被打得遍体鳞伤，但威武不屈，并矢口否认自己是指挥员，谎称那支驳壳枪是从牺牲的红军指挥员身上取来的。敌人黔驴技穷，又无法证明邹勇三的具体身份，只好把他遣回原籍处理。一路上，他蹲坐过六十余天监狱，历尽折磨。1935 年 6 月由长汀起解武平途经河田时，邹勇三预感凶多吉少，便想方设法逃出魔掌。他凭着当侦察连连长时练就的一身好功夫，从押解人员眼皮底下机智逃脱，潜回梁野大山，以帮人造土纸为生。藏匿数月，待风声渐渐平息后，才回到家中，并得到七户乡亲的联保。当地反动派对其在外的革命事迹无从了解，知之甚少，便给予从轻处罚，责令其两年内必须待在家中，不准外出。抗战时期，他先后担任武平县集中仓库第三分仓（十方）仓库助理员和武平崇实学校教师等职。

1949 年 8 月，为迎接解放大军入闽，武东六甲片组织了六甲工作会，邹勇三同志任工作会武装班班长，同年 12 月调整至武城武装班，并改编为武平公安队，他任第二分队队长。时值解放大军至武北，他又奉令跟随县委工作团一起开展工作。1950 年 12 月恢复武东区政权时，调任武东区队中队长，此时由县大队长黄庚同志介绍重新加入党组织，为共产党候补党员，候补期一年。1951 年又荣升为龙岩军分区独立第五营，任见习作战参谋，并于同年 7 月进龙岩军分区参谋训练班学习。

1952 年全国开展"三反"运动，邹勇三被诬告，受到不公正处理。他向上级部门申诉，后经福建省军区党委派专员至他原籍武平六甲实地调查，发现与事实不符，才免于刑罚，准予回乡转业。1953 年至 1958 年 4 月，在家乡参加生产，以造纸为业，并先后兼任家乡农业生产互助组组长、农业生产合作社会计。1958 年 5 月后应武平县农场罗天明场长的邀请，调入农场工作，任农场工务管理委员和生产队长，全家四口也因此迁入农场，一度生活得以稳定。

1976 年，"文化大革命"结束后，邹勇三得到平反，并恢复工作于武平县良种场，政府补发了"文化大革命"期间停发的工资。1978 年在武平县良种场退休，在家安享晚年。1989 年，邹勇三在家病逝。

女革命志士林客嫂

　　林客嫂，女，原名王太金秀，清光绪二十年（1894 年）出生于武东乡丰田村桑梓坑。幼年被卖给本乡鸦鹊塘林佩环做童养媳，夫妻俩是一根藤上的苦瓜，长大后和睦相处，在地主豪绅的残酷剥削下，一家人终年劳累，不得温饱，挣扎在水深火热之中。

　　1929 年，红军来了。革命风暴席卷武东农村。客嫂在丈夫的影响下参加了农会、妇女会和赤卫队。她积极宣传群众，组织妇女参加斗地主分粮食活动，发动妇女做军鞋，为红军洗衣服、抬担架、当看护。她利用民歌宣传革命道理，随编随唱。她的民歌通俗易懂，很受欢迎。如"当兵就要当红军，帮助工农打敌人。打倒土豪分田地，工农才能享太平"。由于宣传发动工作做得深入，群众觉悟迅速提高，村里掀起了扩大红军的热潮。全村 150 人中，参加红十二军三十六师的 11 人，参加独立团的 4 人，参加区苏维埃武装的 2 人，共 17 人。

　　农民运动震惊了统治阶级。广东军阀严应鱼部与钟绍葵救乡团向苏区进行反扑。他们还网罗当地林某等组成驳壳枪队。这些人心狠手辣，熟悉地情，经常夜间袭击区乡苏维埃政府，杀害区乡干部和积极分子，掳掠群众。客嫂没有被吓倒，她组织妇女秘密为游击队送粮送菜送情报，积极支援革命斗争。

　　1934 年 10 月，主力红军离开中央根据地北上后，林客嫂和其丈夫更为敌人所注目。为避免遭毒手，夫妻俩带着全家隐蔽在龙岩白岩区的深山中，以造纸耕山谋生。留守当地坚持游击斗争的游击队也在这一带活动。其中一个人叫林德发，是他们的老乡，从此，客嫂又与游击队接上了关系。她的纸寮成了游击队的落脚点、接头户、供应站。其时，国民党实行移民并村的封锁政策，企图将游击队困死在深山密林之中。游击队的生活给养十分困难。客嫂冒着生命危险为游击队购买粮食、药品、食盐、日用品。她将挑柴竹杠竹节打通，内装粮食、食盐，化装成砍柴人、挑担人、走亲戚的农妇，用路旁结草、放竹枝、拍巴掌、学鸟叫等暗号约定时间地点，按时将物品送到游击队手中。

　　时间长了，游击队同客嫂就像一家人一样。中共闽西特委魏金水、林映雪等都经常在她的纸寮出入。由于她是林姓客家人的媳妇，游击队都热情地称她为林客嫂，而把她的真实姓名王太金秀忘记了。在游击队的帮助教育下，她的儿子林友谦加入了中国共产党，是游击队地下交通站站长。当地下工作进入最艰苦的时候，游击队要购买一批粮食储备起来，应付更大的困难。客嫂将购买来的粮食分散储藏在附近山村群众家里，敌人一点也不知道。

　　林客嫂与游击队往来的秘密终于被当地国民党政府觉察。1944 年，林客嫂的纸寮被烧，全家被逮捕，关进了龙岩监狱。敌人想从她的口中得到游击队的情况，用烧红的铁去烙她，用电去击她……，她咬紧牙关，守口如瓶。敌人逼她带路上山找游击队，她破口大骂，宁死不从。敌人恼羞成怒，将她的长子友谦杀害于龙岩大桥下，又将她的丈夫和次子友谅活埋。三位亲人被杀害，客嫂悲痛欲绝。在同狱难友的安慰和鼓舞下，她相信亲人的血不会白流，总会有报仇雪恨的一天。于是她装疯卖傻与敌人周旋，敌人在她身上一无所获，只得将她释放了。

　　出狱后，客嫂回到纸寮，只见一堆灰烬。她一无所有，举目无亲，找游击队又接不上关系，只好沿途乞讨，夜宿破庙，返回武东鸦鹊塘。乡亲听了她的诉说，都痛心落泪，纷纷出力出物为她安顿生活。林佩煌将自己的独生子过继给她，使客嫂精神上得到安慰。

　　1949 年 10 月，家乡解放了。闽西游击支队政委邱锦才来武平时，给她拨了救济粮。1950 年，客嫂应邀去龙岩城，受到当年游击队领导的接见。林映雪对她说：“你为革命献出了三个亲人，人民感谢你，我们都是你的儿子。”并将她留在家中一起生活。不久，地委安排她到中心支行做后勤工作，还将她的继子送进烈军属子弟学校读书。客嫂对工作勤勤恳恳，银行职工都亲热地称她革命老妈妈。1960 年，组织上为她办退休手续，并拨款为她建了一座房子，让她在家乡安度晚年。1963 年，省长魏金水来武平视察时，特地在县城接见了客嫂。客嫂晚年还经常教育青年一代，人民政权来之不易，要珍惜幸福生活，要为建设社会主义多作贡献。在病危时，还对看望她的人说：“我是贫困中挣扎出来的农家妇女，在共产党领导下为革命做了一点事，亲眼看到了革命斗争的伟大胜利，心里没什么遗憾了，希望后辈把国家建设得更加繁荣昌盛。”林客嫂 1972 年逝世，终年 79 岁。

摘自《武平县志》

革命战争年代的林日基同志

王闻福

　　林日基，小名冬子，1914年12月出生于武东镇五坊村鸦鹊塘。1943年参加革命，曾任杭武游击大队队长、中正区区长。

　　1943年3月，闽西特委特派员邱锦才、副特派员章荫木到武东开展革命活动，住在五坊村林佩环、林友谦家，以挑担卖油纸、烟丝为掩护，出没于十方、武东、中堡、千家村一带，收集情报，秘密联络。与此同时结识了林日基等一批青年为知心好友，实为发展革命力量。林日基在邱锦才、章荫木的启发教育下，参加了党组织领导的地下活动。随着形势的发展，成立了杭武游击大队，章荫木代表党组织宣布任命林日基为队长。在艰难的岁月里，林日基带领游击队队员在开展宣传活动的同时，组织游击武装力量维持社会治安和袭击敌匪武装，牵制敌人，巩固后方。

　　林日基于1944年5月加入了中国共产党。后带领林日联、林友谦跟随闽西特委副书记陈阿卜同志到上杭溪口、龙岩大池参加除奸、杀叛斗争。1946年农历六月三十日，林日基和吴光辉、林佩梅、王秋富等人被国民党反动派以"奸匪罪"逮捕，并被送往武平监狱关押，后被押至省特种监狱署。关押期间经受住了敌人的引诱和严刑拷打，没有向敌人透露半点党组织秘密和游击队的情况，更没有出卖革命同志，表现出了一个共产党员英勇不屈、顽强斗争的英雄气概。最后被国民党反动派判处无期徒刑，后经党组织营救，于1948年农历二月获释。

　　林日基出狱后没有丧失革命斗志，继续寻找党组织。1949年春，中国人民解放军兰汉华大队长，回中堡时带来一封闽西支队副政委邱锦才的信。信中指示："解放大军已南下，赶快组织群众迎接南下解放军的到来。"他立即将好消息转告战友们，并立即赶赴上杭旧县与邱锦才政委会面，聆听老领导的指示。1949年农历七月任武东中正区区长，他上任后，积极开展"反征兵""反征粮"斗争。还带领游击队到永平、中堡、六甲等地清剿国民党反动派流窜武平的残部和地主、土匪等反动武装。革命战争年代，林日基在国民党反动派的白色恐怖下，牢记信念，不怕牺牲，坚持斗争，为武平人民的解放事业作出了不可磨灭的贡献。

中华人民共和国成立后，林日基历任县公安局审讯股长，第十区（永平）公安特派员、区长，连城 7962 工程武平连指导员、下坝区区长、六甲公社社长，县民政科科长，中堡公社主任，县酒厂厂长，食品厂厂长等职。1977 年 11 月被批准退休，1982 年 4 月改办离休。

林日基同志退（离）休后，心系人民群众，关心群众疾苦，热心公益事业，积极为村民脱贫致富服务。他为改善五坊村的办学条件和村水、电、道路的改造呕心沥血。1988 年被县、省授予"老有所为"光荣称号；1991 年被县授予 1990～1991 年度"先进离休干部"荣誉称号。

林日基于 2007 年离世，享年 94 岁。

注：根据《五坊革命基点村简史》、林兰英《百年追思忆父亲》和廖祺道《林日基生平简历》整理。

王嘉奇其人其事

王麟瑞

　　王嘉奇，原名王先平，曾用名王淇、王浩，1910 年 5 月出生在武东乡四维村大窝里自然村。其父王万元，清末秀才；母刘氏，生二男二女。其兄王拔奇（原名王先翠），于 1932 年参加工农红军，任十二军三十四师一〇一团政治部主任，在红军长征湘江战役中壮烈牺牲。嘉奇于 1925 年在本乡观成小学毕业后考取上杭县立初级中学，因家庭经济困难辍学在家。1927 年，与原配廖元姑结婚，收养子炳华。1940 年，娶广东陆丰县郑月春为妾，生子汉华。1932 年后，先后在国民党军中任勤务兵、战士、中尉排长、上尉中队长及大队长、上尉重兵器助教、少尉教员、便衣队队长等职。1949 年 5 月，率部起义，任武平支队支队长。下面就王嘉奇起义前后的情况作一叙述。

　　1948 年底，国民党原将领李汉冲，看到人民军队力量日益强大，蒋家王朝将临末日，回到原籍上杭，与戎行故旧傅柏翠及武平县国民党军政人员练惕生等密商闽西起义大事。1949 年春，时任闽粤边区"清剿"总指挥部副总指挥的练惕生，想起了在广东潮安负责韩江护航戒备的莫希德，倘若他能率部回县参加闽西起义，则起义的武装力量就比较雄厚，对起义工作更为有利，于是就派王嘉奇到潮安面述此事。嘉奇去时，带着练惕生的亲笔信，沿途虽经几次检查，但没有暴露秘密。到达潮安后，在汀龙小学会见了莫希德。王将来意陈述，莫听后，面有难色，片刻才说："目前不可能参加起义。"由于这里的国民党特务头目、第一三一师师长喻英奇戒备森严，嘉奇不敢久留，赶回上杭汇报此事。

　　1949 年 5 月 22 日，傅柏翠、练惕生、李汉冲在上杭举行武装起义。23 日在上杭县城宣布成立闽西义勇军临时行动委员会，推举傅柏翠为闽西行动委员会主任，练惕生、李汉冲为副主任，练平为秘书长。行动委员会下设各县分会，乡设支会，村设干事会，方仲太为武平分会主任。在军事上成立了中国人民解放军闽西义勇军司令部，练惕生为司令，林志光、赖作梁（兼参谋长）、李玉为副司令，李汉铮为参谋主任，顾问李汉冲，参议员吴德贤。下设一个政治部，练平为主任，温梓祥为副主任。起义军的主力由原保安四团改为基干团，团长曾起，共辖 12 个连，另外，各县的地方武装先后组成 9 个独立团，同时，各县以自卫队为主整编为支队。本县原所辖的地方武装部队，经整编后为武平支队，支队长王嘉奇，下辖 6 个中队。

1949 年 5 月 24 日晚，练平在县政府德平楼召开秘密会议，出席会议的有方仲太、练平、王嘉奇、刘大铭、钟亮鸿、石文进、练武烈、林毓贤等人。会议由练平主持，他说："当前革命形势大好，解放军南下节节胜利，蒋家王朝已临末日，粤东地区许多县份已宣告解放，我们要参加闽西起义，拥护共产党，从此走向光明大道，为人民立功，以赎前愆。现在，我们在中国共产党华南局方方同志及闽粤赣边纵党委直接领导下，傅柏翠、练惕生、李汉冲等已于本月 22 日领衔通电武装起义。"最后练平说："我们要向北平（今北京）看齐，以傅作义将军为榜样，从明天起，我们开始在闽西临时行动委员会领导下开展革命工作。"练平讲完后，方仲太也讲了一些话，要求大家在共产党的方针政策指引下努力工作。又说，闽西行动委员会已指派王嘉奇、刘大铭、钟灿章为委员。现在决定武平分会下设：秘书室、政务科、财务科、教育科、人民投税处、卫生院、警察局和政工队。会上群情激奋，与会人员一致表示拥护，25 日正式宣布武平起义。喜讯传开，全县群众无不笑逐颜开，奔走相告。不久，各乡的支会也相继成立。

1949 年 6 月中下旬，起义部队为了执行北进的军事计划，迎接南下大军，准备解放长汀。因此，成立前敌指挥部，由林志光任司令员，赖作梁任副司令员兼参谋长，吴德贤任政工室主任，以基干团为主力，将独三团、独二团一部分，还有武平支队，组成第一挺进队。武平支队配合独二团一部分向汀江左翼进军，以牵制江西瑞金之敌，武平支队调往解放长汀的是第二、三、六中队，由支队长王嘉奇率领。从武平县城出发，经上杭官庄、回龙，到达长汀涂坊，召开前敌指挥部的排级以上军官的军事会议。参谋长赖国梁作进攻长汀的部署，基干团和上杭支队主攻长汀城；武平支队在牛牯岽一线截击由瑞金到长汀增援的胡琏部队。当武平支队到达牛牯崇时，就发现了国民党胡琏部队，不是从瑞金开来，而是从长汀往瑞金的路上，漫山遍野，朝着我支队的阵地扑来。经过一番激战，由于敌众我寡，装备悬殊，为避免无谓牺牲，只得且战且退，撤至长汀河田、三洲一带。而进攻长汀城的部队，一度攻入城内，后遭敌暗算，只得退到城外，向廖坊、涂坊方向撤退。武平支队退到河田时，支队长王嘉奇向参谋长汇报了战斗情况后，即奉命率部返回武平。

1949 年 7 月，挺进队进攻长汀失利后，为牵制胡琏部，配合大军解放福建，义勇军奉边纵命令，先后放弃杭、武、永、连各县县城，转入各区乡实行游击战。武平支队一部分由王嘉奇带领，在武东一带山地活动，另一部分由钟勇带领，在岩前一带山地活动。8 月间，钟勇派人送信给王嘉奇，叫王去岩前商量要事。王带了两个卫兵前往岩前，当晚，刘香亭叫王去开会，并说："你们被傅柏翠等利用了，虽然起义了，但共产党不会容纳你们的，国民党力量很大，始终还要反攻的，现在出去自新更好，将来还可以在武平立足。我已经和肖友良谈好了，你的部队合编为一个大队，大队长由你负责，你认为好不好呢？"王嘉奇听了，心想："你这老家伙差不多到死日了，仍反复无常，做出这些蠢行，如果要自新，还不如不要起义，既然起义了，就不能反悔。"当时，王看到这种情形，断定他完全变了，不能够再和他辩论，否则定出意外。第二天，王嘉奇回家后，把部队转移至深山，并将情况向上级报告。第三天，派人送信给钟勇，信中说："你既然起义了就应当坚持，如果自新，就是走死亡道路，同时国民党对你会如何看法呢？如果你还能够醒悟，我会向上级反映，否则后悔莫及，永无见面之日了，当三思之。"不料钟勇将信给胡琏残部看了，过了几天，胡琏部队就派了一个营，由钟勇部队带路，到武东围剿并将王嘉奇的房屋烧毁了。

同年 8 月，王嘉奇部在上杭附近的山地活动时，与基干团团长曾起和上杭第三工作团取得了联系，奉命在武东一带开展游击斗争。后来接到通知，武平支队归武平军管会指挥。王嘉奇即带了一部分武装前往象洞，县委饶亦昌、谢启发安排了工作和活动计划，决定成立武东区政府，指派林日基为区长，派了工作队 5 人协助开展宣传等工作。从此，在武东一带建立工农政权，王嘉奇部也以保卫革命政府为主开展游击活动，候命解放武平县城。

　　1949 年 10 月 16 日，四野大军派出部队解放武平，消灭了盘踞在县城的杨炯部队。翌日，四野大军通知武平支队长王嘉奇速即率部来城，并派钟良前往象洞向武平县委报告四野解放武平县城的情况。王嘉奇接到四野大军王团长的通知后，率部于当夜赶到武平县城，一面维持社会治安，一面协助带路追剿逃散之敌。武平县委、军管会等机关也返回县城开展工作。此时，武平支队共有 200 余人，改编为两个中队，增派钟良为支队副。不久，武平支队归属第八军分区（龙岩军分区前身）领导，接受整编。11月下旬，支队长王嘉奇调省里参加福建革大起义人员学习班学习。

　　1950 年 10 月，王嘉奇在福州学习结束返回武平。时任第八行政督察专员公署专员陈仲平叫他写信给各地，争取土匪自新。王曾写信给吴增华、钟腾福等人，叫他们赶快悔悟，携枪向人民政府自新，以求光明出路，同时，王又积极参加土地改革工作。尔后，一直在武平县手工业联社工作。曾任武平县历届人民代表会议常委会委员，抗美援朝分会委员，武平县第二、三、四、五届选举委员会委员，武平县第二至第九届人民代表大会代表，武平县第一至五届人民政府委员，政协武平县第一、二届委员会委员、常委等职。

　　1971 年 9 月，王嘉奇办理退休，回原籍安置，1983 年 1 月，改办离休。1985 年 3 月 9 日，因病在家逝世，享年 76 岁。政府在其家乡举行隆重的追悼大会。参加追悼大会的有县、乡、村政府各界代表和当地乡亲及学校师生等共 300 余人。

　　参考资料：①《武平文史资料》（第 2 辑）；②《抗日将领练惕生》（练建安、练德良著）；③《武平县人大志》；④《王嘉奇自传》。

武东镇建制沿革

练良祥

武东镇地处武平名山梁野山东面。位于东经 116°15′，北纬 25°0′。总面积 136.82 平方公里。有耕地 28895 亩。今辖 20 个村民委员会，209 个村民小组，有 5517 户 34000 人。

镇政府在陈埔村①。如上溯隶属，据府县志载，武平"《禹贡》为扬州之域。《周·职方》为七闽地。秦属闽中郡。汉属闽南地。三国吴属建安郡。晋太康三年为新罗县地。唐天宝元年为龙岩县地。至开元二十四年，辟福抚二州山洞，始置汀州。置州之后，复以本州西南地析为二镇，曰南安镇，曰武平镇，相距二百二十里，隶长汀"②。

武平县的隶属，当然即为武东镇的隶属。上述记载尚缺一个汉初的南海国。上述记载也说明，武东镇最早有记载的隶属，当属唐时汀州的南安镇，其镇治在今岩前镇。后两镇并升为武平场，公元 994 年（北宋淳化五年），武平场升格为县。

考历代武东镇在武平县的隶属划分，最早可上溯至北宋。北宋时武平县分七乡，统 17 个里 13 个保。武东划入县东安丰乡，统 6 个保，其中有丰田保。元时，因外族统治，士子耻于协统，皆藏匿不出，因县以下无有乡、村建制。或者也因明、清两代史家未记元代乡村建制。明代，洪武十四年（1381 年），武平县又改乡村建制为 7 个里，统图 23 个。时武东则隶属两个里，即在城高泰里，陈坑（今陈埔）图隶属此里；归郡里，袁田、汤坊、山寺、桑子坑、袁畲、上畲左田、丰田、横江背等图隶属此里。考当时的里、图设计，里当近于现代之区，图则相当于现代之乡或村。据《明史》载："洪武十四年，诏天下编赋役黄册，以一百十户为一里；丁粮多者十户为甲长，余百户为十甲，甲凡十户。岁役里长一人，甲首一人，董一里一甲之事。先后以丁粮多寡为序，十年一周，曰排年。在城曰坊，近城曰厢，乡郡

---

① 引自 1993 年版《武平县志·建置》。
② 摘自康熙《武平县志·邑建》。

曰里"①。据此记载，则明代武东分属两个里，统图凡十个，当时的图，应该相当于后来的保，因为基层有十户一甲的编户，如按一保（图）十甲计，则明代武东有 100 个左右的甲，每甲十户，则千户左右，每户均 5 人计，则 5000 左右的人口②。

清代区划仍按明代，史志未有记载。

民国初，武东划为东五区中的二个区，即六甲区、中正区。20 世纪 30 年代，今属武东的二个区乡落（即六甲、中正两区），又划入第三区（全县划四个区）。此时武东有市集三，即六甲圩（今六甲），逢三、八日（农历），中正堂圩（今四维），逢二、七日，陈坑圩（今陈埔），无定期③。

1935 年，时武东划为中正、六甲，两个区落合为第七区，地域当与现在的武东地域相同。当时统计人口有 16113 人④。

1940 年，武东又划为第三区的二个乡，即六甲乡、中正乡。其所统保大约相当于今天的行政村。当时的人口统计是 15480 人⑤。

苏维埃时期，曾设武东区，所属 16 个乡均成立了苏维埃政权。县苏维埃政府一度迁入武东区的陈坑村办公⑥。

中华人民共和国成立后，武东先后划为第八区、武东区。1955 年 11 月，六甲片并入十方区，丰田片并入中堡区。1958 年 4 月撤区分设六甲乡、丰田乡，11 月成立和平公社（六甲）、东风公社（丰田）。1960 年 5 月丰田并入中堡公社，六甲并入十方公社。1965 年六甲、丰田合并为武东公社。1984 年 10 月撤销武东公社，设立武东乡。2014 年 10 月，武东乡升格为武东镇。

---

① 摘自康熙《武平县志·邑建》。
② 《明史·食货》卷七十七第 1878 页。
③ 引自民国《武平县志·疆域》。
④ 引自民国《武平县志·户口》。
⑤ 引自民国《武平县志·户口》。
⑥ 引自一九九三年版《武平县志·建置》。

"袁畲"考

袁　轲

　　袁畲村地处武东乡内，位于梁野山南坡，原属一个行政村，现析分为袁上、袁下两个行政村。

　　武平县是古南海国的故都所在。南海国为汉武帝所灭，其贵族被移民长江流域后，平民则大部分隐入山区居住，为了避开当局迫害，也为了躲避徭役，这些南海国遗民后来即演化成越族的一支——畲族。他们的耕作方法十分古老，基本上采用刀耕火种方式，后来便长期生活在崇山峻岭之中。再后来迁入此地的中原汉族便称他们为"畲"，他们居住的地方自然也带了"畲"字。一个重要信息告诉我们，武平县带"畲"字的地名一百多个，有人居住的村庄带"畲"字的几十个，行政村即有十个左右（有袁畲、上畲、乐畲、张畲、壮畲、坪畲、洋畲等）。据此可知，这些地方在古代是畲族人的故乡。

　　袁畲地名始于何时？无考。据《武平县志·万历志》（知县成敦睦撰修的《武平县志稿》，此志福建师范大学图书馆有藏）载，袁畲，其地原住民系畲族袁氏，后不知迁往何处。今该村清一色居住汉族林氏，人口近三千，自然村六，即下村、上村、东山背、白泥田、苧园下、凹上（今隶教文村）。客家人沿袭从中原带来的聚族而居的传统，它虽然有利于宗族文化的传承，但宗族情结浓厚，宗派小团体主义盛行，封建时代由此常引发宗族间的矛盾和斗殴。

　　据袁畲村林氏族谱记载，该村林氏系五代十国时期的后周皇帝柴荣的后裔，一世祖柴宗训（后周年幼的恭帝，后在"陈桥兵变"时让位于宋太祖赵匡胤）祠墓今尚在长汀濯田。祖先一迁中堡远富，再迁袁畲，今繁衍达三十余代，亦即在此已居住八百年左右（按二十五年为一代计），按此推算则在元代前后迁入此地。

　　该村自古以来人文兴盛。清朝康熙年间，林宝树考中举人，被委为海澄县知县，因故未赴任。林宝树赋闲村里时，作《元初一》，又名《一年使用杂字》。用七言韵文式，对一年风俗农事进行了详尽的描述，也留下了清代客家社会生动的民间风俗画卷，广泛流传于闽粤赣三省边界客家地区，成为客家地区著名的启蒙识字课本。该村民国以来考入各类学校的读书人数量也名列全乡前茅。村里群山环抱，森林茂密，农田如梯叠至云端。其村有几百年古银杏树数株，百米瀑布一处，石崖险峻，蔚为壮观。太平山妈祖庙远近闻名，被称为"山上妈祖"，是庙亦坐落该村地界。

村民以农耕为生，兼营牧、林、猎等业。

客家名村，"双星"闪耀

林东祥

一　川坊在哪儿

　　闽西武平县武东镇川坊村地处上杭武平交界，分别与本镇三峤村、五坊村，上杭县湖洋镇的寨背村、福全村接壤，距县城 35 公里，距镇政府 10 公里。这个偏僻山乡现代以来声名大振，因为这个小山村诞生了在武平县历史上仅有的"文武双星"，文星为林默涵（1913～2008 年），历任中宣部副部长、文化部副部长和中国文联党组书记，是著名文艺理论家，《鲁迅全集》的主编，武星指的是 1955 年授衔的开国少将、老红军，经历了举世闻名的二万五千里长征的解放军青岛海军通信学校首任校长的林伟将军（1914～1979 年）。

　　川坊村不大，截至 2016 年，有 10 个行政组，7 个自然村，512 户，约 2100 人，耕地面积 1032 亩，山林面积 13568 亩，自古以来是个人多地少的地方，除了 20 多户江姓、数户黄姓外，大部分居民姓林（分为两脉，一脉为万满郎公后裔，居村里；一脉为子达公后裔，居车子前）。因为背

靠高山，村民大都居住在逼仄的丘陵和平缓的谷地上，一进村子可见巍峨的高山。此山绵延十里，曰豹石山，西北面昂首雄起，山石裸露，犹如豹子头，整座山就是一只英武的雄狮。虽然居住地狭窄，但后有狮山，前有溪流，坐北面南，居住地的小气候还是温暖宜人的，可以说是个风水好、环境美、藏龙卧虎的地方吧。

川坊原来可不叫川坊，客家话语音里近似于"断坊"，原来是"汤坊"之讹。

"川坊"即无河流，亦无一箭平川之地，望文生义则名不副实，其实这地名上只是"音译"而已，年岁大的人都叫"汤坊"，叫来叫去，听起来好似"断坊"之音，但老人们从不叫"川坊"的。

原来，在民国以前，这里一直都叫"汤坊"的地名，因为元朝以前汤姓是这里的主要居民，而且一度安居乐业，人丁兴旺。大约在元朝中期，有一武将出征南方，大胜而返，途经该地，鸣锣开道，好不威风。武将进村见该地山势巍峨，山峰笔架耸峙，知晓这里乃藏龙卧虎之地，不可小觑，故下马步行，以示敬意。恰好一新媳妇在骑楼上专心做"女红"，她听到锣鼓声响，见路上黄尘滚滚，人声鼎沸，不禁好奇起身看热闹，慌乱中打翻用于接线的水碗，淋了武将一头一脸。武将见一女子探出头来，以为是妇人便溺羞辱自己，便勃然大怒，于是派手下把守路口，全村人丁，包括妇孺老少，一个不留，血洗汤坊，汤姓惨遭屠戮。

二　林宗仁（兄弟）开基汤坊

经过元兵屠村好长一段时间，汤坊村田园荒芜，遍地荒草废墟，满目苍凉，狐鼠乱窜，成了无人居住的废村。

林宗仁是林千七郎四世孙，而千七郎为中堡开基的林九郎公五世孙，他们这一脉林姓堂号为"济南堂"，远祖为五代时精明有为的后周皇帝柴荣之子柴宗训，这一脉又称"柴林"。

清康熙年间林姓裔孙林正中作诗叙述柴林世系来历及九郎公开基的由来。

录咏诗数道　其一

惟君衍自后周来，非郭非林却姓柴；

不是济南更郡氏，闽州龙虎榜难开。

其二

福州流出到平川，中堡河田遍蔓延，

不设奇谋更姓隐，济南郡内裔何传。

其三

吾宗天潢衍派来，二世曾登殿陛台，

禅位隐名更姓后，嗣裔无名榜不开。

民间传说林宗仁曾祖千七郎从中堡迁居今五坊村鸦鹊塘罗田坑一带居住，林宗仁虽然出生于乱世，但青壮年时明朝已经建立，国家初定，百姓向往安居，他不想在家乡庸碌度过一生，故胸怀大志，远游以寻找人生机会，经商（也有说当兵）辗转数千里来到国都南京。他读过私塾，一路上也用心寻师学习各种技能，故亦精通文墨医理。到了一高大城门楼前，因内急大解，随手扯下墙上大纸，不料这是皇帝征召天下名医的皇榜，旁边守卫皇榜的兵士见一青年后生揭了榜，非常高兴，簇拥着林宗仁到了皇宫。原来皇后（一说妃子）得病多时，太医束手无策，故贴榜征招天下医士治病，但十几天过去皆无人揭榜（青年原来要把皇榜当手纸的），当然，林宗仁也是无意中揭的榜。兵士拥其至皇宫，他知道兹事体大，那天晚上苦思良策，暑热难当，心情忐忑，一边思索一边在身体上搓下一团团的"曼"（污秽），放在衣物中用蜡丸封好备用，第二天进宫为皇后看病，用"悬丝搭脉"技术给皇后诊脉，脉象沉且迟滞，感之无力，为忧心郁结之症，开了药方，以蜡丸内"曼"为药引，不料三剂之下，皇后精神大振，又服三剂已能下地，再服调养之剂而痊愈。永乐皇帝龙颜大悦，故永乐八年（1410 年）正月，永乐皇帝下旨敕封林宗仁为太医院大国手、少理寺卿，其父德荣公诰封少理寺卿，覃恩追封三代，并准许在汤坊开基立业。

此事在清光绪《汤坊林氏族谱》中有详细记载，清咸丰六年（1856年）进士（武平平川人）、钦点户部主事广东司的林其年在清光绪年间编的《汤坊林氏族谱》中特为林宗仁写了赞语："赞曰——刚健中正纯粹以精克邀帝眷医，荣敕封国手大理寺卿活人妙术，分明王室攸赖洵笃忠贞杏林，济以诚宜尔子孙永盛科名。赐进士出身户部山西司兼理广东司钦点主政擢郎中，裔侄孙其年拜赠"。汤坊村背后有座大山，除了大山以南山野田庄属于该村，大山以北，汀江（河上）西边，直至潭溪里的九崀十三窝都为林宗仁后裔的产业（后其祖父万满郎公葬于罗岗坝，墓碑可望九崀十三窝）。

三　川坊人才辈出之谜

在这个弹丸之地的闽粤赣边小村落，近现代以来人才辈出，引起了本县和相邻县民众的极大兴趣，这个客家村落除了秉承客家人崇文重教、耕读传家、克勤克俭的优良传统外，还有什么独特的地理和人文条件呢？笔者生于斯，长于斯，粗略总结可能有以下几条。

（1）生存环境使然，川坊背靠大山，大山背后虽然有很多山场名义上是川坊人的，但离临县村场更近，不易管理，林木和其他资源大都被他人盗取，而大山前面山林少、耕地少、人稠地少、资源贫乏的自然环境迫使川坊人出外谋生者多，闯荡人生。

民国时，各种手艺人和做各种生意的都很多，尤其是村民生活必需的木匠、泥瓦匠、钉奢匠人数众多，并且在上杭城和寨背圩开有店铺。在改革开放前，川坊可能是出外做工做手艺最多的。该村是有名的木工村，在20世纪80年代前，几乎每家都有人会木工手艺，出门谋生足迹几乎到了江西的瑞金、寻乌、会昌，广东的蕉岭、梅县、大埔，本省的上杭、长汀及武平等县，出外闯荡和谋生造就川坊人吃苦耐劳、见多识广和更加倾力扶助儿女读书成才的共识和氛围。

民国时林大伟任国民革命军新编第一独立旅第三大队大队长，1930年任上杭县县长。

该村还出了一门爷孙三代出于名门（清华大学毕业）的佳话，第一代林登云，燕京大学（清华的前身）司法系毕业，毕业后历任宁德霞浦等地司法官，秉公司法有政声；第二代林如霞（霞浦出生），清华大学土木工程系毕业，服务扎根偏远的贵州，任高级工程师，现已退休；第三代为林刚，清华大学毕业，博士后。

这个仅两千人的村落，改革开放后已走出了 200 多大专以上毕业生，外出干部职工有 400 多人。

（2）交通和人文环境。川坊属于武平县行政管理末端，是武平县边远乡村，在地理上、经济上和文化上与上杭县更有联系，以前到上杭城走小路只有 30 里，读书做生意大多数到上杭城，上杭相对武平来说经济文化较发达，故川坊受其影响，读书人多，观念也较开明，比如林默涵在上杭一中读过书，16 岁到福州接受师范教育。在清朝该村就有培英书院，民国初年办有新式学校——杭武培英小学，培养了众多建设乡村的实用人才，故综合各方面因素，川坊村现代以来人才辈出，遐迩闻名，英才荟萃，是人杰地灵的客家宝地。

四维村的由来

王闻福

武平县武东镇四维村是地处武平县城东北 38 公里的一个行政村，全村有 2100 多人，耕地面积 1800 多亩。四维村 98% 以上是王姓，在民国时期陆续迁入胡、张、徐三姓。各姓相互通婚，亲上加亲，感情融洽，守望相助。

四维村原称左田村，包括左田、溪背山、中间堂、大窝里、雷公井、司马坪和屋场岗等七个自然村。

武平王姓一世祖王均德（1242～1330 年）于武东桑梓坑开基。二世祖万十郎公（号骥仕）在武东上畲窝开基。明代初四世祖德信公生有子龙、子祥、子允、子松、子用五兄弟，分别在大窝里、屋场岗、远明慕塘坑、左田下屋、左田上屋开基，后裔不少迁往东留、中山、长汀、永定、连城、上杭、宁化、清流及外省江西宁都、湖南湘潭、湖北香乡、浙江鸡公丘、广东松源、潮汕和内蒙古等地。

据传万十郎骥仕公在上畲开基时，家中养了一群牛妈带子。那时，牛群没有圈养，而是长年放养，牛群从上畲经远明，再到左田。由于左田地域开阔、土地肥沃，牧草生长茂盛，牛群长年在此吃草、歇息和繁殖。到了耕地用牛季节，万十郎公家人在左田便可找到牛群。后子松、子用公便在左田开基创业，繁衍至今已 20 多代，左田村已有近 700 年的历史。万七郎公在雷公井开基，数代后大部分后裔迁往岩前大布等地，仅留下几户人家。

民国时期，在中间堂（属四维村）设中正区公所，左田、上畲、大窝里、雷公井、司马坪、屋场岗设保称为左田保。由于左田保常发生房族械斗，居住在上畲、大窝里、雷公井、司马坪的人提出不与左田、屋场岗同一保，并向区公所申请另立一保。保中文人从《资治通鉴》卷第二百九十一，欧阳修论曰："礼义廉耻，国之四维。四维不张，国乃灭亡。"取欧阳修"国之四维"中选"四维"两字定保名，就有了左田保和四维保。抗日战争前夕，左田保合并到四维保。

中华人民共和国成立初期，改四维保为四维村，村部设在屋场岗，而后改为四上乡（含四维、上畲、袁田、远浆），乡政府设在左田上屋。1956 年，武东区与上中区（今中堡镇）合并后，四上乡属上中区管辖，炉坑村、袁田村、上畲村并入四维村后，称为四袁乡，乡政府设在雷公井。1958 年"人民公社化"时期，四袁乡又改为四维大队（炉坑、袁田、上畲、远浆另立大队）。1984 年撤销武东公社设立武东乡后，四维大队又改为四维村，四维村村名一直沿用至今。

四维村传承耕读传家、诗礼教化和王氏家训，历代人才辈出。四维观成书院系清末年间创建的民办书院。科举时代，一批秀才、举人都是在观成书院接受启蒙教育。中华人民共和国成立后，观成书院改为公办小学，曾先后易名为中心学校、八区一小校、四维小学等。办学成绩斐然，观成书院（四维小学）学子有数千人，分布国内外。有厅局级干部；有博学多才的留学博士、博士生导师、博士、硕士；有做出杰出贡献的医学专家、高级工程师、高级经济师、高级畜牧师、建筑专家；有一大批教育行家和企业精英等，他们弘扬"耕读传家，诗书济世"的客家精神，顽强拼搏，艰苦奋斗，活跃在振兴中华的历史大潮中，为国家的繁荣、中华民族的伟大复兴做出了应有的贡献。

四维村的经济主要靠农业收入。目前，村中有四十户人家从事佛香生产。四维的佛香生产也有近三百年的历史，相传佛香生产工艺是从泉州一带传入。生产佛香是四维村的一项经济收入来源，现已有一些村民成为从事佛香生产的专业户。

车头坪溯源

饶正英

车头坪隶属武东镇黄埔村行政村，有 700 多人，名字由来已久。车头坪地势平坦，一河一山一村，呈带子状，村的界址从李得生屋背头经岗子下到罗厅下。

据饶氏族谱记载，开基世祖从山东济南到江西，再到汀州八角楼、武平帽村、陈坑仙人桥边，最后到现在车头坪开基，可惜的是车头坪的饶氏族谱在"文化大革命"破四旧时已烧毁。

一世祖济宇公（百九郎公），雅哲公之子，号建三，又名季礼，原籍江西抚州崇德乡，宋朝诰封中宪大夫，任汀州府（今长汀县）推官，由江西迁居到汀州八角楼，居住数年。当时正值宋元交接时期（1264～1271年），社会动荡，姚钟氏生四子：一郎、二郎、三郎、四郎。

二世祖一郎，济宇长子（百一郎），生于宋代，号日素，又名千一郎，宋朝诰封宪大夫。原居江西吉安永丰缠岗（现缠江），后随父迁汀州八角楼，济宇太公太婆过世后举家先迁至武平大南坑帽村居住一段时间后，再随五子武德公到武平陈坑仙人桥头定居。

三世祖武德公，又名文穆。以元朝甲辰科（注：1304 年或 1364 年）中武进士赴任汀州推官，宋朝敕赐进士授选汀州府推官后升提督。姚吴氏生四子，长子文称（又称文琛）。文称公姚刘氏共生十一子，其中长子为千七郎，次子为千八郎。

四世祖千八郎公，父兄在武平陈坑仙人桥边开基居住后，再迁居到黄埔村车头坪，从此在车头坪世代繁衍生息，而开基到现在已有 700 多年的历史，祖辈勤劳善良、乐善好施，至我辈已经二十四代。

车头坪有两个姓氏，有饶姓和林姓。相传，林姓祖辈比饶姓祖辈更早来到车头坪开基，人口更多。林姓主要居住在坡下河的对面（西面），而饶姓主要在石磜下（东面）。当时，千八郎公开基时，只有千八郎公一家饶姓，而林姓已有二三十家。经常听老一辈人说"未有武平，先有坡下"。

说明林姓的祖辈来车头坪历史更早，在群居的时代，族人越多，凝聚力越强，这样更不会受到外族的欺负。

车头坪的地名，跟历史有关。一直以来，车头坪就很平坦、开阔，肥沃田地就在村子的对面。因地势平坦，灌溉田地一直缺水。古时人们多次用树卷草的方法筑坝，但都被湍急的水流冲毁，后来勤劳而又智慧的先辈，想到利用水车引水。利用流水冲击水轮转动，把河水带到高处倒出，终于解决了缺水的问题。还有车头坪在以前是划归为陈坑，后划归黄埔，而黄埔有多个小自然村沿着河道呈一条线，有车头坪、何屋、塘头、勾子坑、古楼背、赤子坑，因车头坪排在前头，故取名为车头坪。

车头坪地名一直沿用至今，由于农田灌溉条件的改善，水车不复存在，只留在人们的记忆里，取而代之的是现在的张岗坡已建成的高大石砌的水坝，解决了灌溉良田的难题。从此，河对岸肥沃的良田里，人们一年四季便在这片土地上劳作。用辛勤的汗水换来丰硕的果实，全村的人过上了幸福的生活。

远明的起源及历史沿革

王胜祥

　　福建省武平县武东镇远明村地处武东镇东北部，与中堡镇交界处，脚踏两镇的小山村。该村北与中堡镇中堡村接壤、东接乌石村、东南至四维村、南抵上畲村、西南相邻袁畲（袁下村）、西北与中堡镇中堡村的田坑尾相接，全村 9 个村民小组，有 260 户，户籍人口 930 人左右，耕地面积 670 亩，林地3700 余亩，海拔高度为 310.7 米。村中有一凸起的小丘陵，村民称之为大笠坪。此小丘陵顶上为坪地，站在大笠坪顶上，整个村庄的地形地貌一览无余，山脉连绵，沟壑纵横，众多的小溪流汇合后成为丰田河，流入上杭汀江河。东有乌石岽，西接高岽，西北连老虎寨岽，北达远浆岽，老人说，整个村形貌像卧伏的犀牛、像蜂巢、像盛满了玉液琼浆的壶。古树参天、苍松翠竹、古桥、小溪奇石、高山绿水环抱，有生长了三四百年的拐枣树、柏树和上百年的杉树、木荷、桂花树，气候温和、雨量充沛、四季分明、夏长冬短、冬无严寒、夏无酷暑、干湿季节分明，可谓山清水秀、鸟语花香、流水潺潺的世外桃源。

　　远明的地名起源极具特色，历经漫长岁月的淀积，暗含玄机，折射、蕴藏着远明当地的历史底蕴、民情风貌、人文特征，道尽了远明的人、事、物的关系。据考证，远明的地名来源与"神明信仰"相关，[①] 与本村寨井里建有"社令真官神主"庵门上的对联有渊源。为此，笔者在 2019年 2 月 3 日回到家乡，实地考察、考证。在家乡的寨井里建有一座"社令真官神主"石制的庵，即保平安的社公、土地神的庵庙。相传共工氏之子名勾龙，能平水土，被称为"后土"，即社神、土地神。相传远古氏族各有崇拜的树木，即所谓"社树"，如夏后氏用松树，殷人用柏树，周人用栗树，而在此庵后面有一棵树龄三百多年的柏树。在"社令真官神主"庵的石门上刻有一副对联，曰："社令馨香昭永远，神灵庇佑庆壶浆"。馨香，即散布很远的芳香、香气，或指用作祭品的黍稷，供奉神佛的香火或

---

　　①　刘大可：《从地名看客家村落的历史与文化——以闽西武平县村落为考察对象》，《福建省社会主义学院学报》2003 年第 3 期。

比喻可流传后代的好名声。《说文解字·日部》，昭，日明也。昭是形声字，日为形，召为声，有光明美好之意；永远即长远、永久。"社"在《辞海》《辞源》《古代汉语词典》都有条目，都指"土地神"，社令也即土地神，《左传·昭公二十九年》："后土为社"指后土（皇天后土的后土），是土地神主。浆，从水，从将，将省声。"将"本义为"涂抹了肉汁的木片"。"将"与"水"联合起来表示"浓厚的饮料"，本义为浓厚饮料。东汉许慎撰《说文》，"本作将，酢浆也"。壶浆即茶水、酒浆，以壶盛之，故称。《公羊传·昭公二十五年》："国子执壶浆。"庇佑意为保佑，出自宋司马光《为文相公许州谢上表》："非曲叨于庇佑，岂自信于保全！"当时，在此地最早从外地迁徙来的是郑、吴两姓，后来，王姓、钟姓、李姓、徐姓、林姓、石姓从各地迁徙于此定居，各宗姓先民来此陌生的土地上，为寻求心灵的慰藉，祈福、保平安、庆丰收、抗灾难，契合各宗姓民众渴望救助的群体心理需求，所以，从很远地方迁来此地的各宗姓客民都信仰"社令真官神主"，来保护、保佑他们各姓家族永远繁荣昌盛，神明庇佑像盛满了琼浆壶的这块风水宝地。因此，各姓家族把共同信仰的神明"社令"建在村中的"寨井里"，在此村居住民众依据此上下联最末一字，取名为"远浆"。因此地远离繁华之处，民风质朴，悍匪强盗又常侵扰，民众把每年农历的传统节日如端午节、中秋节、重阳节等节日都提前一天庆贺，这样匪盗来了看到各家在节日期间没有可抢可食的物品，慢慢地就会减少侵扰此地了。当然，民众为能安身立命、齐家、保家、保村而尚武，各姓拧成一股绳，共同御寇，抵制侵犯者。为此，民国初期，村民把"浆"改为谐音"将"，名为"远将"。1958 年人民公社化时期，"远将"改名为"远明"。①

后一直沿用至今。远明村成为武东镇 20 个行政村之一。

---

① 丘复主纂，林绂庭、谢伯镕协纂《武平县志》，民国 30 年编修，福建省武平县编纂委员会整理出版，1986 年 12 月。

梁野山南坡的生态福地——教文村

林承炎

　　教文村地处武东镇西北角，距镇政府 12 公里，距武平县城 16 公里，东边同袁上村交界，南边与六甲村相邻，西边同新东村相邻，与城厢尧禄村、云礤村仅一山之隔。北边依托梁野山。明洪武十四年（1381 年）取名"横岗背"。民国初期称之为文岗背，民国 31 年（1942 年）取名教文，教文因重教崇文，故称教文。全村依托梁野山成一字形排开，依山而建。分 7 个自然村 15 个村民小组，260 户 920 人。全村分林、陈、李、钟、潘五个姓氏。林姓由袁上村迁徙至凹上、岭梅自然村。陈姓一部分由尧禄村迁徙至伯公坑、竹子背居住，一部分由浙江迁徙至平川后迁徙横岗背自然村。李姓由武平红东村迁徙至横岗背自然村。钟姓由平川乌石崇迁徙至高岭自然村。潘姓由永平迁徙至凹上自然村。自古至今，五姓村民睦邻友好，和谐共处。

　　全村现有林地面积 15000 余亩，耕地面积 1500 亩。勤劳朴素的教文人民 20 世纪末在日出而作、日落而息、靠山吃山的形势下，顾大局、讲奉献。经过 20 余年的封山育林，森林覆盖率面积增加了 20%，促进森林多样多元化，推进人与自然和谐共生。

教文村是古代武东人民通往汀州府的必经之路，一米余宽的石板官道，经伯公坑至天门山到永平境内，见证了历史的风风雨雨。年少时常听老人说起红军在伯公坑与国民党反动派战斗的故事。教文人冒着生命危险护送红军至永平境内，谱写了可歌可泣的壮丽诗篇，至今还保存着许多战壕、机枪口，为后辈传承红色基因提供了鲜活的典范。伯公坑因气候独特，成片的一级保护植物野生红豆杉群在此繁衍，一株上千余年直径 1 米多的野生红豆杉王吸引众多游客驻足观赏。横岗背自然村一条石板路是通往梁野山寺庙最近的古道和周边村民进香拜佛的必经之路。因年久失修，石砌路已经破烂坍塌。幸好县委县政府已列入古道重修项目，已进入实质性阶段。届时有望让后辈能够更好地了解当年的人文历史，重现当年繁华景象。连接古道成片的百年古树群分布在小溪两岸，绵延数公里，犹如一条奔腾的巨龙，形成一道独特的天然风景线。林业部门挂牌名木古树树龄达几百上千年的比比皆是。最引人注目的是凹上自然村水口一株上千年树龄的罗汉松，这是古人留给我们的一笔宝贵财富。

教文村虽然是只有 900 余人的小山村，但重教崇文的村俗民风养育了许多杰出人才，如厅级干部李东河、正处级干部林玉春，以及许多科级干部、公务员、教师，还有大批的外出乡贤在改革开放的大潮中脱颖而出。

教文人正规划着美好的愿景，描绘着未来的宏伟蓝图，计划建设休闲垂钓区、古道负离子氧区、采摘观光区、蜂农体验区、农家乐、乡村一日游等项目，把教文村打造成一个产业兴旺、生态宜居、民风淳朴、百姓富裕的美丽乡村。

藤崇岭上的古道

王麟瑞

　　藤崇岭坐落在武平县武东镇五坊村。由五坊村通往上杭汀江河岸石下渡口的古道，就要经过这座大山。古时，中堡和武东中正区域的稻谷、大米、土纸、竹木等农副产品均通过这条古道，肩挑至石下渡口，而后装上木船，运至上杭、峰市、潮州、汕头等地。这条古道是石砌的大道，全长约 20 里。在这条古道上还建有三座茶亭，供行人小憩。

　　中华人民共和国成立初期，武东丰田片各户的公粮均挑到丰田村联坊课的仓库里，而后，由政府请群众挑至石下渡口，发给"脚钱"（运费）。1954 年，我 13 岁，参加了一次挑公粮，从丰田联坊课出谷 40 斤，挑至石下渡口，尝试了一次世间第二苦——"挑担行长路"。

　　那天，参加挑公粮的有几十人。开始，大家快步如飞，走了五里路后就慢下来了。又走了几里路，便来到五坊藤崇岭脚下的冷水坑。这里建有一座茶亭——"济众亭"，砖木结构，系清代中正区廖日昇、廖藜照募建。亭外有股山泉，行人站在山泉口边，即可喝到清凉的泉水。大家在亭内小憩，有说有笑。一位长者讲了一个老虎吃人的故事。古时，藤崇岭山高林密，山中野猪、山麂、老虎等野兽时常出没。清朝末年的某日下午，一位行人路过藤崇岭时，一只埋伏在路旁灌木丛中的老虎猛冲出来，用前爪将人抓牢，然后朝颈部猛咬一口，此人就一命呜呼了。岭下村子里的人闻讯后，带了鸟铳、铜锣，赶往山上救人。当找到这位行人时，地上一大摊血，他的身体被老虎吃掉了一半……，大家听了，都毛骨悚然。

　　小憩后，大家挑起担子准备上山。从岭下到岭顶，大约有 10 里，道路像梯子一样，十分崎岖。大家挑着沉重的担子拾级而上，累得气喘吁吁，汗流浃背，感到担子越来越重，寸步难行。忽然，有位大哥打了一个"哟嗬"，唱起了山歌："世上挑担苦难当，咁企岭子唔得上；屋下有老又有细，一日唔挑饿断肠。"接着一位大嫂也唱了一首："岭子咁企唔莫怕，有岭上哩有岭下；有情阿哥等一驳，老妹同你做双鞋。"众人一听山歌，顿时心情舒畅，感到担子轻了很多，腿也不那么酸了，于是打起精神，鼓足力气，继续拾级而上，不久便到了崇顶。站在崇顶上向前方瞭望，便是上杭县的一片田地和村庄。汀江犹如一条长长的白带，滔滔的河水自北而南地从山脚下流过。崇顶上也建有一座茶亭——

五坊古道　谢福英 摄

"大岭崇亭"。此亭由八根石柱做支柱，屋顶由木杠枕、桁桷、瓦片建成。亭两边还建有庵庙，供奉有菩萨。众人在亭内歇息时，一位长者介绍了这座大岭崇亭和前面的葛藤亭的来历。他说：700多年前，本县抚民令王均德离任后，在丰田桑梓坑开居，其第六代裔孙王伯钦，住在左田下屋，这两座茶亭都是他建的。

歇息后，大家又挑起担子赶路。从崇顶到石下渡口还有约10里。经过小憩，又逢下岭，步子自然快了一点。走到半山腰，便到了"葛藤亭"。此亭系砖木结构，亭边还建有小屋。大家在亭内喝茶、抽烟，这位长者继续介绍：王伯钦为人善良，克勤克俭，惟读惟耕，处世贤良。置良田百亩，每年可收稻谷60余石。伯钦公想，为使后裔昌盛，今须施功德。因此，在藤崇岭上建了两座茶亭，亭前亭后石砌路面400余丈。还花白银二百两，购买茶亭左右界内土地、松杉杂木，归一族管业使用。亭界址为：亭前路边食水井起至亭后近石下养鱼潭为界，路上下各5丈。建亭后，还在五坊寨子山买粮田数亩，用于施茶缸一切开支，还雇人每日煎茶，供过往行人饮用。同时，每年八月十五日聚集本公后裔到此修路，清除路边杂草，以便行人畅通、安全。王伯钦真是功德无量啊！话音刚落，一位大嫂唱起了一首山歌："担竿挑担拉拉横，阿哥武平妹上杭；总爱两人情意好，葛藤亭里好聊凉。"一位大哥也唱了一首："葛藤亭里陪妹坐，亭子下面汀江河；老妹肯同阿哥聊，一同搭船下潮州。"众人听了哈哈大笑，疲劳顿时飞到九霄云外去了。于是又挑起担子，迈开轻盈的步子，很快就到了石下渡口。

　　我是王均德公二十代裔孙，长大后，访问了许多老人，并查阅了有关史书和族谱。中华民国30年编纂的《武平县志》卷十一《交通志》第十部分"路亭"中记载："济众亭：中正区廖日昇、廖藜照募建"；"大岭崀亭、葛藤岭亭：俱乾隆中，左田王伯钦建，并施茶日（茶日——疑系'茶水'之误）。"又据《武平县志》卷二十六《乡行传》中也记载了廖日昇、廖藜照、王伯钦的姓名。特别是王伯钦建造葛藤亭的情况，在本县《王氏族谱》中有详细记载。因此笔者认为，藤崀岭上古道和古亭的情况与史书、族谱中的记载基本吻合，可以信之。

安丰村官道和红色通道

廖海宏

　　旧时，安丰是交通要塞，是官、商往汀州府、桃溪、中堡的必经之地，村中有两条官道经过。

　　一条是从上杭寨背、武平川坊、五坊经安丰过星下（安丰境内 8 公里），悦洋青迳、芳洋、千家村、官庄、回龙到汀州府（长汀）。20 世纪30 年代后，也可从安丰过中堡小岭、三井、千家村前往长汀。同时，又是20 世纪通往红色根据地才溪、长汀的红色通道，步云、林伟就是通过这条红色通道参加长征、成为开国功臣的。

　　一条是从武北桃溪、中堡往安丰（安丰境内 6 公里）过五坊抵汀江口岸上杭碧田的石下。这条通道以商业为主，武北、中堡一带的物资源源不断地经这条通道运往石下口岸后，销往上杭、潮汕地区。

　　这两条官道，都是我们的先祖艰辛地用肩扛手提、用石头铺设成的"石砌路"。为便于官、商人员往返的歇息，再往汀州府安丰境内的星下，清康熙年间建有一座"春风亭"。经几百年的风吹雨淋，原有茶亭倒塌后，20 世纪80 年代重建，取名"丰德亭"（意为安丰人民积公德）；从中堡往上杭石下口岸，安丰境内的李坑建有"锡角亭"（已毁）和"博望亭"，20 世纪80 年代改建为简易的"李坑亭"；村口建有一座供来往行人解渴的"茶亭"（已毁）。

星下的丰德亭

　　这两条官道，在旧时交通极不发达的情况下，对周边经济、文化交流起了重要的作用。

武平古地图中的武东地理位置

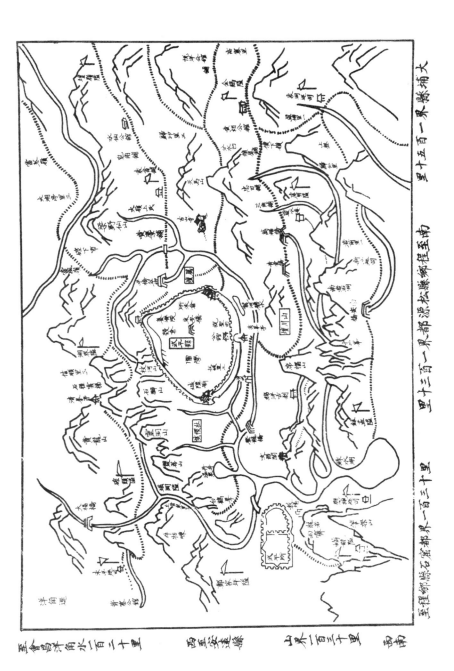

陈坑仙人桥

饶志龙　饶亮金

陈坑仙人桥，坐落在陈坑坪（现为老公路桥头），顾名思义，我们的祖先认为是仙人所造之桥也！据当地族谱载："'仙人桥'由三块石板造成，每块长二丈三尺余，厚一尺三寸，或二尺五寸，观此桥之大、之长、之阔、之厚，正非人力所能为，抑亦仙法所致焉耳。"

今仍有留刻古仙人桥头一首诗云："仙迹千年在，于今欲问津，流连思古渡，此石是何人？"

此诗在海内外饶氏宗族中广为传颂，只要说得出仙人桥石板的长、厚就会得到族中梓叔认可，食宿不愁。

鼎新桥

进　中

鼎新桥坐落在武平县武东镇四维村中间堂慕枫溪上。此桥建于清代，在漫长的岁月中，虽然经过无数次洪水冲击、风吹雨打、冰雪风霜的侵蚀，至今仍安然无恙。

相传，古代中间堂是武平岩前、十方、武东到汀州的一条必经之路。最先是在慕枫溪上架一木桥，便于行人往来。每年春季发大水，大桥容易被溪水冲走。清代，武平抚民令王均德公二十一代裔孙王廷桢（又名文郁，号献青），居住在武东四维左田溪背山。他抱着"铺桥砌路施功德"的族训族规，发动广大宗亲捐资建造石拱桥。倡议提出，一呼百应，裔孙们自发自愿为建桥捐资出力。

鼎新桥建造是邀请外地工匠负责设计和施工，历经五年时间才竣工。拱桥用料省，结构巧，强度高。桥身全长 10.9 米，宽 4.9 米，拱的跨度 9 米，拱高 5.5 米。当时，在技术十分落后的情况下，工匠有这样的建桥技术，实为难能可贵。

鼎新桥桥拱采用长方形石料，每块石头重 150 斤左右，在没有起重设备和吊车的情况下，运送这么重的大石头是何等艰辛。这充分显示了劳动人民的智慧，可见当时的工匠付出了多大的心血和代价。

鼎新桥建成后，便利行人往来，即使在洪水季节也不受影响。20 世纪 50 年代末，高上（高梧—上中）公路通车后，车辆均在鼎新桥上经过。21 世纪初，县政府批准武东乡对中间堂进行集镇改造，新建了公路桥，来往车辆避开鼎新桥而过。如今，只有通往丰田、五坊、三峤、川坊和安丰等地的车辆经过鼎新桥，过往车辆明显减少。

鼎新桥　王闻福 摄

上畲水口石拱桥

王天喜

武东镇上畲村水口石拱桥是上畲通往远明、中堡等地的唯一跨溪石桥，建于明末清初。经过几百年风雨侵蚀和洪水冲刷，至今仍铮铮铁骨、岿然不动。后人无不称赞前人的智慧和建筑技艺。

石拱桥全长 25 米（其中引桥 6 米），宽 3.8 米，高 5.5 米，中立一巨大菱形桥墩，设置两个桥孔，整座桥均用巨型方石砌成。

武东镇上畲村水口石拱桥　王天喜 摄

上畲与远明是毗邻的两个小村。村民世代友好，和睦相处，来往频繁。但当年交通甚为不便，两村之间被一条不宽不窄的溪流隔断，虽有木桥但屡被洪水冲垮，村民来往常要涉水而过，既艰难又不安全。于是，善心人士倡议捐款、献工，有钱出钱，有力出力，聘请富有技术、经验的高超师傅，建起了这座蔚为壮观之桥。

昔日，桥之两侧古木参天，郁郁葱葱，浓荫蔽日；桥下流水潺潺有声，清澈见底，游鱼可数，好一派亮丽风光。

安丰古建筑荫桥

廖海宏

　　安丰荫桥始建于明永乐年间。当初建桥按风水师的说法是安丰村口较空，建一座房子可堵财；另周边大片农田，村民耕作时，每逢强风暴雨时无遮风避雨处；同时，考虑将安丰溪两岸相连，便于出行。于是，先祖选择在村口通往水口背、牛栏岗的河道上架起一座别具一格的桥梁，人过桥时在屋内行走，见不了天，故取名荫桥。

安丰村荫桥

　　荫桥系青砖木结构，长 128.4 米，宽 12 米，高 4.94 米，桥下有安丰八景之一的"碧水冲天"。1954 年夏，东墙被洪水冲毁后进行了重修加固。2016 年秋，列入《县古建筑》名录，并拨款依式重修。

武东丰田樟树桥

王毅元

樟树桥，真名叫宝济桥，是一座有百年历史的石拱桥，位于汀杭古官道武东丰田段。拱桥邻伴数十株参天古木，多为百龄老樟树，大者主干如笆篮（客家一种直径约 1.3 米的竹制谷物盛具）般粗，枝繁叶茂，清风鸣蝉，绿荫如酒，爽醉行人，感恩之余，干脆颂称樟树桥。久之，竟替代了雕刻在桥两侧中心嵌碑上的正名——"寶濟橋"（宝济桥），甚至成为该地段的代名词。

宝济桥并不宏伟，结构也简单。桥长仅 14 米，宽 4 米，高 12 米，全桥独拱，跨径 10 米。上部用条石起拱，下部两岸用石块筑墩，桥底用条石砌成反拱，南北桥面均为石级，并铺上平整的大石板。据考证，宝济桥为当地王姓惟信公（王均德五世祖）于 1896 年倡议兄弟梓叔捐资兴建，采用雷公井梓叔捐赠的五里迳里石材，建成于清光绪庚子年（1900 年）间。

宝济桥虽平凡，名气却不小，大概缘自其位置好。新中国成立前，人们出行主要依靠水运，而武东片区向无适航水道，只得通过汀杭古官道赶往附近渡口，俗称"上汀州，下上杭"。宝济桥就在这条汀杭古官道的关键位置：立足宝济桥，过桥往北"上汀州"，即经中堡上济、悦洋至上杭碧田渡口逆汀江而上直抵汀州府，或经中堡上济、芳洋后横渡汀江至上杭官庄千家村再往汀州府；过桥往南则"下上杭"，即翻越武东五坊村腾紫岭经石下可至迳口渡口，顺汀江直下上杭、潮州、汕头。拱桥当此要道，堪称枢纽，当时可以说是无人不知。而且，拱桥是当地人赶集的要道，过桥南下经过武东魏坑、川坊，即到达武杭边境的重要集市——上杭寨背圩，过桥北上 5 里就可赴中间堂圩，若再北上过了乌石、朱坊就是中堡圩了。

宝济桥身处要道，繁华是必然的。据当地老人回忆，南来北往赶圩的商贩，探亲寻友的访客，各色行人络绎不绝，小小拱桥熙熙攘攘。夏日正午，行人走累了，不论亲陌，围坐在树荫下的石板上，贪婪享受着清凉带来的惬意，描述着沿途风光，谈论着奇闻逸事，不时爆发阵阵掌声，清风徐来，鸣蝉喝彩，好一个悠闲自在的露天小舞台！

桥不在乎大，有名则灵。宝济桥便是如此。当地百姓渐渐领悟到了宝济桥带来的鸿运，疑为桥神所赐，就在拱桥南侧砌起了社公庙，逢年过节，家家争先恐后地挑着鸡、鸭等三牲祭品，焚香膜拜，神情恭肃，虔诚之至。小小神社，炮声不绝，青烟袅袅，硝味远播，经久不息。特别是农历十月初十，当地打醮，总有好事者愿意花钱，请来木偶戏班表演和专业鼓手吹奏，拱桥一带人山人海，热闹非凡。后来就更神了，哪家小孩生病了爱哭床，便用红纸抄一张驱邪符，上书"天皇皇地皇皇，我家有个夜叫郎，过路君子读三遍，一觉睡到大天亮"，贴在桥南侧的大荷树上，几日之后，即使不给吃药也能好，据传此招十分灵验。再后来，有父母亲担心小孩不好带的，直接就拜桥为母，称宝济桥为"拱桥娭毑（母亲）"，并给孩子取个带"桥"的乳名，那些叫作"桥桥""桥生""桥果腚"的，多为这个缘故。

建桥前几无人感到这份清闲和乐趣。那时，无论商贩僧俗，无论春夏秋冬，无论肩挑手提，行至此地，均得卷起裤脚，赤足蹚过湍急的溪河。后来，有人将一棵斗般粗的荷树横放在溪面上，将两岸沟通起来，虽可免卷裤腿之劳，但毕竟攀爬原木算得上技术活，行人尚不容易，遑论牲畜

武东丰田宝济桥　王毅元 摄

了。苦久思变，当地王姓祖公崇德积善，捐资造桥，泽润后裔。

　　宝济桥形式简约，只是单拱石桥，结构却十分稳固。所跨丰田溪虽小，属汀江支流，但流域广，集雨面大，河道又长，每临汛季，屡发洪水，曾多次淹没两岸村舍。宝济桥建成一百多年来，屡遭洪水冲袭，依然横跨丰田溪上，安稳如泰山。

青龙桥

维　文

青龙桥坐落于中堡镇乌石村水口。

古代，乌石村水口是上杭、武东南一带百姓到汀州府（今长汀县城）的必经之地。乌石村有一条乌石溪，溪水下经左田甲子背、饭罗塘、中间堂与发源于袁畲的慕枫溪合流汇入汀江。行人经乌石时受乌石溪水阻隔，必须脱鞋卷裤涉水过溪，给过往百姓带来不便。

明初，武平王氏均德公之子王骥仕（万十郎公）在武东上畲窝开基后，发动裔孙捐银出力，在中堡乌石村水口处，修建一座青龙石板桥，并在桥边建"锡角亭"一座。桥边原竖有石碑一块，石碑在乌石村渠中找到，碑长约1.4米，碑宽0.52米，由于年代久远，字迹模糊，未经处理难以辨认。

青龙桥是由四块长形大青石板组成。桥长5.2米，宽1.5米，桥面厚度0.25米，桥距水面高度2.7米，石板桥十分坚固。

青龙桥边的"锡角亭"，整个亭子呈六角形，亭内砌有石凳，供过往行人歇脚。

1958年，建设并开通了高上（高梧—上中）公路，公路在青龙桥旁边经过，另修建一座水泥公路桥，青龙桥便失去了应有的作用。

乌石村水口的青龙桥已有500多年的历史，至今保存完好。

青龙桥

永济桥

王秋萍

永济桥位于武东镇四维左田村的慕枫溪上。

发源于梁野山下袁畲村的慕枫溪从左田村中穿流而过，将整个村庄分为一溪两岸。自我记事起，流经左田的慕枫溪从未断流过，村里的永济桥作为纽带，将整个左田村连成一个整体。这桥也是中间堂到远明村的必经之路。因此，永济桥对于当地交通来说具有特别重要的意义。

永济桥始建于明初，由上畲德忠公、四维德信公后裔合建而成。500多年来，重修、重建时间和次数无文字记载，没有人能说清楚。最后一次建桥是在民国初期。

我的青少年时代是在左田度过的，故对左田的永济桥记忆特别深刻。

永济桥是座木桥，非常简朴。是桩式排架桥桥墩，桥面由五架木排组成。做桥墩的圆木粗实，深埋进溪底，设有四架木桥墩，桥面由圆木整方后采用榫接。永济桥全长约 25 米，桥面宽约 2 米。

永济桥既是左田村村民联系外界的通道，也是村里人乘凉休

永济桥

闲的好去处。夏天，放了暑假的孩子们白天在慕枫溪里游泳、摸鱼捉虾；夜幕降临时，村民们在桥上纳凉、唠家常、讲故事。

随着时代的进步，运输工具有了很大改善，永济桥已经不能适应时代的要求。1978 年，由四维村与远明村合作，在永济桥原桥址下 30 米处，建造了一座混凝土拱桥，名为"友谊桥"，代替了永济桥。

远浆古道及其岭坳上的"安善亭"

王胜祥

　　中华人民共和国成立前，因生产力低下，交通不便，山岭逶迤崎岖，民众出行主要通过石砌的阶梯状的古道，笔者根据采访本村年老长辈和考证，把中华人民共和国成立前的远浆古道茶亭作如下简述：

　　远浆到武平县城主要通过以下石砌的古道。古道一：远浆石壁下—白云坳—高嵩（崠）—袁畲—大岭垇（桥）—牛轭岭—东岗（团）—三多亭—县城。古道二：远浆—上畲—袁畲—大岭垇（桥）—牛轭岭—东岗（团）—三多亭—县城。

　　远浆到上中堡圩镇，主要通过以下石砌的古道。古道一：远浆—石壁下—白云坳（注，当地又称白眉坳）—田坑尾—中堡（石屋）—中堡朱坊店下。古道二：远浆—大窝里—屋场岗—左田—中间堂—乌石头下—万石亭—中堡朱坊店下。古道三：远浆—远浆嵩茶亭—中堡燕子窝—中堡朱坊店下。

　　值得一提的是，昔时考秀才或上京赴考或任职者必经武汀东路（陆路）之一，古称"官道"，是为标准的石砌路，可通各种中小型轿。从县城往东北走，经三多亭、东岗（团）、牛轭岭、大岭垇、袁畲铺、高嵩（崠）铺、白云（眉）坳、田坑尾、中堡（石屋）、檀岭腊石顶（山下为悦洋）、千家村（属上杭），入长汀河田，再行40公里许抵汀城。此"官道"沿途大都设有驿站、茶亭。其中途经高嵩铺、白云坳（当地又称白眉坳）之古道的山下就是"远浆"，据民国30年编修的《武平县志》载，在高嵩（崠）设有驿站（即铺），在嘉庆年间由石秉诚筹建了高嵩（崠）铺亭，再往前十里有庠生石椿筹建的白云亭（现已毁）。

　　这座"安善亭"面阔4.84米，进深7.02米，建筑面积约34平方米，在结构上，石砌道路从"安善亭"中轴线上穿越而过，有两个南北直穿直通的用大条石砌成的石门。"安善亭"里有五块碑记，其中三块是"新建安善亭碑记"和两块"重建亭碑"。"新建安善亭碑记"的"序"文里载此亭名为"安善亭",也可从南面的石门上的一副对联及对联的横批,可知此亭名为"安善亭"。此亭南面的石门上对联的字迹模糊、脱落,依稀可辨对联的几个字,曰"安客如疲停歇,善友若倦下憩",此亭便取这副对联的开头一字,曰"安善亭"。"安善亭"北面的石门上也有一副对联,门上的字可辨,曰"暑日到此愉快,风雨来临心安"。"安善亭"东面有一长1米、高0.88米的石条砌成的石窗,石窗上也有一副对联,曰"但愿此亭永不朽,何愁风雨扰侵凌",通过此窗口远眺绵延起伏的崇山峻岭、郁郁葱葱的花草树木,景色非常迷人。安善亭"碑记"上记载了建亭原因、积德行善之人捐钱的数目及首事者:"大清光绪16年岁次庚寅冬月吉旦立"。"新建安善亭碑记"上的文字是清代的古文字,在"序"文里没有标点符号。为便于阅读,笔者在"序"文里加上标点符号,且年岁久远,石头有些风化,有一块石碑已断,石碑上有的字迹较模糊,不能辨识。"新建安善亭碑记"是笔者在武平县辖域内,较为详细地记载了建亭的原因、捐资的名录及钱的数量、建亭的时间、建亭者和当时民间的路桥协会即"新路会"等,具有重要的史料价值。①佐证了古代在"官道""要道"等道路上"伍里一亭"的建亭制度。②佐证了"大清光绪16年"前后在远浆居住着石姓、徐姓、王姓、钟姓、李姓、林姓等众姓宗族及和睦相处、同心行善建立了此亭,而最先迁居于此的郑姓、吴姓两个家族,在建此亭前已外迁其他处繁衍生息。③"安善亭"是建在"绵亘于中下堡之间崎"的要道上,是十方、陈坑、袁田、上畲、远浆等"下堡"之地通往"中堡""上堡"等的必经之地。④建亭是由于中下堡之间要道上的远浆岭有"萬仞之岩巍",经过此要道之人"络绎不绝"且经受严寒酷暑、风雨飘零,所以在"昔前辈曾有创亭之志"基础上,以建亭为尽善安客。⑤"安善亭"的造亭的地基是有石宪先公捐,石贵生等人负责筹建。从"新建安善亭碑记"的"大清光绪16年岁次庚寅冬月吉旦立",可知建亭时间为"大清光绪16年岁次庚寅冬月",即清德宗爱新觉罗·载湉在位时的1890年农历十一月建成此亭,距今有130年的历史。⑥从"安善亭"的碑记中可知,"安善亭"建此亭原用"甄石叠砌",用整块条石做门,屋顶由一根横梁、木杠枕、桁桷、瓦片建成。茶亭里东西两边沿墙砌有长条的土石墩,以便供路人遮风避雨、安坐歇脚小憩。⑦从"安善亭"新建和重建的碑记中可知，此亭不是官府拨款筹建的，而是由远浆的石姓、徐姓、王姓、钟姓、李姓、林姓等众姓人士或社会贤达及许多乐善好施之人集资筹建在远浆通往中堡的交通要道上的茶亭，彰显了邑中及周边村庄人士"乐善好施"朴素的道德风尚。还有两块碑石是"重建亭碑"，记载了重建"安善亭"的时间及捐资的名录及钱的数量等。

安善亭

上畲畲心亭

王天喜

　　畲心亭坐落于武东镇上畲村西约 3 里之处的大山里，四周崇山峻岭，树木葱茏。新中国成立前是武东丰田片区各村村民往返武平县城的必经之路。

　　此亭建于清咸丰壬子年（1852 年），当时丰田片各村民众徒步往返县城乃至中山一带都需经过上畲、袁畲、大岭垇、牛轭岭等处。山路漫漫，旅途艰辛，谁都盼望途中有一休息之地。因此，上畲村与周边部分热心人士通过筹钱献工，用方砖、条石、杉木、瓦片建筑了这一迄今仍然完好无损的茶亭，供行人歇息乘凉。

　　这是一座四方亭，居于道路中央，前后沟为拱形门。亭内左侧开着四方大窗，可依窗眺望田园山色；右侧镶嵌着六块"功德碑"，上刻捐资献工者名字；地面两侧各建一排石凳，足可同时坐二十余人。拱门上端镌嵌"畲心亭"三个大字，日光下熠熠生辉。因该亭恰处上畲、袁畲"两畲"中心地带，智慧人士因之取名"畲心亭"。

　　茶亭建成之后，上畲村民长年累月乐施茶水供人解渴消倦。茶水倒在大木桶里，几个用小竹筒削成鸭舌形的茶筒安上弯钩竹柄挂在桶沿，路人信手可用，饮茶十分方便。当年一首民谣如今仍在流传：新做茶亭两头空，唔怕大雨刮大风；歇脚食茶样样好，多谢善心伯叔公。

上畲古亭

四维饭罗塘乐成亭

维　文

武东镇四维左田有一条通往汀州（长汀）的古道。古道上的饭罗塘建有一座茶亭，名曰"乐成亭"。

古时，上杭、岩前、十方、武东一带的百姓上汀州，饭罗塘是必经之路。从中间堂走石砌路到饭罗塘，再经上中（今中堡）到汀州府。

据民国30年《武平县志》记载："乐成亭"，王廷桢建。王廷桢，又名文郁，号献青，清末秀才，系武平抚民令王均德公二十一代裔孙，居武东四维左田溪背山。王廷桢为供行人遮风避用，歇脚休整、用茶用饭而捐建了这座茶亭。乐成亭是土木建筑歇山顶抬梁式结构，亭子内外均用石灰粉刷，有20多平方米。东西两边为亭门，亭门上方镶着刻有"乐成亭"三字的长方形石条。南北墙上各开一扇方形窗，亭内光线极佳，亭内南、北两边各砌了供行人歇息的长条石砌台。

古时，茶亭内有人施茶缸，为过路行人供应茶水，为其小憩休整提供方便。

20世纪50年代后期，高上（高梧—上中）公路开通后，就很少人在此经过，乐成亭也就失去了往日的风采。亭内只有从事农耕和砍柴割草的村民在亭里遮风避雨。乐成亭由于年代久远桁桷腐烂，无人维修，于20世纪80年代倒塌。

茶亭与施茶

饶稳祥

民国时期及以前，汀梅古道陈坑段，每天来往的商旅络绎不断。他们把很多粮食、生猪、土纸等货物运往南方；把食盐、布匹等很多日常用品运往北方。村里东山公的子孙，勤劳善良、乐于施舍。为了使负重跋涉的路人有个避风躲雨、止步歇肩的场所，在陈坑村北黄竹坳，盖了一座长方形、三面通风的凉亭，叫黄竹亭，因凉亭兼免费布施茶水，所以又叫黄竹坳茶亭。

在村陈坑圩上，如今饶福生大门前，也曾有过一座六角凉亭，亭中有一石墩，每年农历三月至十月，石墩上放有一只大木桶，里面盛满茶水，供商旅和挑夫饮用。这个施茶点，是饶开勤的祖上做的善事。前几年，我为此事曾访问过开勤叔，他告诉我，在旧社会，他的祖宗设有铺路施茶的公德田，谁家耕作这份田地，谁就免交地租，但要负责管理茶山和向路人提供茶水。据村人回忆，开勤父母及他的长兄等人，为施茶水忙碌了半辈子，公德昭昭，路人皆知。

天马寨——云深不知处的千年民防设施

朱金昌

　　天马寨，是巍峨雄浑的梁野山的次山脉，天马寨是天马山北坡悬崖峭壁间的山寨，掩映在密林翠竹间，常年云遮雾绕，位于武东镇张畲村西北。当年，我和哥哥去砍伐加工藤椅的灌木，常在山寨遗迹间穿行。由于天马寨直下竹子壁，到礤文、园丁、尧禄村；北通大岭隘，到美和、教文、六甲村；翻越山顶，南通张畲、东兴村。都有石砌大路，不少路段的路心用方形条石铺砌，当时交通的便利可见一斑。天马寨与相邻的四姑寨、香炉寨遥相呼应，是战乱时期远近村民最好的庇护所。

　　中华人民共和国成立前，常有土匪在此出没，隐藏行踪。中华人民共和国成立后，尤其是改革开放以后，社会稳定，加上经济发展，天马山周边的人们逐渐靠山不吃山，年青一代已渐渐淡忘这个山寨，前往一探其貌的更是寥寥无几。

　　据《武平县志》记载，俗传北宋年间，当地居民群策群力、不畏艰险，开始在此修造山寨，以防匪患。明朝末年，战乱不断，匪患严重，赤岗朱良发动民众团结一心、共度时艰，重修扩建山寨，以求在战乱年间自保。由于清朝200多年的社会安定，山寨日渐没落，破旧荒芜。1860年10月19日，洪秀全手下姓翟和姓赖的两位将领率部从广东攻入武平，自南而北，烧杀抢掠，奸淫妇女，无恶不作。民众扶老携幼，纷纷出逃。第二年，太平天国军逃离武平后，民众推举陈兰英为总负责人，远近好几个乡村联合重修"天马寨"。规模宏大，范围扩大至天马山周边各乡各村。"中立公局，环而为屋。人出钱若干，分屋一间。其下三坊鼎足，东则张畲尾，山半竹木归焉；南则香炉山邻里；西则尧禄岭，山半竹木亦各归焉。极上则结为寨……修葺累年，寨未竣，而林逆、丁逆又至，同治三年（1864年）九月十一日也。贼朝夕窥见，知险不敢逼，月余遁去。"起初，有些村民以为山寨虽然地广物丰，据险可守，但是，担心来自各村的民众聚在一起，不可能相安无事，没有上山寨避难。经过这一次战乱，都充分认识到修建山寨避难的重要。

天马寨古城墙

从县城行经礤下、大坝里、早禾田、高丁、柑子树下等自然村,到达竹子壁。竹子壁有张畲村人的中稻田,还有朱家的旧址。目前,稻田全部荒芜,长满芦苇。原有通往稻田的石砌路也被草木遮蔽,难以通人。从竹子壁拾级而上,就到了山寨的东门。其间有九十九级石阶,似乎有"一夫当关,万夫莫开"之地利优势,也让今人膜拜祖辈不畏艰险创奇迹、敢教日月换新天的精神。

《福建文学》杂志社编辑练建安《远去的山寨》是现代记载"天马寨"的较为详细的文章。从文中"东门高约 5 米,宽约 2 米,6 米进深,设双重门锁……城堡依山形构筑,周长近 1500 米,墙高 5 米至 7 米不等。城墙顶部设有高低相差约 15 米的双重过道,密布箭垛、枪眼。环城堡四周依次设有东门、西门、北门、东北门,另设有瞭望哨,以观察周边形势。城堡内有许多断壁残垣,瓦砾遍地,杂树杂草丛生……寨墙沿山修建,整体从东北向西南倾斜。西南边,山体如削,墙体最为高峻"可见山寨的宏大规模、巧妙设计、构筑坚固。

曾参加重修《武平城北李氏族谱》的李世宾老人说,这个城堡叫马鞍寨,是天马连山的系列寨堡之一。清咸丰年间,为避闽粤赣边强寇,礤文村、园丁村李邱两姓家族,倾其所有,费时 8 年建成。全盛时,山上有 36幢住房,储粮可供千人食用二年。

　　据 1986 年闽西地名学会编印的《闽西地名手册》及相关资料记载，闽西长汀、永定、上杭、连城、武平等纯客家县，直接以"寨"命名的自然村不仅仅有上述诸寨。因为山寨是结寨自固，以避战乱，这在冷兵器时代，功效非同一般。由于高处不胜寒，不易开展生产活动。当战事平息，人们又会离寨下山。遇上较长久的太平年代，山寨难免荒废破败。

　　《武平县志·天马寨记》的作者曾亲自携亲入天马寨避难。《武平城北李氏族谱》载有《聚垣公天马寨序》，此文与民国《武平县志·天马寨记》基本相同。由此可知，天马山北坡的古寨在相当长的一段时间叫"天马寨"应该是毋庸置疑的。上千年间，由于历经多次修复，多次荒芜，每次修复也不是简单的旧址重建。比如，距天马山山顶的信号转播塔不到 100 米处，就有庙宇和民居旧址，还有大片茶林，与"极上则结为寨"相吻合。李世宾老人说，这个城堡叫马鞍寨，因为咸丰年间重修山寨时，是由礤文村、园丁村李邱两姓家族出钱出力，以免重演"连日犯风大雨，冻死牛三头"的悲剧。山寨的主要建筑或核心建筑位置下移，与最初的天马寨有一定距离。根据所在位置的地形地貌，叫作"马鞍寨"。因此，今天在天马山北坡所见的山寨遗址，其实是古寨群的遗址，不是单个古寨的遗址。

　　时移世易，物是人非。现在是导弹踹门、飞机轰炸的高科技战争时代，又迎来中国共产党创建的太平盛世，有了固若金汤的国防，不再需要"避乱自保"的山寨，这是当今百姓之大幸。如有朝一日，山寨作为古建筑遗址开发，让吾辈忆苦思甜，更加珍惜来之不易的和平安宁，则是百姓又一大幸事。

四姑寨传说

刘永启

四姑寨地处武平县武东镇美和村后山顶上，属于武夷山脉南端最高峰——武平梁野山国家级自然保护区南向天马山群中一座古城墙为特色的山寨，是文物普查队考察到的武平县目前保存完好的面积最大的一个山寨。

我从小就听很多老辈人说，四姑寨原先不叫四姑寨，叫蛮王寨。后来宋朝杨文广的妹妹杨四姑率兵攻占蛮王寨，把蛮王寨里的蛮王赶走后，蛮王寨后世就称"四姑寨"了。

据老辈人说，北宋仁宗年间，蛮王寨上住着一个蛮王。蛮王幼时遇仙翁指点，学习法术，仙翁赠送蛮王金锣鼓、金盆和麻子兵豆子将法术。后来蛮王大肆招兵，扩充兵力；占山为王；烧杀劫掠；称霸一方，为害乡民。恰逢宋仁宗派杨文广随狄青南征，过蛮王寨，杨文广先派妹妹杨四姑率领部分宋军在蛮王寨西向山头安营扎寨，用石头构筑低矮简单的防御工事，从最接近蛮王寨的南门攻打蛮王寨。交战时，虽然宋军英勇善战，但几次就要攻占蛮王寨时的关键时候，蛮王就会拿起金锣鼓有节奏地一敲，金盆里的三石麻子和四石豆子往地上一撒，变成了成千上万的麻子兵和豆子将。更神奇的是，这些麻子兵和豆子将时而漫山遍野，时而无影无踪，声势浩大，而且这些麻子兵、豆子将，个个都是亡命之徒，十分厉害。宋兵十分惊惧，几次都以失败而告终。

僵持不下时，杨四姑想出了一计，她化装成采草药的村姑偷偷来到蛮王寨，故意被蛮王手下发现抓住并送给蛮王。蛮王见杨四姑长得漂亮，就要她做压寨夫人，当晚就要成亲。杨四姑故意做出害怕的样子，假意答应，轻声细语地说："大王，小女子听说大王你和那宋军打仗，你还是先到后山看看去呀，晚上我怕他们打过来呢……"蛮王说寨子里城墙那么高，更有麻子兵豆子将法术，还怕他宋军攻打？为了哄美人开心，更以防万一，蛮王还是美滋滋地沿方圆几里的护城墙一路巡查去了。杨四姑见蛮王一走，立即烧火，赶紧把金盆里的麻子、豆子炒熟了，她又在蛮王的金盆里倒入石灰。做完，向宋军发出进攻的信号。蛮王巡山回来后，闻报宋军又来攻山了，他满不在乎，以为有麻子兵、豆子将后就会像前几次一样稳操胜券了，便从容迎战。蛮王没想到，像往常一样敲起金锣鼓，把金盆里的麻子、豆子一撒，麻子、豆子竟然毫无动静，只有十几个还未炒死的兵将，但都是焦头烂额、缺手断腿的了，蛮王傻眼了。蛮王寨很快就被宋军攻破了，蛮王见势不妙，赶紧带着金锣鼓金盆逃跑。杨四姑一路追杀蛮王至汀江河边的畚钩潭，眼看就要把蛮王擒获，蛮王摇身沉下潭底，并说"我千年不起"，杨四姑道"我万年不走"。话毕，杨四姑化身镶嵌在畚钩潭的绝壁上。现这绝壁上杨四姑的化身还依稀可辨。每逢枯水季节，河水清澈时隐约可见一块状如大鳖的石头，传说这就是蛮王变成的蛮王石。

后来寨子下的乡民为纪念杨四姑赶走蛮王，让他们过上太平的生活，从此后把那寨子就叫作"四姑寨"了。

桂花居

王华荣

桂花居坐落于武东镇四维左田村，是典型的客家民居古建筑。桂花居始建于康熙年间，已有近 300 年历史。整座古民居坐北朝南，立于慕枫溪旁，大门前有一半圆形池塘。桂花居属二进两厢二围式民居，建筑面积有 6000 余平方米。屋内建有多间卧室、厨房、大小厅堂及水井、牛栏、猪圈、厕所、仓库等生活设施。

桂花居是由武平王氏开基始祖王均德十四世裔孙元光（字胜弟，讳泽业，生于康熙丁巳年，1677，终于乾隆癸酉年，1753）所建。

王元光勤俭创业，治家有方，生前建厅堂一座，取名"桂花居"。全厅宽阔非常，后栋有楼房十余间，两侧建有横屋两栋，厅堂有天井，檐唇大门全用条石砌成。大门作有八字门楼，门两侧镶嵌有孔雀和八仙等塑图浮雕，门面富丽堂皇。厅内天子壁有"致和堂"三字，屏柱联用"元光"两字切成，联曰："元气真机浩浩然周流不息，光前裕后骎骎乎永代如斯。"大门联曰："桂植满庭茂，花开遍地香。"

在"文化大革命"期间，桂花居被当作封建"四旧"，门楼翘角和大门等浮雕惨遭破坏，只上下厅保持原样，真是令人叹惋。

安然居

进　中

安然居是一座古民居，坐落于武东四维上屋。这座古民居建于清代，迄今已有200多年的历史。安然居坐北朝南，背靠乌石崇后龙山，面对发源于梁野山，流经袁畲、上畲、远明的慕枫溪。

安然居是由武平王氏开基始祖均德公十九世裔孙王贤福建造。贤福生前勤俭创业，生育五子，儿孙发达。他在子用公祠右侧石街路上建厅堂一座，建筑面积约2000平方米。建筑工艺采用抬梁式的技艺，以"一进三厅两厢一围"为主体结构。分上、下厅和后堂三栋和围屋。居内共有房屋十余间，上下厅之间和后堂各设一天井，天井檐唇、大门全用条石砌成，取名"安然居"。上厅天子壁上有"万盛堂"三字。屏柱堂联是："安其国安其家安其身全凭学历，然后言然后笑然后取必法时中。"大门呈八字形，大门联是："安居仁是宅，然诺信为枢。"

安然居内住户大多在中间堂集镇建有新房，旧民居内已无人居住。由于年久失修，房屋已经破损和部分倒塌。

时阳居的今与昔

朱金祥

　　武平县武东镇东流坑大湖里有座远近闻名的宗厅，此厅系房主朱贵兆公于200多年前所建，坐北朝南，连厢房在内共200多平方米，属土木结构，全厅雕梁画栋，花格门窗，规模较大，文化底蕴深厚，在当地堪称一绝。

　　朱贵兆，号朝宾，系清朝道光年间例授贡生，共生七子（现传六房）。此公治家有方，一生勤俭，积攒下一定钱财，请当时著名工匠花七八年时间建成此厅，全家近百口人才分家，在当地属大户人家。由于贵兆公一生扶危济困，乐善好施，热心公益，造福乡里，做了许多利国利民的好事，颇得当时社会各界的好评，获"福建省布政使""武平县布政使"所颁"桥门济美"匾牌一块。"桥门济美"四个镏金大字闪闪发光，每个字有近一平方米，现悬挂于厅堂正中上方。下方悬挂贵兆公及七子遗像（现仍存有真迹）。堂联为"海阔天空气象，风光月霄襟怀"，横批"竹苞松茂"。中柱对联"昭祖宗一脉真传克勤克俭，教子孙两行正道唯读唯耕"，柱联"读书起家乃祖训家缘，敦宗睦族系子孙本分"，"勤俭一生裕，家和万事兴"。这些牌匾不断教育、激励、鞭策贵兆公后裔埋头耕读，奋发图强。现贵兆公后裔不少是各行业出类拔萃的人才，正为祖国的现代化建设作贡献。

可惜此厅在"文化大革命"期间遭受"破四旧"破坏，损毁极为严重，飞檐斗拱、燕尾翘角全被清除，厅内堂联、花格等也有的被盗卖，有的被拆除，甚至有些雕花等被拆除当柴烧，搞得面目全非，满目疮痍。加之年久失修，已经破败不堪，摇摇欲坠。所幸贵兆公后裔中的有识之士不甘祖宗基业就此沦落、毁灭，发出倡议，于2018年集资17万余元，将此厅按原貌进行了修复，基本上恢复了该厅的本来面目，还增加了著名理学家朱熹的"朱子家训"、朱伯儒的"朱子治家格言"，增添了文化氛围，以激励朱家后人不断砥砺前行。

四维村贞节牌坊

维　文

四维村原有一座石牌坊。这座牌坊设在牌楼背（慕枫溪旁）。用青石打成的石牌坊非常精制，属"贞节"牌坊。很多人不知道这座石牌坊的来历。可惜，这精美的石牌坊在20世纪60年代被当作"四旧"拆除。

据《武平县武东乡上畲、四维万十郎公脉王氏族谱》记载，清朝年间，十三世祖日新公，讳云耀，妻林氏德秀，生二子：元光、元华。日新公患病卧床不起，德秀精心服侍，直至日新公归天。德秀二十三岁守寡，坚持不失身、不改嫁，全身心抚养元光、元华，守节五十六年。武平县令姚公旌题匾"仪持坚铭"四字，悬挂于左田上屋子用公祠。后人在四维左田为德秀立一贞节牌坊。

陈埔的文胜"贞节牌"

饶志龙　饶亮金

　　据林沐清和侯赐荣等老人叙述，侯氏有一叫"琼婆"的女人，生性好动，耿直敢言，嫁了丈夫却未生子。后丈夫得病而亡。她守孝三年后才把丈夫上山落葬。后琼婆艰苦创业，置田产，建房子，并乐善好施，周边叔婆妮婶都得过她的救助。但常有屠夫、痞子半夜叫门，想吃其"豆腐"，可是每次琼婆开门后，手里都拿着菜刀，怒目而视。听说有一屠夫夸自己刀法很精，不怕她的菜刀，就要来试试。开门后，琼婆却拿着土铳指其脑门，把这屠夫骂得狗血淋头。直到她80多岁年老而终。去世时，她样子安详。为追记其贞节，地方长官上报请求朝廷立牌坊表彰她的贞节。但这贞节牌坊在20世纪60年代"破四旧"时被毁了。旁边的这一石屋小庙，逢年过节大家仍去上香，用三牲敬祭。

武东丰田王氏家庙

王麟瑞

武东王氏家庙坐落在武东乡丰田村桑梓坑自然村。

开基世祖王均德公，号千四郎，讳森。据《武平县志》记载：公系"江西吉安人，宋汀州刺史王继宗之孙，以进士任（武平）抚民令，元初值寇乱，统十八寨兵民平之。邑民爱戴，遂住归郡里桑梓坑"，成为武平王氏开基始祖。

公生于南宋淳祐二年（1242 年）正月十一日子时，卒于元至顺元年（1330 年）九月十二日丑时，享年 89 岁。葬于武东乡丰田村潭溪里，墓地为醉翁傍椅形，又曰"野猪刨地"，壬山丙向。姚林氏四娘，生于南宋宝祐二年（1254 年）七月初十日辰时，卒于元泰定四年（1327 年），享年 74 岁。葬于岩前镇宁洋村葫芦桥，墓地呈倒地葫芦形，亦壬山丙向。公生十子：万一郎至万十郎，俱居原中正区域（今武东丰田一带），后族人散居福建、广东、广西、江西、浙江、湖南、湖北、四川、港、澳、台和海外各地，至今已繁衍 30 余代，数十万之众。

相传均德公任抚民令时，武东丰田有两姓村民为争夺桑梓坑宝地，诉讼于公堂。虽经多次调解，仍互不相让，并表示宁让他人，不给对方。公之同僚曾屡劝均德公告老时在武平定居，故趁机说合，甘为中介，取得双方允诺。公厚其酬金，各人一份，双方满意而归。公告休后，便在桑梓坑开基。

王氏家庙建于明朝，位于桑梓坑首，世称"没泥蛇形"。主体建筑由众厅、门坪、池塘等组成。众厅为砖木结构，青瓦屋面，由上下厅、甬道、天井、东西厢房组成，建筑面积约 150 平方米。上厅为悬山顶穿斗式结构，左右各有一间楼房，下厅为悬山顶抬梁式结构平房，门坪有一对石狮，坪前是半月形池塘，家庙左上方建"行馆"，现已倒塌。

为念祖敬宗，多少年来，每逢农历九月二十三日，海内外裔孙怀着对先祖的崇敬之情，千里迢迢，或步行，或驱车，前往王氏家庙祭祖，其热闹场景颇为壮观。

　　建庙以来，有过几次小修。2006 年秋，当地成立家庙修缮理事会。裔孙捐钱出力，筹资近百万元，对家庙进行了全面修缮，置换了家庙周围的土地，新建了停车场，开通并硬化了通往家庙的大道，同时对家庙环境进行了美化、绿化，使这座古老的王氏家庙，以崭新的姿态屹立在桑梓。

廖氏安丰总祠简介

——祠堂及堂号

廖祺道

　　祠堂是宗亲血脉所系，是先祖神灵安息场所。廖氏安丰总祠（已列入县文物保护单位），建于元朝，建筑面积 264 平方米，为一世祖时期所建。行山象形，星体系弓脚紫气木星座，艮山坤向丁丑丁金。祠前配上下坪（800 多平方米），意为象耳；上下坪之间一条从上而下用四方形石块铺成 1.5 米宽的弧形大道，形似象鼻；路旁一条 1.5 米宽的水渠，形似咽喉；象鼻延伸 30 多米处一口 600 多平方米的池塘，似喂象的木盆；路两边的石头似象牙，一口 10 米深的井和相对的一口小池塘，似为鼻孔。设计者别出心裁，妙哉！

　　分流于村东西两侧的溪流，汇集于村口，形成腰带水，后缓缓流入汀江母亲河，给安丰带来无尽的好运和福祉。后龙山竹木成荫，古木参天，风景秀丽，鸟语花香。离祠堂后山 2000 多米处，先祖用双手筑起一座山峰（称峰崇），高几百米，形如龙尾，顺山势直奔而下，远看犹如一条活龙与宗祠相连，气势磅礴，格外壮观。

　　祠内，上堂栋宇高一丈八尺二寸，横阔一丈一尺六寸；下堂于清康熙戊戌年八月重修，阔一丈六尺八寸，深一丈六尺。整体为杉木结构。1948 年冬依式重修，并规定农历十一月十三日为上梁纪念日。

　　祠内正堂挂匾"宗义堂"，神龛上放置"武威郡廖氏始高曾祖应宗公太考妣一脉宗亲之神主位"牌匾一座，永享春秋。下厅，2014 年挂有激励后人积极向上的"将军"（步云）、"大使"（金城）的两块金匾。

　　大门悬挂"万石家声远，三州世泽长"（横批：万石第）楹联一对；外下坪竖有两对光耀门楣的旗杆。一是清康熙末年取得贡生任汀州把总的第十四世光奎；二是清雍正二年取得乡荐恩贡生功名的第十三世汉昭。两对都按例而竖（"文化大革命"时已毁）。

　　1996 年，上下堂屋顶改装粉色琉璃瓦双龙抢珠各一对。2015 年 11 月，祠屋面改青瓦为琉璃瓦。2018 年，政府下拨"古建筑"继修款，又依式重修。

安丰从明洪武二十九年后，全村只有廖姓，无一杂姓。

附：总祠、分祠堂号、堂联

（1）安丰应宗公总祠：

堂号：宗义堂

堂联：应运发祥济美三洲堂构振，宗公衍祚声追万石鼎中华

（2）广东连州上河村觉瑞公祠堂：

堂号：敬爱堂

堂联：祖在福建分之远，宗居熙平世泽长

（3）下坝书籍坝崇旺公祠堂：

堂号：武威堂

堂联：念先人安丰遗派六世分流崇德旺公昭万代，数创业书籍开基三房并美庆恩元泽穆千秋

（4）下坝黄竹塘广真公祠堂：

堂号：武威堂

堂联：派衍天横源流远，郡封威武世泽长

（5）江西遂川茂园村店背寿如公祠堂

堂号：云辉堂

堂联：云呈祥瑞千百年祖宗如在，辉耀九洲亿万世子孙同蔫

注：浙江松阳和福建福安外迁宗亲未建祠堂。

漫说武东祠堂前的石桅杆

维　文

20世纪60年代以前，武东的三坊、袁畲上村，四维的左田、大窝里等各宗族祠堂门前，都竖有石桅杆。这些祠堂前为什么要竖石桅杆，它有什么作用，很多人，特别是年轻人根本不知道。根据查找的有关资料和一些老人口述，我漫说一下祠堂石桅杆的来历及作用。

桅杆是古代科举制度的产物，是族人成就功名的一个标志。本族人一旦考取了功名，就可以在自家的祠堂门前，左右对称地竖起两根石桅杆。桅杆有七八米高，在桅杆三分之二处，有一四方石斗，桅杆石斗平面呈正方形，上大下小，剖面呈梯形，因杆部为上细下粗的八面柱体，所以石斗穿杆而不下，底部桅基是由三级组合而成，最下面为方形，方形之上是八面柱矮体，八面柱体之上又是一圆柱体。巨大桅基座上方正面刻有何年何人考取何功名、立桅杆人姓名等信息。

在古代，竖桅杆须经过皇帝的恩准。石桅杆可以套"斗"，而且套斗的数量是有讲究的。如果仅仅是考中举人，只能在桅杆上套一个"斗"，称为"单斗桅杆"，如果考中进士，就可以多套一个"斗"，称作"双斗桅杆"。石桅杆形似"笔"状，有以示荣耀和激励后人读书进仕的作用。

封建社会里，本家族中如果有人考取进士、状元，除在祠堂大门或厅堂悬挂"进士""状元"的匾额外，还要在祠堂大门前竖起一对石桅杆，光宗耀祖并激励本族后辈读书进仕成才立业。

在20世纪60～70年代的史无前例的"文化大革命"运动中，石桅杆连同祠堂都被视为封建主义的"四旧"（旧思想、旧文化、旧风俗、旧习惯）。武东各地祠堂前的"石桅杆"全部被废除，荡然无存，是件十分遗憾的事。

王均德墓、王均德妣林氏太婆墓

王麟瑞

王均德（1242～1330年），号千四郎，讳森。南宋开庆间（1259年）贡生，十八岁任江西抚州教谕，后任福建汀州武平县令。宋末兼任军务，总督十八寨兵民，平寇有功封抚民令。告休后于武东乡丰田村桑梓坑开基，为武平王氏开基始祖。

墓位于武平县武东乡丰田村鬼塘山，醉翁靠椅形，壬山丙向，始建于元至顺元年（1330年）。相传王均德逝世后，灵柩抬到鬼塘山，准备第二天下葬。次日人们来到山上一看，灵柩已经葬入土中，周围有许多野猪的脚印，故称墓地为"野猪刨地"。墓四至界址：左至金狮礤，右至油箩石，上至猴子额，下至潭溪口。周围十余里并无他坟。墓丘平面呈"凤"字形，表面抹灰泥，龟背形坟顶前立墓碑，拱首。正中刻书"始祖元任武平抚民令王公讳均德太公墓"。保存尚好。

林氏太婆（1254～1327年）墓，系武东开基始祖王均德夫人墓，坐落在武平宁洋葫芦桥旁，壬山丙向。坟之龙脉从北向南至寄子岭，层峦叠嶂，气势磅礴，蜿蜒而下，恰似倒地葫芦，穴结于葫芦口，坟前逆溪流水，滚滚而来，似流水注入葫芦，葫芦瓶口巧有一巨石，形似葫芦塞子，素有"葫芦地"之称。墓地历时600多年，碑文曰：元始祖显妣王母林四娘老安人墓。1993年重修。每年农历正月二十二日为祭祀日。

太平山妈祖庙

维 文

武东镇袁田村太平山有座妈祖庙，称为"天上圣母庙"，相传始建于明崇祯十三年（1640 年），距今已有 377 年的历史。

"天上圣母"即海神妈祖，又称天妃、天后，是历代船工、海员、旅客、商人和渔民共同信奉的神祇。妈祖诞生于宋建隆元年（960 年），原名林默。妈祖自幼聪颖过人，识天气、通医理、善舟楫，乐善好施，深受邻里乡亲的喜爱。妈祖死后，人们为了纪念她，建庙祀奉。

太平山妈祖庙大门的对联曰："发迹莆田瞻兴化，显灵坑乍仰太平"，从联中可以看出些该庙的历史渊源。据袁田村村民相传，早在 400 年前该村有位叫林奇卿的乡亲在莆田经商。他在店中供奉妈祖佛像，十分灵验，生意兴隆。奇卿归武平时带回妈祖画像，请人按画像雕刻了妈祖的神像，并发动村里乡亲在大坪山（后改为太平山）始建了"天上圣母庙"，庙内香火旺盛，一直延续至今。

太平山"天上圣母庙"中设有三座神座，中间神座供奉妈祖坐像，左边神座供奉观世音立像，右边神座供奉吉祥阿哥立像。吉祥阿哥是客家地区主管生育的神灵。据说女子向其求子时，在祷告后抚摸吉祥阿哥的生殖器，即能如愿喜得贵子。在庙中，把吉祥阿哥与观世音菩萨一起作为妈祖的陪神，可见也赋予妈祖护婴安民的职能。前往求子者先要向妈祖拜祷，然后才向吉祥阿哥拜祷。如果真如愿喜添贵子，还需前往庙中还愿，献上一幅"新丁告"，既向妈祖报喜，又在庙中为新生儿取名。

　　武东袁田"天上圣母庙"几百年来，信徒云集，香火旺盛。

白莲古寺

廖祺道

相传，萧满姑成仙后，与洪山福主一起保护安丰子民。满姑发扬女性特有的慈悲心，多次救起玩水的溺水儿童。夫妻共同驱赶各种邪恶、灾害，使村民生活在风调雨顺、六畜兴旺、莺歌燕舞、安居乐业的太平盛世，人丁也迅速增多。

洪山福主和满姑，眼看安丰有限的资源，已不能满足人口发展的生存空间，于是他们云游四海，寻找别处的美好家园。夫妻俩商量后，为感谢父母的养育之恩，由满姑托梦给其父亲，告诉他离开安丰，搬迁至更适宜萧氏族人繁衍生息的地方。父亲问迁往何处。满姑说天机不可泄露，只告知，当外迁时肩挑家私、衣物的担子发生绳索断裂之时，就是你们的开基宝地。说完，满姑飘然而去。萧父梦醒后即与众人商议外迁之事。此后，其中有一脉人外迁广东潮阳；而绍辅公脉，因绍公年岁较大，且身患重疾，又在安丰住了两年，直到绍辅公卒后的第二年（明朝洪武二十九年，1396），长子万一郎迁十方黎畲，并建有"萧氏家庙"后，奉尊显闻公为一世祖；万二郎同期迁徙广东梅州松源。

廖、萧两姓同住安丰，是邻里，又是亲戚。廖氏开基始祖应宗公太之妻是萧姓人的姑姐，数百年间两姓和睦相处，是异姓兄弟。在萧氏族人外迁时，将洪山福主公王和萧满姑神像择吉日移放至"萧氏祠堂"内。萧氏外迁后，廖姓族人将萧满姑之父显闻公供奉为"舍山神主"。同时，每年都会接待回原籍祭祀拜祖的萧氏族人，对萧氏祠堂常年加以保护、维修（"文化大革命"中被毁）。明朝永乐年间，村里来了一位云游四方的方丈，发现供奉有洪山福主和萧太夫人的萧氏祠堂香火旺盛，就留居祠堂内，改祠堂为"白莲寺"，并扩建寺庙，招众僧侣，旺盛时期，寺内有100多名僧侣，个个身强体壮，武艺高强。

在漫长的历史长河中，由于历史原因，白莲寺历经坎坷，毁于一旦。但是，安丰村民对白莲寺的怀念之心始终如一。

　　2004 年，村中有识乡贤，筹资重建"白莲寺"，且得到十方萧氏族人的慷慨资助。当年，9 月 30 日（农历八月廿四日）白莲寺开光之日，也是萧满姑生日时，萧显闻公后裔，40 余人乘坐三辆中巴车，带着腰鼓队来到白莲寺贺祈，并制作"满姑福荫　泽被万代"匾额施挂于寺内。此后，每年清明时节，都有萧  氏族人来到安丰白莲寺，祈祭洪山福主公王和萧满姑，并到显闻公墓地扫墓，安丰村民都予以热烈欢迎和盛情接待。我们期望廖、萧两姓族人的友情世代相传！

　　2006 年，安丰村民又集资在石岩下山上新建了一座寺庙，取名为"龙凤山寺"。将原先白莲寺内的释迦牟尼佛祖、弥勒佛、地藏菩萨（安丰村民称之为三宝）及观世音菩萨、吉祥阿哥等重雕入座，并将梁野山寺的定光大、二、三、四、五古佛接入寺内。2007 年农历一月廿四日举行开光升火。2017 年二月十二日，又将袁田太平山的"天上圣母"接入寺内，并在当年七月十八日开光升火。

　　从此，"白莲寺"重获生机，且一寺演化成"白莲寺"和"龙凤山寺"。两寺接受周边善男信女的朝拜，香火甚旺。

　　【附】白莲寺楹联：

<blockquote>
白水池中生贝叶，莲花座上起昙云。
龛前月影昭清白，座上神光跃武威。
福主护国庇民，夫人济群利物。
</blockquote>

武东长安山庵庙

刘荣昌

历史悠久的长安山庵庙，地处国家森林保护区——梁野山山脉，坐落于武东镇炉坑村。庵庙坐北朝南，周围青山环绕，空气清新，风景优美，是一个旅游观光的好去处。

长安山庵庙大殿

1930 年期间（具体时间无法考证）炉坑村有一个村民想在石岩下（就是现在的庵坊）建一座祖坟，经地理先生勘察后，说："建坟不好，建一个观音庙很好。"从此，就在此处建造了一座上下厅堂、中间有天井的观音庙，并立一尊观音菩萨，设 36 条阡书，非常灵验。周围信徒经常来朝拜，香火旺盛。此尊观音菩萨至今仍保留。开基庙主为炉坑村村民刘扬发老婆饶品青，村民叫其"三婆子"，是炉坑村饶氏 21 世祖。

随着朝拜信徒扩大到武平、岩前、十方、上杭、中堡周边地区，香火十分旺盛。在信徒的不断资助下，庵庙里逐渐增立了古佛菩萨、太太菩萨、玉皇大帝、王母娘娘、地藏老爷、乘风耳、千里眼、三大夫人、吉祥菩萨等。随着形势的变化，1966 年，在农村兴起了破除迷信运动。长安山的菩萨也与各地一样遭到焚烧。当时在村民的尽力保护下，仅存一尊观音菩萨一直留存至今。随着时间的流逝，70 年代长安山庵坊又进驻耕山队，并把原上下堂屋的庵坊扩建成现在的房屋。在 20 世纪 80 年代，信徒们又自发地集资重修庵坊，重塑菩萨金身。现有各种菩萨计 25 尊。其中古佛菩萨三尊，太太菩萨一尊，观音菩萨一尊，玉皇大帝一尊，王母娘娘一尊，地藏老爷一尊，三大夫人三尊，乘风耳、千里眼各一尊，当天菩萨一尊，吉祥菩萨一尊。阡书 28 条。每逢斋日、初一、十五以及各种菩萨生日（其中古佛菩萨生日是农历正月初六，醮日是八月初六；太太菩萨生日是三月二十三日，醮日是七月二十日、九月二十三日；观音菩萨生日是二月十九日，醮日是六月十九日、九月十九日；每年的祈福日是农历正月初九，圆福日是农历十二月初九日）周围的信徒都会到庵庙进行朝拜。而炉坑村的每年打醮日都会把太太菩萨、古佛菩萨接到村里进行巡游。巡游时村民都会走出家门进行烧香放鞭炮，祈求风调雨顺，岁岁平安。从此长安庵庙又回归以往的兴旺热闹。

传说古代一名县官逃难来至长安山庵庙，经过一段时间的躲藏，顺利地躲过灾难。当时此地无地名，在离开此地时，此官为记住此地的恩德，特施此地为"藏官山"。因"藏"字很难写，后来村民就把"藏官山"改为现在的"长安山"，祝愿大家永远平安的意愿，故得此名。

丰田仙岩山古寺庙

王胜祥

　　仙岩山，位于武平县武东镇东部的丰田村，离武平县县城约 46 公里，依山傍水、环境优美、交通方便。

　　现在，可以驾车到武东镇丰田村的留善田，沿着崎岖的水泥铺设的山路爬坡而上，到达一个可停放车辆的坪地，再登上十几级台阶，便是仙岩山观音佛母庵庙。仙岩山古寺庙坐落在武东镇丰田村留善田林氏之祖的悬崖峭壁的后龙山石岩下。据寺庙所存的古碑记载，仙岩山原为天岩庵，"前有太平山，后有天岩山"，此庵庙是林姓合族随心乐助以成美举所建，供奉"观音佛母左安，三大圣人右安"。此寺庙已有 200 多年的历史。

　　古时生产力不发达的情况下，人类意识中有灵魂不灭的信仰，人们认为，生前灵魂依附于人体而存在，人死后，灵魂却不消亡。亡灵的威力是很大的，它能够对生人，尤其是死者亲属发生作用，或福或祸。由于先民对亡灵和尸体的关系认识不一，便出现各种以安置亡灵为目的的葬俗，即"拾骨"葬的风俗。相传，仙岩山寺庙的位置原本是一大片石岩，而且石岩下面存放着一大片本村先祖的尸骨入殓后的"金瓮"，由此这里成了亡灵出没之处。这些亡灵常下山到山脚下的村庄里游荡，扰乱村民的耕作和生活。面对这种情况，林氏先祖引导村民们把属于自家的"金瓮"迁走，对先祖进行再次安置，主要就是想安抚先祖亡灵，确保其进入另一世界，并解除亡灵可能对生者的危害。随后，林姓合族随心乐助在此建一寺庙为天岩庵，并安上观音佛母和其他菩萨，以驱鬼神，保佑村庄风调雨顺，吉祥民安。

　　古寺庙所在的岩洞冬暖夏凉，清净幽雅，宽敞舒适，可容几十人。洞中设佛堂，佛堂上堂正中的神龛里，供奉着观音佛母的坐姿金身神像，侧边供奉其他大小佛像多尊，可谓"石化成岩可聚仙，登临一望别洞天"，是"禅云生福，天然的道场"之所。

　　仙岩山寺庙洞里有股清泉，清澈凉爽可口，常年不干涸。据说这泉水很神，可以治疗疤伤、上火的炎症，因此，每次来烧香的人都会带瓶子来装水回家，治疗疾病或作为生活用水。

仙岩山，每年逢至时年节日及每月农历逢九日子之时，来自上杭、武平等各乡镇及周边村庄的善男信女络绎不绝地挑"三牲"，献斋果，到此朝拜，香火袅袅。他们崇尚向上向善、善恶有报的理念。当然，还有许多奇特的天然景观吸引着八方游客。站在仙岩山东上眺望，可看到围绕此山周边的五坊村、丰田村、安丰村、四维村等行政村庄的美丽风景。

仙岩山寺庙

从寺庙存放的多块石碑中刻录的捐款名录来看，于2002年、2007年、2010年、2016年、2018年等历经五次对庵场扩建、装修，铺设从山脚下通往仙岩山的水泥路及其附属工程，并得以全面竣工。

四维雷公井华光宫

王闻福　王贵生　王天汉

华光宫位于四维雷公井自然村村东（高上公路右侧）。宫内供奉华光大帝（又称灵官大帝）等菩萨。华光大帝是中国民间传说中道教的神仙，是道教护法四圣之一。此宫建于清代，已有 300 多年的历史。

华光宫

雷公井华光宫的来历：相传雷公井以中公裔孙有人到东留做木匠，看到大阳桥西侧有一座华光庙非常灵验，平日里香火旺盛，每年九月二十八日，香火鼎盛。民谣曰："华光华光，赤脚黄毛，头戴三叉，眼有三光。"该木匠回家后和以中公、万七郎公后裔说起此事，两位房长叔公商量，为祈福避灾，长年康顺，决定将大阳桥华光大帝请回雷公井供奉。

择好吉日后，雷公井裔孙代表便到东留大阳桥华光庙，用圣火将华光大帝迎回雷公井。以中公、万七郎公后裔请匠人雕刻华光大帝、三仙师等佛像，还在村东建造了一座"华光宫"。华光宫开光时，举行了隆重的开光祭拜仪式。

华光宫内有华光大帝、三仙师等十二尊菩萨，宫门前安放有石狮子一对。宫门前对联是"鞭雷溥雨化，合井显丰盈"。相传华光菩萨是六畜的保护神，保佑人间六畜兴旺。如有人家中六畜不顺，向华光大帝朝拜敬香后，用宫中香灰或茶水带回给牲畜喝，立马见效，非常灵验。武东丰田片、中堡邻村等十二村的香客，热心来宫中朝拜，香火十分旺盛。农历每月初一、十五和逢年过节香火最旺。每年农历九月二十八日为华光大帝生日，丰田片各村及中堡镇邻村的善男信女，都会来华光宫敬香朝拜。每年大帝生日，雷公井自然村都会请乐队为庆典助兴，热闹非凡。

凹堂庵的由来

朱福彝　朱耀胜

　　凹堂庵原先是村民生产生活及来往客人的必经之处，风景优美，空气新鲜，凹缺里有三棵几百年的古松树，能抵风煞，是村人免遭灾害之象征，人们常常会不约而同地在那里歇脚、谈心。可是到了下雨天就不行了。有人建议，在此处建一间屋子。这个想法一提出来，立刻得到各方人士的大力支持，大家都乐意捐献钱物，无偿出力。很快建成了两间房屋，安放了菩萨，名叫"凹堂庵"，成了人们的一个好去处。如今庵中有定光古佛、三古佛、天上圣母、观音菩萨、财神菩萨、五谷菩萨、吉祥菩萨、三保佛像。每月农历逢初六，邻村的善男信女及各方人士均前来聚会，求神拜佛，保佑平安。逢重大喜庆时，还有船灯、花鼓等民间文艺表演，十番伴奏，场面非常热闹。

六甲邹屋天主教堂散记

温正恭

邹屋天主教堂位于六甲美和邹屋自然村下首的横迳墩，右边的一条石砌路是六甲圩通往邹屋，上、下山及教文各自然村的必经之路，也是六甲翻大岭垴通往武平县城的最便捷的大道。天主教堂建于何时，现已无文可考。据推理，应在鸦片战争中列强用炮打开清政府闭关锁国的大门之后。

该天主教堂的建筑极其小巧，占地面积不足 100 平方米，上下两层、泥墙瓦顶，外墙是石灰粉的洁白墙壁。屋内一层为神坛，是信徒礼拜的场所，二层供修女居住。民国及以前的六甲地区，农舍大多是简陋而低矮的黄泥土屋，在这高坡之上耸立的二层小白楼，可览六甲全境，因而显得分外醒目、气派。

在我儿时印记中，天主教堂内常有三五位修女居住，神父却从未见过。那些来自德国的修女，年龄有别，但在信徒的心目中，却都是善良的女性。她们日常除了布道之外，也不时为附近村落的老百姓治病，用的自然是西药。据说也收养孤儿，邹屋自然村原美和大队党支部书记邹大印的妻子，名叫"爱德姑"的，相传就是修女抚养长大的。修女们还将她们从欧洲带来的一批植物种子送给当地的老百姓试种。几十年前，六甲农村许多农家房前房后或田背地角，常栽种着一种多年生的粮食作物——树豆子，株干如灌木，有二三米高，枝繁叶茂、开黄色小花，豆荚如大豆一般，表面呈黄褐色，豆实形如豌豆，质地坚硬，产量却极高，可作杂粮食用。据当地老百姓说，这作物就是当年的修女们从她们的家乡带来的。这些修女待人极善良友好，偶尔还会跟教堂旁边路过的孩子们用手势打招呼。但六甲地区信仰天主教的信徒少之又少，大概只有邹屋自然村里的少数人，别村的老百姓极少跟这些外国修女打交道。她们那一身全黑的衣裙，头上戴的雪白的折叠头巾，衬着白面孔、碧眼睛，在当年农村小孩子看来，有如魔鬼般的恐怖。小时候，我常独自去邹屋自然村的外婆家，每经过横迳墩天主堂边那段路，总是忐忑不安，几十米之内，我都紧张地飞奔而过，生怕那教堂里面的嬷嬷会走出门来。长大之后，倒慢慢地明白：这些修女其实是不会残害小朋友们的。

20世纪50年代初，六甲天主教堂已人去楼空，废弃的六甲天主教堂一度被当地美和小学作校舍使用。70年代初，兴办六甲中学，天主堂被拆除，六甲中学的校舍就是建在天主堂的旧址上。近几年，随着人口出生率的急速下降，入学人数随之缩减，如今六甲中学又被改为六甲小学。旧时的天主教堂，那荒凉萧索的高坡乡村背景中耸立的二层小白楼，仅存在于六甲地区为数不多的老年人的遥远的记忆中。

忆六甲三芳的妈祖庙

温正恭

六甲三芳的妈祖庙，建于何年，已不可考。然妈祖娘娘被六甲温氏三村的老百姓奉为本村保护神，据此推理，该庙之立，应在明万历年间温氏祖先伯二郎公兄弟在六甲大坑里开基创业之后。三芳妈祖庙坐落于大坑里溪东、溪西两自然村西南两山相夹的水口处，位于田迳村之西北角。庙宇坐西向东，高临清溪之上，底下数十米为溪流。此庙建筑独具特色，一半建在溪岸高处，一半悬空。庙的大殿耸立于岸上陆地。赭红色的泥墙，圆圆的庙盖用琉璃瓦装饰，顶端正中立一葫芦状盖尖，阳光下金碧辉煌。而另一半，大殿的前厅，全是木质结构，是凌空而建的空中楼阁。底部由十几根在峭岩上立着的粗木柱支撑着，很像我国西南地带少数民族的吊脚楼。楼面以上由木地板、木柱、雕花木窗棂结构而成。站立厅中，可听见底下溪流激荡的哗哗声。推开窗户，满眼绿意扑面而来。眺望四周，东面是苍翠青山，北面为温姓两大村落溪东、溪西村，清溪一条在两村间奔突而来，西南向则见远处清溪一曲穿过一座石拱桥，流向田迳村前的开阔平野。厅中小憩，听水声，观山景，你的心灵似乎能得到一种远隔尘嚣的安宁。更奇特之处是溪流在庙的正下方汇成一泓宽约半亩、深可数丈的渊潭。潭之东西两岸全是光滑的石壁，由岸及底；神庙之下，潭下西岸植着几十株巨松、水杉，枝繁叶茂，气象森森。若由对岸回望，庙宇隐然于树梢之中，而潭水则因浓荫掩蔽，少见阳光，绿阴阴、冷浸浸的，清冽异常。每当夏日炎炎，正是三村少年游泳的好去处。

庙中妈祖娘娘的金身塑像安置于大殿的正中。时逢年节或农历初一、十五日，三村百姓多往庙中进香。每年农历三月二十三妈祖生日及农历十月十七、十九传统的打醮日更是三村百姓的盛大节日。在打醮日，妈祖菩萨则从神庙中被接至各村祠堂设坛，家家户户，按客家风俗做米粄、做豆腐去祠里烧香上供。此日也是亲戚朋友相互往来欢聚的快乐日子。记得幼时，我曾随长辈去庙里拜过妈祖娘娘。庙中没有十八罗汉的狰狞，香烟缭绕中一片清静、庄严、肃穆，虽是小孩子，也觉得并没有什么害怕。在孩童的眼中，高坐于神坛上的妈祖娘娘，金袍锦衣，慈眉秀目，端庄可亲。因而大人执香鞠躬，自己也跟着鞠躬，大人伏地膜拜，自己也在旁一起拜。其时自己年幼，于神佛之事知之甚少，只偶尔从长辈的言谈中知道：敬神礼佛，可消灾避难。

自从去县城入中学读书后，就不再有机会跟随大人至妈祖庙中敬香了。后来却听说，在时代的风云变幻中，三芳妈祖庙也历经沧桑。20 世纪50 年代初，就有六甲小学的两位朱姓老师领一帮无知的小学生，打着"破除迷信"的旗号，去三芳妈祖庙捣乱。据说，他们将妈祖菩萨推倒，将塑像破坏，还挖了腹脏，取走了当中的海马、金器。事后，溪东村的村民将妈祖抬回村中，匿于僻静人家。1962 年又替妈祖装饰金身。三村百姓进香依旧。1966 年"文化大革命"爆发，妈祖又复遭劫。

20 世纪50 年代末，我求学谋生于异地。一别家乡二十余年，也不知道六甲三芳的妈祖庙毁于何时。又因六甲水库之建，三芳妈祖庙原址周边的优美环境已荡然无存。然妈祖娘娘导人从善的和蔼形象，却深植于老一辈六甲地区黎民百姓的心坎里；当地百姓的心中也永存着对妈祖娘娘的敬仰与热爱。

四维左田三层宫

进　中

三层宫坐落于武东四维左田沙子头水口上，占地面积约 200 平方米，三层宫高 15 米左右，是清末由上畲，四维大窝里，屋场岗，左田上屋、下屋万十郎公裔孙集资兴建。三层宫已有 150 多年的历史，据老辈人相传，三层宫是与观成书院相配套。三层宫似轿形，保佑多出人才，此宫军事地图上亦有标记。

三层宫

三层宫建筑十分别致，宫内有观世音、定光古佛等菩萨十余尊及罗汉。第二、三层挂有木牌，分别是"中和亭"和"文峰阁"。逢年过节，上畲、四维万十郎公裔孙都会进宫上供、祭拜。

"文化大革命"期间，三层宫被视为封建迷信的产物，列为"四旧"惨遭破坏，拆除了二层、三层，第一层改为生产队仓库，今仅存遗址。

村民的守护神——伯公

　　客家地区普遍流行敬祀"伯公"之俗。走在乡间的小路上，只要作短暂的停留，环视四周，你就可以看见在村头庄尾、田间路旁、山边河畔都有"伯公"的踪迹：在村口一棵高大浓密的树下或一条水流湍急的溪边，都有一个矮小的土神龛，有的是一块石碑或木牌、一块石头，甚至于有的只在树干上贴一张红纸，香炉里或地上插着几炷香，那里供奉的就是客家人最直接的守护神——客家人称为"伯公"。

　　"伯公"在少数地方称为"土地伯公""公王""土地爷爷"。他掌管一村、一里（lǐ）或几户人家，甚至是一小片农田，所以在农村的村口到处找得到"伯公"。"伯公"已经成为民间庇佑平安的重要神明。"伯公"是地神，自古我国以农立国，有了土地才能生长农作物，有农作物才能养家糊口，人们对土地自然产生感恩之心，因此把土地视为神明来崇拜。每年农历二月初二日（一说六月初六日）是"伯公生日"，虔诚的人家要给各处伯公上香、敬茶、办三牲、果品敬祀，逢年过节，家家户户也要去"伯公"处烧香敬奉，以祈求五谷丰登、合家平安。

　　在"伯公"的后方，通常伴有一棵大树，树的高大与浓密，显示出"伯公"的灵气，这棵大树就被称为"伯公树"。有些学者认为这与古代对树的崇拜有关系。有所谓"伯公树无人敢砍"的说法，表示居民对"伯公树"的尊敬。民间常有这样的传说：有些毛头小子觊觎高大粗壮的"伯公树"，不听大家劝阻，携带斧头锯子前去砍伐，结果不是在去的路上摔了跟头，就是在动手砍树时被自己的斧子砍伤了手脚，更有甚者还没有出门就开始肚子疼。总之是没有人能够得逞。出了这样的事以后人们就会到处宣讲，好让大家知道"伯公树"是真的砍不得的。

　　传说中的"伯公"即"福德正神"，姓张，名福德，字濂辉，周武王二年二月初二日生，年少英俊，天资聪颖，事亲至孝，为人忠厚，心性慈善。曾任朝廷统税官，体恤民间贫困，做了无数善举。享年一百零二岁，寿终后三天容貌不变，宛如活人之相，众人前往瞻仰，尽皆称奇。福德逝世后，改由魏超接任统税官，他为人奸恶，爱财如命，横行霸道。百姓想起张福德生前为官廉正，备感其恩德。有一贫户，用四块大石打成石条，一块作顶，三块作墙，做个神龛以纪念张福德。因福德为官公正，取其名"福德"，后加"正神"二字，做个"福德正神"牌位，放入神龛内朝夕膜拜；而后又有一人用破缸安其位在地上，也用其名敬拜。魏超派人了解后，对此事讥笑不已，但是那位穷人不理其讥笑，回答说："有钱有屋住大堂，无钱无屋居破缸。"岂料事有凑巧，虔诚信仰福德之人，不久之后，五谷丰登，六畜兴旺，人马平安，逐渐由贫家而变富家。众乡民认为这是福德神恩护佑，于是乡民们集议筹资兴建福德堂一座以资报答，将其像塑成金身，供众人敬拜。自此神灵显赫，香火绵延，闻名遐迩，各方闻之必前往朝拜祈福。朝廷闻知此事后，因其神位安在地上，周穆王特赐名"土地公"三字，并赐联一对："福而有德千家敬，正则为神万世尊。"由此，全国百姓开始广泛敬奉"福德正神"。

和全国一样，武平客家的"伯公"均没有高大的寺庙，特别是在广大农村，"伯公"大多在较大的树下一个矮小的土神龛里，甚至是没有神龛，就在树下屈身。在经济不发达地区，"伯公"也没有神像，就用一块石头、石碑或直接让树干表示；在经济发达地方才给"伯公"塑神像，"伯公"神像一般是头戴金钱帽，身穿员外服，脸和肚子如弥勒佛，右手执龙头拐杖，左手拿着金元宝，白发白须、笑容可掬的老者。各地的"伯公"神像有所不同，在名称与形态上也有些出入，但是人们祈求消灾降福保平安的心愿是一致的。

据说在中国许多地方，如河南、广东等地，即使建有"伯公"庙宇，塑有神像，也往往把"伯公"神像放在桌子下面，没有放在桌子上，因此焚香献供都很不方便，可是敬奉的人，都不觉得这样会猥亵了"伯公"，这是为什么呢？据传这与明太祖朱元璋有关。

传说朱元璋常常微服私巡，有一天在路上碰到一个监生，二人相邀去酒店小饮，偏巧已经客满，找不到座位。朱元璋看到店里靠墙边桌子上奉祀有一尊"福德正神"，他就把"伯公"神像拿下来放在墙壁边地上，说："你的桌子就让我们坐坐。"就和监生在"伯公"的桌子上对饮。席间朱元璋询问监生："你哪里人？"监生答："重庆人。"朱元璋便出一个对子请监生对："千里为重，重水重山重庆府。"监生对说："一人成大，大邦大国大明君。"暗示已知晓对方是皇帝。二人欢饮而散。随后酒店主人把"伯公"移回桌上。那一夜，店主梦见"伯公"对他说："皇帝命令我坐在地上，你不要把我移在桌上。"第二天店主就把"伯公"神像放在地上，不再放回桌上了。这事传出后，大家就不把"伯公"神像放在桌上，而是安置在地上祀奉了。

选自武平县政协编《武平文史资料》

林氏家训家规

敬尊长　敬他人之父，人亦敬其父；敬他人之兄，人亦敬其兄。非特名分尊于我者为长，即年齿长于我者，皆长也。有问必答，隅坐随行，未出不敢先，既出不敢后。此所谓敬长之义也。

正心术　为善降之百祥，不善降之百殃。善恶两途任人所行，未有不从心术中得来者哉。

念之善　尊宰相之荣；一念之善，中状元之选，心术不正，不受阳诛，必遭阴谴，岂细故哉！有则改之，无则加勉。

端人品　人品者，立身之攸关也。务正业以禁游荡，近君子以远小人，谨口过以戒讼非，除骄傲以耻妖媚。怀德怀刑乐善不倦，乡党推为端人，父母亦乐有贤子也。

勤读书　天下事利害常相伴，唯读书则有利而无害，不问贵贱、老幼、贫富，读一卷便有一卷之益，读一日便受一日之益，读书固能变化气质而循良善，即姿性愚鲁便不为士，亦觉高人一等。其拾青紫，取荣名，又进一层焉。格言："欲高门第须为善，要好儿孙必读书。"

交朋友　友本取信，莫为滥交。既订金兰之好，当尽友谊之情。在善相劝，有过相规，患难可共。

尊师长　天产栋梁，必需斧凿。师之教子岂异斧凿哉！诗书谁传我，学问谁教我，是非谁正我，功名谁成我，舍师其谁与归？

笃勤俭　读书勤以口诵，种田勤以耕耘，妇女勤以纺织，子弟勤以孝悌。勤乃俭之本，俭乃勤之根，勤俭二字为传家之珍。

（原载武东乡袁下村《林氏新修族谱》，大禾龙坑村《林氏家训家规》）

王氏祖训、族规

祖训（五训）

前代名贤，皆有家训，以垂后生，子孙恪守家法，世代遵循，如奉律令，凛不敢犯，不肖者，谨畏其法。今将古人修身济家，嘉言善行，重诸经史，以训后人。

一　孝敬父母

盖孝顺者，人人修身之本，父母者，人之生身之本也。羊有跪乳之恩，鸦有反哺之义，鸟兽尚不能忘本，何况人乎？为父兄者，以礼让持身，以言教，以身教，使子弟心悦诚服，为子弟者，当以孝义守身，父兄教训理当服从。

二　尊敬长上

盖人有亲则必有长，知孝亲必敬长，未有不能悌弟，而可亲为孝子。鸿雁有兄长之序，蜂蚁有君臣之义，何况人乎？

三　和睦乡里

乡里是吾祖吾父生长之地，长者是吾祖之父兄，少者是吾之子弟，同里同井，朝夕相见，情何等亲近，何等关切，人欲和睦乡里，必先和睦宗亲。昔唐时有张公艺者，他书忍百字，九代同居，隋唐皆御书表其门闾，凡我族子孙秉性刚正者，当学张公艺之忍，以制其暴怒之气。

四　教训子孙

一家之主，生我者父母，我生者子孙。欲孝敬父母当教育子孙，不教育子孙便是不孝敬父母，子孙贤增父母光彩。子孙不肖，辱父母家门。凡我子孙当仁孝立基，以刻薄为戒，勿以离间疏亲，勿以新当旧看，勿以少居长，勿以贱防贵，勿以轻邪而远君子，宁过于恕，毋过于薄，宁过于厚，毋过于薄，宁计人之长，不计人之短，子子孙孙代代切记。

五　各安生活

天生一人，总要寻找生路，智慧者利于读书，即以读书为生路；在家者利于耕种，即以耕种为生路；技术者利于工作，即以工作为生路；经商者利于经商，即以商贾为生路。凡人不安生路则生能为死；而人能安心生路，则死能为生。舜耕历山，尹耕莘野，诸葛耕于南阳，都是苦其心志，劳其筋骨。凡为农、为工、为商、为贤、为愚者，皆以教育为本。

家规（五戒）

一　戒淫恶

勿听淫声，勿亲邪色，勿看淫词，勿为妄说。我重闺风，人重名节，恕道存心，淫念自绝。况有鬼神，难容恶薄，淫人妇女，报在妻妾，逃过此关，英雄豪杰。

二　戒是非

天生之人，各人本分。富贵贫贱，皆由前定，素位而行，事由已尽，勿学庸流，行险侥幸，贪得无厌，终归穷困，端方君子，行不由径，顺时听天，安分守命。

三　戒赌博

人生世间，为善最乐，业正多端，随事可学，独恨愚顽，甘心赌博。同流合污，此争彼夺，浮念浇风，自斯阶祸，富者立贫，贫者益薄，欲正家规，先除此着。

四　戒酗酒

古人制酒，非以为祸，冠婚丧祭，礼用清酌，洗爵尊庪，献酬交错，惟彼贪夫，不知节约，终日醉乡，癫狂失措，耗气损精，形骸脱落。戒之戒之，量饮无过。

五　戒洋烟

世人何蠢，误嗜洋烟，枪炮齐整，名声森严，男妇混杂，晨错倒颠，倾家荡产，绝嗣戕年。全无利益，自取尤愆，堕其术者，猛着祖鞭。

王闻福摘自《太原堂武平王氏族谱》

安丰廖氏族训族规

——特具一格的族规

廖祺道

廖氏安丰总祠，每年辞旧迎新，清明祭祖，同年会是与周边村落不同且特具一格的习俗。

一　祖训

做人：诚意正心修身齐家，敦伦尽分慎始慎独！

做事：仁爱利他吃亏是福，自强不息厚德载物！

教子：克勤克俭惟读惟耕，知书知礼修福修慧！

敬祖：孝敬父母知恩报恩，感念祖德祭祀追远！

二　族俗

1. 辞旧迎新。

新年上寿（60虚岁）的新寿星，除夕之夜和子时迎新年，负责祠堂封门和开门，并分别放礼炮三声。债主听到封门礼炮声后停止讨债。

2. 元宵活动——打醮。

正月十四上午，由志愿者将"古佛"（指定光大、二、三、四、五古佛）迎进祠堂，置于神龛（十六日上午送回原寺庙）。十五日由理事会组织打醮活动。请道士作法事。新寿星代表陪香火，善男信女盼一年丰收保平安敬香拜佛。下午一点开始抬"古佛"，到每脉厅堂巡察，各脉宗亲，以最热烈的鸣炮、上香等仪式，隆重迎接"古佛"的到来。活动期间，由新寿星安排外宾和工作人员就餐，经费在醮会中支付。

3. 清明活动。

扫祖墓。农历二月初九，新寿星组织村民前往上杭祭花公祖墓和祖祠。一年一度的安丰清明扫墓从春分后开始，由上年清明节后至当年清明节前的新添丁户，牵头组织村民前往列祖列宗墓地扫墓（上午，新添丁户负责带路）。祭祖供品、香烛和聚餐经费，从收取的"丁子钱"中支付，不足部分由添丁户垫付。

开基始祖应宗公及仁禄、崇端公墓地扫墓，及祭义冢，由新寿星牵头组织村民，分别在清明节后半月前后进行，经费由参祭者认捐。

祭祠堂。清明节当天上午，凡60岁以上长者（男）和邀请外迁宗亲，举行集体祭祀拜祖仪式（2018年清明全体村民参祭，并设"百桌宴"团聚），由礼生读"祭文"，新寿星举行主祭，70岁、80岁、90岁寿星和外迁宗亲分批次举行。中午由新寿星设"寿宴"招待参祭者。

4. 同年会。

本村同一年（同庚）出生的成年男丁自行组织"同年会"。凡同年家中婚丧喜庆均应邀祝贺，逢大事相互帮助。每年清明节到祠堂敬香拜祖后，中午举行聚餐。轮流做庄，直到59岁。60岁成为新寿星。

三 族俗改革

（1）从2002年清明节开始，改祭祖跪拜礼为鞠躬礼。

（2）从2003年起，新添女丁可上族谱，享有男女相同的权利和义务。

（3）改新丁向祠堂捐桌凳为上族谱名册捐款，金额由理事会确定。

（4）从2015年起，对当年100岁的老寿星，由理事会向寿星送长寿贺礼。

（5）研究决定全村各房脉25世新丁统一使用新字辈（略）。

廖氏安丰总祠

四　祠堂的管理

族规确定，村中最高辈分且能组织宗亲开展宗祠各项活动的人为族长，年龄最长者为房长。

宗祠的管理与时俱进。从 1995 年开始，以族长兼理事长，聘请若干名理事，成立为安丰宗亲服务，无薪酬、非终身制的民间组织"廖氏宗亲安丰总祠理事会"。职责是在安丰村行政组织的领导下，保护好祠堂的公共财产，维护和扩建，组织实施宗祠各项活动和资金管理，同时协助村"两委"做好力所能及的相关工作。

饶氏祖训十则

一则：孝悌宜敦

孔子云："孝悌为仁之本"；孟子云："人人亲其亲，长其长，而天下平。"可知孝悌为人生之首务。为子者，当思有以服牢奉养，尤必体其心志，万一遭人伦之变，亦必善全乎骨肉，毋伤乃父之心。至弟有伯兄，尊曰家长，则当推事亲以事长，使如手如足。敬爱弥周，庶处则为孝子悌弟，出则为一代伟人，各宜凛遵，毋违是训。

二则：宗族宜睦

曾文正公之言曰："宗族于吾固有亲疏，自祖宗视之，则均是子孙，能以祖宗之念为念，自知宗族之宜睦也。乃有不肖者流，或以意见偶乖，顿失宗亲之义，甚至小练细故，借端泄恨，恃其强横，诬善良为奸盗，群起而倾其家。如此浇风，殊堪痛恨。吾族中倘遇此等人儿，合族自当共斥，或约族中正直伸者，送官究治，以儆强暴，庶不失雍睦之宜焉。"

三则：乡党宜和

窃念此闾相接，缓急可恃。家有贫富概接之以温厚，邻有强弱，皆处之以谦冲。谈言可以解纷，施德不必望报。倘睚眦小忿狎昵缴嫌，一或不诚凌，竟以起因而互相械斗，屈辱公庭，甚至报复相寻，靡有底止，大非安生长子孙之计也。尔其鉴诸。

四则：职业宜专

凡士、农、工、商，各有正业。当思各勤其业，毋得游手好闲，惰其四肢。否则背业而驰，势必入于邪避赌博奸盗，败家破产，无所不至。甚至流于下贱，甘为差役，恬不羞如斯人者，有玷门庭、辱祖先，为吾族中所宜共恶也。宜慎之凛之。

五则：子弟宜课

古者八岁入小学至十五岁。各因其材而归于四民，秀异者入大学而为仕，教之德行。愚谓子弟之成败，关一家之盛衰。人之爱子，尚有力者，务宜延请有品有学之士，隆其礼意，使之当教为孝、悌、忠、信。所读须经孔孟，明父子、君臣、夫妇、昆弟、朋友之节次；读史知历代兴衰，治平揩置之方，至科举之业，志在登科发甲，所谓求在外者得之有命是也。

六则：名分宜正

凡上下尊卑、长幼贵贱，各有定分。毋的系乱伦。语云：名不正则言不顺，言不顺则事不成。可知分所关断不容苟。吾族中有继嗣者例，宜立贤、立爱而昭穆，务求其合称呼，方不混淆。万一得异姓之子，养为式毂，谱内刊刻一子字，以广推恩之义，是亦为宗族中立权变之方也。

七则：纶纪宜肃

男正位乎外，女正位乎内，男女有别，礼之大经。倘有不顾廉耻、悖理乱伦者，此名教之罪人，族中所不容也。通族查实抹名黜族，永不许载入谱内。第事关名节皂白，务必分明，如有挟嫌而凭空架，热使捏抱不白之冤，不诬罔之罪，律有明条，合族亦所共斥。不肖者知所惩戒矣。

八则：争讼宜息

太平百姓，不登讼庭，便是天堂世界，盖讼事有害无利，要盘缠、要奔走；若造机关又坏心术同，虽万不得已，只宜从直告诉，又要早知回头，不可终讼。切不可听讼师、棍堂教唆，财被人得视，自己当省之省之。

九则：窝匪宜诫

周易曰："比人匪人，不亦伤乎。"晏子曰："群子居九择邻，所以避患也。"可知奸猾浮荡之徒，为非作歹之人，断不宜利其财物窝藏，以干国宪。吾辈不交游手无籍之徒，不断行险侥幸之事。如此，则井里安然，鸡犬无惊，不亦善乎。

十则：邪巫宜禁

夫禁止师巫，律有明条。一切左道惑众，诸辈宜勿令至门。至于妇女识见庸卜，更喜媚神缴福，其惑于邪巫也。尤其自风俗日愈，斋婆、卖婆、跳卜、女相、女戏等穿门入户，人不知禁，以致哄诱费财，甚有犯奸盗者，为害不小，各家须宜预防，杜其往来，以免后悔。

（原载武平陈坑仙人桥《饶氏族谱》）

武东公社青年林场——金山塘

林建华

在武东镇附近，有一片秀丽的山林，这里乍看起来与一般山林无异，走进林中，却会发现其中大有乾坤。不仅有果园、茶园，还有鱼塘、养猪场，有茂密的竹林，有高大挺拔的阔叶林。这里就是武东公社青年林场旧址。它位于武东镇政府西北 3 公里处，场部坐北朝南，林场坐落

武东公社青年林场场部

于袁下、六甲、陈埔村境内，与县道高林公路接壤。林场属于亚热带海洋性季风气候，温暖湿润，雨量充沛，年降雨量为 1450～2200 毫米，干湿明显，四季分明，夏长冬短。山上有茂密的松、杉、柯、樟、桉等树木，林中有野猪、黄猄、山羊、果子狸、猫头鹰等异兽珍禽，物种丰富。经营总面积上万亩。在林业用地中，区划生态公益林面积 7239 亩，占林业用地72.4%，区划商品林总面积 2648 亩，占林业用地 26.5%。这里有着得天独厚的特殊小气候。厦门知青曾在这里试种荔枝、龙眼并获收成。场部内坪唯一一株现存的高大挺拔的柏树，依然苍翠欲滴、郁郁葱葱，它见证着青年林场的今昔变迁，那一幕幕青春飞扬、岁月如歌的动人场景再次浮现在眼前。

林场始建于 1973 年。林场主体建筑是两层砖木结构的楼房。左右两旁呈一字形摆开建有几十间平房，因有知青来场，又在南面新建了十多间平房。中央形成了一个大"天井"，"天井"里有篮球场、羽毛球场等，是供人们健身、集会、娱乐的场所，是典型的"四围屋"。林场人员由各村选派优秀青年及上山下乡的厦门知青组成，"文化大革命"后期，这里成为全公社厦门知青等待返城的集中点。办场时仅有 21 人，后来规模最大时发

展到上百人。他们秉承"绿化祖国，美化荒山、植树造林、多种经营，为营造武东万亩林场而奋斗！"的理念，毅然离开故土，告别亲人，进驻这荒山野岭，战天斗地，用热血和汗水谱写出了一曲曲动人的乐章。

当时，条件非常艰苦，到处都是荒山秃岭，再加上森林火灾的影响，满目疮痍。场部领导们发扬"一不怕苦，二不怕死"的革命精神，把员工分为几个组进行作业：一组垦营组，负责开垦荒山和经营原山（天然林），给荒山植树造林，与原山垦复补苗，争取县林业局的垦复补助款，并精心培育了诸多树苗：有杉苗、松苗、茶苗、桐苗等；二组为多种经营组：负责种植柑子、梨、烤烟、烧炭和种蔬菜、水稻、药材等作物，学习南泥湾精神，搞自力更生、劳动创收；三组为木工组，负责把山上采伐下的各种树木加工成成品或半成品，销售给各地；四组为后勤组，负责全场员工的日常生活和养猪、砍柴、做粉干等。林场员工每天扛着各式劳动工具，戴上草帽，叽叽喳喳，轻言笑语，走向山林深处、田间地头。下班时，会时常见到知青们也下班回林场，他们的脸上渗着汗水，背上的衣服透着汗印，让人们感受到了知青们辛勤的劳动。一张张年轻的脸庞透过汗水，泛着"红光"，给人感觉精神焕发、奋力向上，彰显着青春的活力。每天傍晚最热闹的地方就是球场，有打各种球的、有谈天说地闲聊的、有唱歌跳舞的……，他们在尽情地享用着大自然的恩赐，一天的疲劳随之烟消云散。

林场的办公经费，公社会划拨一点，大部分靠自给自足。刚办场时，林场员工每人每月发12元工资，公社按人头每人每月拨给一定量的社办粮。后来，为调动员工的劳动积极性，实行按劳取酬，每月预支5元，预发给当月的饭票，并以出勤一天记一天的工分，年终时，按年度的总收入把工分折算成工钱，贡献较大者可一次拿到二三百元的年终分红。

封闭的世界，贫乏的知识，单调的生活，狭窄的目光，日出而作、日落而息，虽然这样平淡无味，但他们那一批人仍然在健康地成长：每年都有一些优秀青年被推荐选拔上大学，不少知青由于成绩突出、表现良好提前返城安排工作，场部也多次受到各级各部门的表彰奖励。一度，金山塘青年林场被县委县政府当作"植树造林，绿化荒山"的典范，经常组织各公社、大队干群来参观学习取经。耕山队的八位勤劳贤淑、气质不凡、淡雅而不失妩媚的青年女子被誉为"八朵金花"。

金山塘的山虽无言，然非无声，在无悔无惧的松涛声中，永远不停息地为世人演绎着最美的风景；金山塘的水，用滨滨流水滋润了这片神奇的土地，为绿水青山变成金山银山倾注了心血，用汩汩清泉养育了一代祖国栋梁，给建设祖国造就了一大批优秀的青年人才。它不仅是武东优秀青年成长的摇篮，更是厦门知青的聚集发祥地。它虽名不见经传，但它折射出的那段特殊时期、特殊年代的青年风采，却永远镌刻在武东历史的长河中。

六甲湖今昔

王麟瑞　王闻福

武平县武东镇和十方镇是较严重的水土流失区。这里降雨集中在 4~9月，降雨期间土壤含水量饱和，遇暴雨形成径流，径流夹带大量的泥沙，土随水走，造成水土流失。这里的主要土壤类型红壤，比较黏重，透水性差，极易造成地表径流和冲刷，也造成水土流失。除自然因素外，1958 年大炼钢铁后，林木被大量砍伐，毁林垦荒，地表植被遭破坏，由此造成水土流失。尤其是 1967 年至 1976 年间，大搞开荒造田、人造平原，导致水土流失面积扩大。据 1983 年普查，武东乡水土流失面积 29972 亩，占总面积的 14.60%；十方镇水土流失面积 38828 亩，占总面积的 16.57%。那时候，山上树木稀疏，瘌痢山处处可见，光头岭比比皆是，山下农田地力降低，跑水、跑土、跑肥"三跑田"面积不断扩大，农田遭受毁灭性的淤积。

1963 年，武平遇到春、夏连旱，武东、十方的大部分农田无水溶田，抛荒不少。是年，福建省水电厅九龙江规划队曾来武平，拟在武东六甲这个地方建一座人工湖，以解决这两个乡镇的农田灌溉和水土流失，无奈国家三年困难时期刚过，财力有限，无法上马。据说 1970 年，一支解放军拉练部队来到武东、十方，部队的一位首长看到这一带水土流失，旱涝严重，建议在武东六甲这个地方建一个水库。1974 年，福建省水电厅九龙江规划队又来到武平，并在武东六甲勘察，确定在这里建一座人工湖。1975年 3 月，由省地质规划队进行勘测设计。

梁野山山峰挺拔，巍峨雄伟，林海莽莽，泉水潺潺，其支脉向四面延伸，形成许多小盆地，向南的支脉形成了六甲盆地。梁野山的泉水十分丰沛，依着山势，泉水向四面流去。南边有几支，汇集成六甲溪，蜿蜒流过六甲盆地。六甲湖就坐落在这里。

六甲湖的中心地段是六甲圩，过去一向是六甲地区的政府所在地。六甲湖在六甲圩和赢尾田中间流过。圩上有一条街道，约 200 米长、15 米宽，两边整齐排列着上百间店铺。农历每旬逢三、八为六甲圩日，从上午八、九点开始，赴圩的人络绎不绝。圩场上熙熙攘攘，人头攒动，吆吆喝喝，热闹非凡，持续到太阳落山时才开始散圩。圩上有供销社、信用社、粮站、卫生院。圩边有一所中学、两所小学。圩周围是六甲、

六甲湖

美和、教文、新东、袁畲、东兴、张畲等 7 个行政村。六甲村的自然村有田坎墈、李凹头、大洋田、角洋、湖琪塘、赢尾田；美和村的自然村有湖光寨、凿树下。在这里建人工湖，就必须把这些单位、学校和各自然村进行搬迁，其困难的程度可想而知。

六甲人工湖于 1977 年冬破土动工。筑湖最重要最艰巨的是移民安置工作。水库周围的村民，要离开生于斯、长于斯的地方，热土难离，难免难舍难分。在水库周围居住的农户有 273 户 1793 人。筹建指挥部通过努力，将他们分别安置于清流县、武平县 12 个公社 34 个大队，并于 1981 年 4 月前全部搬迁完毕。

六甲湖主坝和副坝建成后，再修建左、右两条干渠：左干渠全长 10.5 公里，渠道流量每秒 1.04 立方米，流向武东、丰田片区方向；右干渠全长 16 公里，渠道流量每秒 1.33 立方米，流向十方方向。

人工湖灌溉武东、十方两个镇 21 个村，有效灌溉面积 20200 亩，因部分设施尚未配套，现实际可灌武东乡陈埔、黄埔、袁田、三峤、川坊和十方镇的乐畲、高梧、熊新、彭寨、黎畲、黎明、三坊、十方、集贤、鲜水等 15 个村，有效灌溉面积 15317 亩，其中保灌面积 12870 亩。

六甲湖坝后建有发电站，总装机容量 800 千瓦。同时，还在武东牛金坑建一电站，总装机容量 450 千瓦。库区有 1200 多亩养殖水面，每年捕鱼 6 万公斤左右。库区还有 1869 亩山林，种植柑橘、茶叶等经济作物。湖区形成后，水光山色相映成趣，湖边村庄星星点点点缀其间，早晚水雾笼罩其上，犹如仙境。六甲湖成为武东集山水、人文景观于一身的一大旅游亮

点，吸引着无数垂钓旅游观光客。

六甲湖建成后，把梁野山流出的甘泉蓄积起来，然后源源不断地流向武东、十方两个乡镇。水库不但可以防洪抗洪，而且对两个乡镇的农田灌溉和水土流失治理均起了很大的作用。昔日的"三跑田"变成了旱涝保收田，灌区内水稻亩产由200～250公斤上升到500公斤以上。特别是20世纪80年代以后，这两个乡镇大力实行封山育林，植树造林，成效显著。据2011年统计，武东人工造林面积47812亩，全乡土地总面积203506亩，其中林地面积154085亩，森林覆盖率达72.1%。十方镇人工造林面积75856亩，全镇土地总面积235745亩，其中林地面积180521亩，森林覆盖率达72.5%。昔日的"瘌痢山""光头岭"，变成了郁郁葱葱的茂密森林。前几年，上级又拨巨款，对一座主坝、两座副坝进行灌水泥浆除险加固，使蓄水能力、抗洪能力大大加强。

随着农田灌溉问题的解决和森林覆盖率的不断提高，这两个乡镇的水土流失现象不但得到有效的遏制，而且水土流失面积日趋减少，水土流失率不断下降。据2011年统计，武东乡水土流失面积9000亩，水土流失率4.38%，比1983年减少20972亩，水土流失率下降10.22%。十方镇水土流失面积14600亩，水土流失率6.23%，比1983年减少22228亩，水土流失率下降10.34%。水土流失治理能取得这样的成绩，人们都说："六甲湖建得好，为我们送来了幸福泉。"

四维阳阴角天然石井与瀑布

胡继红

阳阴角天然石井与瀑布，位于四维左田村西的高陂礤。慕枫溪南北两岸是山峦树林，中间夹着一条溪流，逆向沿着溪流依傍着一条西去的道路，是四维至远明的必经之路。从袁畲、上畲、远明奔流而来的溪水至阳阴角要流过一段狭长陡峭的石崖及天然石井，形成家乡一道特有的石井瀑布景观，然后进入村庄，穿越田墈，蜿蜒东去。石崖又是天然水坝，坝上稍做人工，引出左右两条水渠。水渠有两用：一

是大部分渠水供大队水轮机发电和碾米用（20世纪六七十年代生产大队安装了水轮机型小型发电机和碾米机，水轮机一机两用，白天碾米机为社员加工碾米，晚上带动发电机供社员照明）；二是分出的小量水流进左田上屋下屋和溪背山社员们洗衣及生活之用，之后出庄入墈，用于农田灌溉。

阳阴角的水流自西向东，沿着石崖奔腾倾泻而下，整个瀑布长50多米，落差二三十米，宽十余米。瀑流剧烈，冲波逆折，碰崖转石，其声轰然，击水奔流，水花四溅，其巧妙精致，浑然天成，实乃鬼斧神工，令人叹绝。据说这些水井深浅不一，有些井底互相连通，在此游泳戏水的小伙或有胆大的还钻入井底探访，此井进入，彼井冒出，神出鬼没，神秘莫测，妙趣横生，引得同伴众人惊羡不已。瀑布的底端是一个深潭，瀑流跳越石井，乘势俯冲而下，倾泻入潭，激起千重水浪，湍急翻滚，并逐渐散发开去，直至外延一色蓝青墨绿，深不见底。

小时候听说，这是水牛精洗澡的潭水，瀑布中的石井是水牛精走时留

下的足迹。水牛精平时保佑村里风调雨顺，护佑百姓平安幸福，发怒时便会兴风作浪，洪水泛滥，淹没农田，引发灾害。当时听此传说，将信将疑，牵动了我们不少可爱的神思奇想，带给我们许多美丽快乐的童真。我们年轻时也经常在夏天来此消暑，在这得天独厚的石井深潭中泡澡休憩，游泳戏水，纵情享受着瀑流潭水赐予我们的清凉快意。

古风今采

武东传统美食

自中原南迁以来，武东人民在几百年生活中代代相传做客家米粄。逢年过节、喜庆之际，用籼米、糯米、粳米等大米和杂粮，加上各种配料，做成形状不一、口味各异的粄子。这样可以改变口味，增进食欲，又可用于馈赠亲友，是武东人民在饮食文化中的一种发明创造。武东的传统小吃很多，主要有苎叶粄、黄粄、糍粑、簸箕粄、煎粄、芋子粄、薯包子等。现列举一二。

苎叶粄

苎叶粄是武东人众多粄食的一种，家家户户都会做，也是客家人特别喜欢的一道小吃。苎叶是多年生的植物，一年四季常青常绿，苎叶底白面绿，长在田头田坎。苎叶粄一年四季均可制作，但以春夏雨季的苎叶为好。采摘苎叶时，需在太阳刚出来时采摘新长的没经过暴晒的嫩叶。而头次采摘苎叶在清明节前后，苎叶毛茸茸的鲜嫩欲滴，正是采摘最好的时候。

苎叶粄

苎叶粄的制作方法是：摘取新鲜的苎叶，清水洗净后用开水焯一下捞起，清水漂洗后沥干水分，放入臼钵捶烂，然后倒入适量的糯米粉（也可加上一定比例的籼米粉），放点食糖或食盐，用碓臼舂成粄团，然后把粄团捏成小块，揉成椭圆或压扁，在蒸笼上摆放整齐，加大火等锅里的水开后放下，隔水蒸40分钟左右出锅，苎叶粄就做好了。也可以油炸。油炸后的苎叶粄金黄娇脆，清香甘润，别有一番风味。

苎叶粄香气可口，软而不腻，常吃苎叶粄，还能耐饥渴、长力气、祛风除湿、强身健骨，是老少咸宜的天然食品。（饶正英）

黄　粄

　　黄粄是客家人最喜爱的小吃之一，每逢
过年过节，客家人大多喜欢做黄粄，作为给
客人的礼物。

　　黄粄制作方法：首先把干茶树枝（也可
用其他可食用的枝叶）烧成灰，并在灰中加
一些杨梅叶子，以作调色之用。然后把灰用
干净的布包好，放在桶中用开水淋，去渣后
成为浸米用的草木灰水。将糯米和籼米淘净
后，放在草木灰水中浸泡数小时后再加工成

黄　粄

粄浆，将粄浆倒在铁锅中，以文火煮，且反复搅拌，以使粄浆不致烧煳，
从而制成柔软而有韧劲的粄团，将粄团放在铜盆中或竹制盘中蒸熟，再用
碓臼舂成粄团，然后把粄团捏成小块，即成可口的黄粄。

　　黄粄吃法很多，可炒着吃，或蘸上油葱姜汁吃，亦可煮着吃。（刘添
连 刘定贤）

糍　粑

　　打糍粑是武东各村的传统习俗。
每逢七月"尝新禾"和中秋、重阳节、
十月半、扛佛、打醮等时节，村民们
都会做糍粑。

　　糍粑是糯米精制而成。制作时，
先选好糯米，将米反复淘净，淘好后
放在缸中用清水（或加上柴子灰水）
浸泡一个晚上。次日，将糯米捞起后

打糍粑

用笆篮或簸箕凉干，再装进饭甑中用火蒸熟。糯米蒸熟后倒入石制的粄臼
中。由力气大的人拿起粄槌，反复捶打臼中糯米团，另一人蹲在粄臼旁，

用少量的温开水不断翻动粄团，以免粘在臼壁上。直到打得糯米团呈糊状时，就成了糍粑。将糍粑从粄臼中取出放进钵头中，再分成小的糍粑团，蘸上香豆粉、麻子粉和白糖，吃起来香甜可口、绵柔爽脆，具有补中益气之功效。（王闻福）

簸箕粄

簸箕粄是武东人的传统美食。旧时，用竹制的小簸箕蒸粄皮，所以称为"簸箕粄"。后改用由白铁皮制的蒸盘，做出来的粄皮平整，蒸的时间比较短，快熟。但人们仍称之为簸箕粄。

簸箕粄

簸箕粄的制作过程大致为：先选优质大米（黏米），洗净后用水浸透，磨成粄浆准备蒸粄用。将猪肉、豆角、包菜、香菇、笋类等切碎后，入锅炒熟待用。开始蒸粄时，用勺子打起粄浆入蒸盘，四周摇匀，放进盛有开水的锅内（或蒸格内），蒸数分钟后取出。将蒸熟的粄皮用筷子划成四块或六块，每块粄皮上放上炒熟的馅料，卷成长条状，涂上油葱，吃起来十分可口。很多人把簸箕粄当早餐，也是城里上班族的首选。（进中）

腊猪肉

所谓"腊猪肉",就是在寒冬腊月时方可加工的猪肉,故称"腊猪肉"。腊猪肉是武平当地农家手工制作的传统食品之一。它风味独特,食用方便,是农户日常用于搭配冬笋、大蒜、菜心等蔬菜,用来招待客人的特色菜,所以制作腊猪肉习俗一直留传至今。每年农历十一月后多数农家会制作一定数量的腊猪肉。

腊猪肉的制作过程虽不复杂,但其选料、加工及制作方法也是有讲究的。

一、选料:一般要选择中等猪的五花条肉,用颗粒状粗盐制作,肉盐比例为10:2。

二、加工制作时间:必须在立冬后至腊月。

三、制作方法及主要过程:首先,将五花条肉切成两斤左右的长条状;其次,将颗粒状粗盐倒入柴灶大铁锅里用小火炒至烫手时待用;再次,把切好的长条猪肉一次放两至三块于锅里热盐中用力揉搓,尽量使食盐渗入肉块;然后,将揉搓好的猪肉放入干燥洁净的瓷缸里腌渍15天左右;之后,选择大晴天将腌渍好的猪肉用绳子一块一块穿好后在锅里开水中快速焯一下,接着把焯过的猪肉用竹篾串起,置阳光下曝晒若干天,尽量把猪肉的水分晒干,晒至猪肉出油为好;最后,将晒好的猪肉用干净上等的食品袋装好并扎紧袋口,放置在洗晒干的腌肉瓷缸内再加缸盖,或放置于储存干菜的缸内,用干菜遮盖保存,即成为随取随用的农家腊猪肉了。

流行地域:武东境内各村

请客席位趣谈

王增能

　　客家人好客，而且注重礼仪，请客席位的排列也有着许多讲究，久而久之，便形成独特习俗，代代相传。

　　客家民间饮宴大多用四方桌，俗称"八仙桌"，亦有用圆桌者，但为数较少。有仅一桌者，有两桌者，有三桌以上者。桌席的多少决定了排法的不同。凡两桌以上的饮宴，桌席之间的距离要适当，各个座位之间的距离要相等。此外，民间还极讲究"首席"和"末席"的排法。哪里设"首席"，哪里设"末席"，视当地习俗和饮宴厅堂的具体情况而定。因为别说整个汉族或整个客家民系，就是一个民系中的各个市县，甚至一个市县中的各个乡村，其席序和座序的习俗也千差万别，不存在一个统一的模式。这里只能拣较为常见的三种模式，略加介绍。一是靠近大门的左方室壁前设"首席"，二是正对大门的室壁（即神像的正中）前设"上席"，三是合五桌者则以四桌之间位置设"首席"。"末席"的位置较随便，可根据饮宴场所的具体情况灵活掌握。

　　下面是席序和座序的图例。

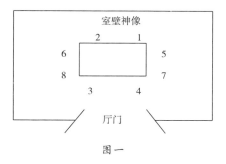

图一

　　图一就是正对大门的室壁（即神像正中）前设的首席，一席八人正座宴的座序与此相同。末座者一般是第二主人或受主人委托的亲属辈，在饮宴时负责接菜端盘筛酒递烟，起服务员的作用。下列各图与此同，不另述。

以"图一"为首席，倘入厅门的两边加两桌，则成"品"字席，如图二。

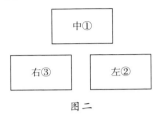

图二

二席直下正向，其席序和座序的排法如图三：

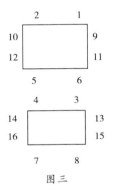

图三

二席横列正向，其席序和座序的排法如图四，以靠近大门的左方室壁者为"首席"。

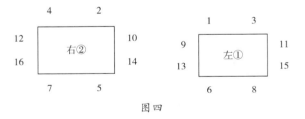

图四

此外，尚有三席正向排法者。这种排法的席序和座序以中席为大，左席次之，右席又次之。因所需厅堂面积甚大，故此种情况较为少见。如图五。

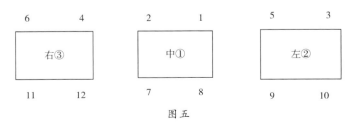

图五

侧向的座序较随便，故不书。

此外，尚有四席正向排法者。这种情况甚为普通。一般以靠近大门的左方室壁者为"首席"。如图六。

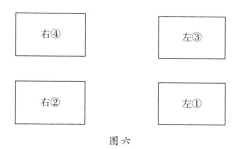

图六

上述为民间四方桌的席序和座序安排的一般情况。这种安排一方面是为了表示礼貌或隆重，一方面是为了表示符合社会规范和道德规范，所以称之为席序礼仪和座序礼仪。四方桌而外，民间还有圆桌。圆桌的席序和座序的安排方法，较之四方桌，有同也有异。

仅一席者，摆在正对大门的室壁（即神像）的前面。如图七。

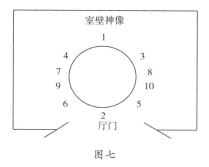

图七

两席以上的座序仍同上图，其席安排大抵如下：

二席横排者：

图八

二席直排者：

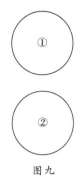

图九

三席横排者：

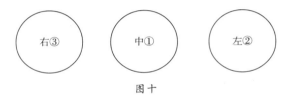

图十

三席"品"排者：

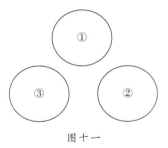

图十一

四席正排者：

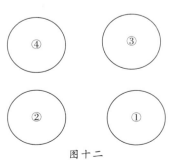

图十二

五席花排者：

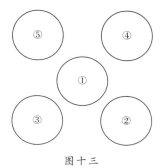

图十三

六席横排者：

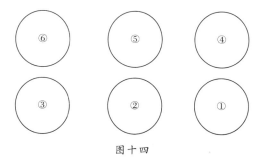

图十四

六席直排者：

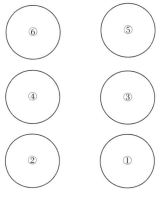

图十五

一个正厅排七席以上者，在客家地区极为罕见，故不谈。

客家的席序礼仪与座序礼仪大致如上所述。所谓"大致"，是各地习俗不同，所以情况有许多例外，或者与上述截然相反。孰是孰非，应以当地民众是否接受来作为判断的标准。

明白席序和座序之后，仍须明白宾主入座时的先后顺序。所有这些，都不是"家喻户晓"、人人明白的。为了避免差错，较大型的宴会都请有"司仪"，即请熟悉种种礼仪的先生专司其职，在主要的宾客面前拱手唱喏并一一引导入座。待主要宾客坐定后，其他宾客可随便入席就座，无须"司仪"一一引导。不过，该坐何席何位，心中也应当大体有个数。

入座时的顺序，一般须遵循下列礼仪。

第一，若所请辈分有高低，则按"长幼有序"的原则，辈分低的应逊让在后。

第二，若所请关系有亲疏，则按"亲疏有别"的原则，疏者应逊让在后。

第三，若所请都是平辈，则主人应坐第一席亲自把盏。

第四，若长辈请晚辈，则晚辈亦应逊让在后。

第五，按客家地区一般习俗：凡寿诞宴则由寿星入首席首座；凡婚宴则由送嫁人坐首席，即便是年龄很小的孩子，也不例外；凡三朝回门宴则由女婿入首座（若外氏有生母或养母的，则以养母为尊）；凡丧者为男则族长入首席首座，若丧者为女则由外氏入首席首座；凡祭祀宴（俗曰销燕尝）则由族长入首席首座，次以功名高低为序（不受贫富影响）；凡筑坟宴由堪舆先生入首席首座；凡雇请工匠宴则由铁匠入首席首座（理由是泥匠和木匠工具均为铁匠所制，若论构屋建房之贡献当推泥匠为大，木匠次之，而铁匠最小）；凡毕业宴则由学生之启蒙老师入首席首座；其他喜宴则由地方官或教师或族长或士绅入首席首座。如此等等，不胜赘述。说明不是所有筵宴都按"长幼有序、亲疏有别"的礼仪来安排席序和座序的，须视筵宴的主题等具体情况区别对待。

流传武东的民间谚语、俚语、俗语、歇后语、歌谣

（1）为人处世类

食哩人家食物嘴软，拿了人家东西手软。

出门看天色，入门看面色。

话到嘴边留半句，事在火头让三分。

冷铁难打，冷言难听。

人要长交，账要短结。

破柴看纹理，做事看道理。

信得嘴，时常爱；信得肚，有受苦。

人争一口气，佛争一炉香。（不能贪吃）

长兄如父，大嫂如母。

做人爱像人，做鬼爱吓人。

便宜莫捡，浪荡莫收。（不要贪小便宜）

当得软（肯吃亏），上得天。

愿食人家笑面茶，唔愿食人黑面饭。

丢盆丢钵赶走客。

人要衣装，佛要金装。

有钱有肉多兄弟，急难何曾见一人。

一家有难，八方支援。

嘴里微微笑，肚里一把刀。（提防心口不一的小人）

人心不足蛇吞象。

若要人不知，除非己莫为。

老人讲事好包起。

好话讲尽，坏事做绝。

山中冇（无）老虎，猴哥称大王。

在城埋没好狗，在乡埋没人才。

做人难，难做人，人难做。

大福有大量，冇个量气冇个福气。

急性子办不成好事。

在家靠父母，出门靠朋友。

家中有便饭，出门有贵人。

家有千人，主事一人。

人穷志不穷。

留得青山在，唔愁冇柴烧。

一个人唔敢懒，多多少少做点添。

唔敢嫖，唔敢赌，赚钱好辛苦。

人间有三苦：第一苦锅里冇米煮，第二苦挑担行长路，第三苦奢谷帮（拉）锯磨豆腐。

花猫公，自家屙屎自家翁（翁：掩盖）。（自作自受）

菩萨打屁。（神气）

兜凳唔坐讨凳坐。（自讨没趣）

和尚跌比（丢掉）印。（冇法）

屙屎唔怕雨大，穷人唔怕债大。

东边日头西边雨，你讲冇晴（情）却有晴（情）。

人怕失足，马怕滑蹄。

学懒三日，学勤三年。

功夫照试，豆腐照捏。

心好不必吃斋。

还生唔孝顺，死了敷鬼神。

唔莫愁，子女大了有出头。

屋下（家内）唔和外人欺。

秤砣细细压千斤。

食唔穷，穿唔穷，冇划冇算就会穷。

唔莫慌，日头落了有月光。

算命先生半路亡，风水先生冇屋场。

（2）健身类

身体健，靠锻炼；若要健，天天练。

少时练得一身劲，老来健康不生病。

夏练三伏，冬练三九。

不愁不恼，百病去了。遇事不恼，长生不老。

笑口常开，青春常在。

渴不急饮，饥不急食。少吃有补，多吃坏肚。

少吃多味，多吃伤胃。千补万补，不如食补。

肚大吃不多，命长才吃得多。

早上莫喝酒，晚上莫吃姜。朝喝杯水汤，赛过食参汤。

感冒不舒服，不要吃狗肉。

少吃骚鸡仔鸭，可防旧病复发。（骚鸡即"小雄鸡"，仔鸭即"嫩鸭"）

年轻好花色，老来怪病得。（"花色"，风流之意）

饮食贵有节，锻炼贵在恒。饭吃八分饱，肠胃好到老。

立夏狗，吃了天下走。春羊、夏狗、秋鸭、冬鸡。（指各季节比较适宜吃的畜禽）

大蒜是个宝，常吃身体好。

豆腐有补，趁热落肚。

牙齿不捅不空，耳朵不挖不聋。

日日晒日头（"日头"，指太阳，下同），身体健如牛。日头是个宝，常晒身体好。

睡觉不遮头，清晨郊外走。睡前洗洗脚，赛过吃补药。

木怕蛀心虫，人怕老来穷。

早睡早起，精神百倍。

若要命长久，不沾烟和酒。

有病早治，无病早防。

三分治疗，七分保养。

药不分贵贱，治好是关键。

饭后百步走，活到九十九。

（3）教育类

还细偷针，大哩偷金。恶人教不出善子。

子女不读书，好比冇目珠。生子不读书，不如养头猪。

学坏三日，学好三年。

一命二运三风水，四读贤书五积德，六勤俭来七诚信，八乐观心九勇气，知足常乐方存人。

日出轮流似转车，有书不读真正差，早晨路上寻麻雀，晚间下水捉鱼虾。

毛笔虽轻拿不动，犁耙碌磟却能拿，有朝急事求人写，自己无能莫怨爷。

读书须用意，一字值千金。

（4）古童谣

月光光，秀才郎，骑白马，过莲塘，莲塘背，种韭菜，韭菜花，结亲家，亲家门前一口塘，养条鲩鱼八尺长，鲩鱼背上承灯盏，鲩鱼肚里做学堂，做个学堂四四方，个个赖子（儿子）读文章，读得文章马又走，追得马来天大光。

月光光，走四方，四方暗，走田坎①，田坎尾，捡枚针，针有眼，交了伞，伞有头，交了牛，牛有角，交了桌，桌有杆，交了缶，缶有口，交了狗，狗有尾，交了鸡，鸡有须，两子叔婆学拉锯，拉锯唔奈何，不如学补箩，补箩篾丝鞠（刺），不如学打铁，打铁会生钨（生锈），不如学唔猪（杀猪），唔猪难讲价，不如做叫花，叫花难挂筒，不如吹小筒，小筒吹唔响，不如做和尚，和尚难着衫，不如入尼姑庵，尼姑庵会毕尺（裂口），不如上石壁，石壁会开花，不如归屋下，屋下闯出一只狗嬤蛇，吓得哥哥目睐睐。

月光光，走四方，四方暗，走田坎，田坎心，捡枚针，针有眼，告②了伞，伞有头，告了牛，牛有角，告张桌，桌有关（杆），告个安（缶），

---

① 走田坎，意即"刨田坎，除杂草"。
② 告，意即"换"。

缸有口，告只狗，狗有尾，告了鸡，鸡有髻，两个伯婆学做戏；做戏难打锣，不如学补箩，补箩难破篾，不如学做贼，做贼惊怕人着（抓），不如学扛轿，扛轿难转肩，不如学食（抽）烟，食烟难点火，不如牵猪古，猪古死下别（死掉了），目出倒倒跌（眼泪不停往下流），倒下入，倒下出，大家喊他老屎北（老家伙）。

月光光，走四方，四方暗，走田坎，田坎圩，捡枚针，针有眼，多条伞，伞有头，交条牛；牛有角，交条①桌；桌有（杆），交条坛；坛有口，交条狗，狗有尾，交只鸡，鸡有继（髻），两子叔婆学做戏；做戏难打锣，不如学补箩，补箩篾丝会刺手，不如学蒸酒，蒸酒酒会酸，不如学打针，打针针会折，不如学做贼，做贼怕捉到，不如学扛轿，扛轿难上桀，不如学打铳，打铳一打打到牛岗圩，拾到一捆烂棉被，棉被打开一看，全是一包臭官蜱（虫），官蜱咬痛人，四脚爬到归。

月光光，走四方，四方暗，走田坎，田坎崩，捡枚针，针有眼，靠了伞，伞有头，靠了牛，牛有角，靠了桌，桌有杆，靠了缸，缸有口，靠了狗，狗有尾，靠了鸡，鸡有警（鸡冠），两子叔婆学做戏，做戏难打锣，不如学做贼，做贼怕捉到，不如学扛轿，扛轿难转肩，不如学食烟，食烟难敲烟屎，不如学挟狗屎，狗屎蓬蓬臭，不如学识字，先生教佢一个字，佢教先生挟狗屎，先生教佢一本书，佢教先生打野猪，野猪走过埂，追得先生嘴半半。

（5）婚育类

棘子开花稠打稠，夫妻相吵冇冤仇。（不必计较）

公有事，与婆商量；婆有事，与公商量，能使茶水胜参汤，黄连变蜂糖。

男人心，海般深；女人心，糍粑心。（把握性格特点）

年轻嫖赌，老哩受苦。

结婚生子不怕迟，只要合到好天时。（把握机遇）

生子唔消多，一子当十哥。（少生优生）

---

① 条，意为"张"，此意"换张"。

青竹蛇一只就够得，狗嘛蛇（蜥蜴）一窿（窝）都闲情。（儿女不要生太多）

生儿不知娘辛苦，生女方知报娘恩。（生女比生男好）

树大会开杈，儿大要分家。（多谅解）

（6）古时妇道

妇人家，莫奢华，又怕好过家。看好样，学善良，梓嫂爱商量。尊丈夫，敬家娘，莫对别人讲短长。叔婆伯娓（"娓"表女性长辈）来聊耍，讲正莫讲邪，莫讲人是非，免得被人骂。

妇人家，小小心心喂猪大。

好妇有规有矩，知情达理；歪妇偷谷偷米，无情无理。

亲朋到屋，不贪酒肉，只求好面目。

贵贱要从夫，随从自有福。

园种薯姜，坝种麻竹。

有饭食饭，没饭吃粥，切莫做面打目。

请省三餐，油盐扣算，一年四季米谷，听信良言，方成妇。

（7）气象类

雷打秋，下季谷子对半收。雷打冬，十只牛栏九只空。

不到惊蛰先响雷，四十九天雨绵绵。

雷公先唱歌，有雨也么（没）多。

初一落雨初二晴，初三落雨透月半。（农历初一下了雨，当天就会停，初三下了雨，半个月内雨天多多）

日头出来见一见，三日不见面。（天空中雨云层密布，忽然太阳露面，不会有好天气）

日头送山，明天起来一般般。（连续几天都下雨时，到了傍晚时候，云开见日，意味着明天不会有好天气，还是雨天）

东闪晴，西闪雨。（东边闪雷电，说明所在地方不会下雨；西边闪雷电，说明会下雨）

鸡早晴，鸭早雨。（鸡未到天黑自己早早入栅，说明明天会晴，鸭则相反。）

朝变夜变，无水洗面。（"朝"指早晨。连续干旱时，而在早晨、晚上却出现吹风或天空出现云朵，像是会下雨了，其实干旱还会继续。）

春暖春晴，春寒倒春寒。

春分秋分，日夜平分。

清明（指节气，下同）断雪，谷雨断霜。

日头挂当昼，细雨两头溜。（雨时中午出太阳，早晚还会下雨。）

清明雨，冇水莳秧地；清明晴，有水莳石坪。（清明下雨必定天旱，清明节天晴必定雨水充足。）

（春天）朝霞夜霞，冇水煎茶。（喻大旱）

三月三，擎伞着白衫。（气候变暖了）

四月四，人脱衣衫树蜕皮。（山上树木更新枝）

秋前三日无禾割，秋后三日沤烂禾。七月秋风夜浸凉。

霜降寒，即刻寒；霜降暖，还有四十九日暖。

小雪大雪，烧火冇停歇。（白天日子短了）

八月旱，番薯（地瓜）压得担竿（扁担）断。（八月天旱，必定地瓜丰收。）

八月社（节日），大细妹子争灶下（厨房）。（天气转冷，小孩烤火。）

（九月）一只白鹭晴，二只白鹭雨，三只白鹭发大水。

雨打雪，么停歇。（必定连续数天雨雪）

四月初一下大雨，新米高过老米价。

冬至前先打雷（响雷），十只牛栏九只空。（预示天气寒冷，牛易死亡）。

穷人不用愁，夏至过后大热头（即太阳）。

立夏晴，斗笠棕衣高挂起。

雨浇上元灯，日晒清明种，上元若下雨，清明定放晴。

上半月看初三，下半月看十八。（每月初三与十八日的天气可预测本月的天气。）

立春落雨到清明。（立春日若下雨，则直到清明这段时间雨量较多。）

春黑冬白，雨仔泄泄。（春天满天黑云，冬季满天白云，则细雨绵绵，雨水会多一些。）

春寒雨多，冬寒雨少。

立春落雨到清明，一日落雨一日晴。

二月二打雷，稻穗重于锤。

春分有雨病人稀。雷打五更日晒水。

一点雨一个灯，落到明朝也不停。清明风若从南起，田中定有大丰收。

三月死鱼鳅，六月风拍稻。四月芒种雨，五月无干土，六月火烧埔。

西北雨，落不过田埂。

小暑怕东风，大暑怕红霞。

空心雷，不过午时雨。

六月初一，一雷压九台。

六一九（农历六月十九），无风水也哮。

七一雷（农历七月初一），一雷九台来。

立秋无雨最堪悲，万物只能对半收。

东闪太阳红，西闪雨重重，北闪当面射，南闪闪三夜。

重阳无雨一冬晴。立冬之日怕逢壬，来岁高田枉费心。

大寒不寒，人马不安。

清明晴，蓑衣笠麻赛先行；清明雨，蓑衣笠麻好挂起。

雷公先唱歌，有雨都冇多；蚂蚁爬高会落雨。

雷打冬，十间禾仓九间空。冬至出月头，正月冻死牛。

春没种，秋没收；人唔省，家唔有。八月里冻桂花，老老少少争灶下。

（8）歇后语

面皮八尺厚——不知羞

黄毛鸭子下水——不知深浅

狗赶鸭子——呱呱叫

过个桥比你行个路长——经验丰富

没火铲沙鳅——不讲道理

喂狗咬脚跟——没良心

懵懵懂懂，惊蛰浸种——浸种的时令

闲时捡起急时用——看起来没用的东西，总有用得着的地方

懒人屎尿多——想方设法偷懒

嘴上念稳阿弥陀，心下想等偷割禾——口是心非，言行不一，阳奉阴违

芒种夏至边，行路要人牵——形容人困乏

草蜢撩鸡公——不自量力

轻骨头——身在福中不知福

扶唔起的阿斗——败家子

恶人先告状——倒打一耙

人比人，气死人——机遇条件等不同，不可盲目攀比

天塌下来还有大笠麻——没有大不了的事，不用怕

有食想到冇食时——要瞻前顾后

（9）歌谣类

火烟乌拉拉，年年起来还老债，双手搞泥浆，年年起来喝粥汤。（古时烧砖瓦的歌谣）

木匠入屋有柴烧，泥匠入屋砌灶头，裁缝入屋彩衣剪。铁匠入屋锄把俏，弹棉师傅送温暖，雕花师傅送春到。篾匠入屋箩笪关，理发师给人换年少。（匠工谣）

武东陈坑村流传的客家谚语

饶金胜

谚语是在群众中流传较广的通俗的固定语句。陈坑是典型的客家村落之一，客家谚语非常丰富，朗朗上口，易记易传，具有鲜明的方言和地方特色，散发着泥土的芳香。这些谚语伴随着孩子们健康成长，教育我们要吃苦耐劳、艰苦奋斗、勇于开拓、不断进取；教育后代应该发扬克勤克俭、精诚团结、互相帮助和孝顺父母等优良传统。客家人利用农谚给自己的生产、生活带来了莫大的便利和收益。此次借村中续谱之机，特收集整理如下，以便后辈借鉴。

与生活态度、道德观念等有关的谚语

公不离婆，秤不离砣。

三分人才，七分打扮。

大火煮粥，细火焖肉。

食唔穷、着唔穷，冇划冇算一世穷。

一餐省一口，一年省一斗。

算命先生半路亡，地理先生无屋场。

在家千日好，出门半朝难。

不怕家里穷，只怕老婆无笑容。

六十六，学唔足。

八十公公要祖家，九十婆婆想外家。

夫妻没有隔夜仇，床头相打床尾和。

一代姑，二代表，三代过了么人晓。

富人莫断书，穷人莫断猪。

一日为师，终生为父。

人争一口气，佛争一品香。

出门看天色，入门看面色。

夜路行得多，总会碰到鬼。

春么（没）种，秋么（没）收，人唔省，家唔有。

床上加双脚，爱吃又爱着。

当得软，上得天。

久病床前无孝子。

天上雷公，地上舅公。

肚大吃不多，命长吃得多。

朝喝杯水汤，赛过食参汤。

豆腐冇补，滚烫落肚。

大路朝天，各走一边。

饭后百步走，活到九十九。

男怕投错行，女怕嫁错郎。

妻贤夫祸少，子孝父心宽。

早起三朝当一工，早起三秋当一冬。

黄狗偷食，白狗受罪。

天上落雨地下流，公婆讲口无冤仇。

与雷有关的谚语

雷打惊蛰前，四十九天雨连涟。

雷打秋，下季谷子对半收。

雷公先唱歌，有雨也无多。

雷打冬，十只牛栏九只空。

东闪晴，西闪雨。

先雷后刮风，有雨也无凶。

九月响雷公，十个豆子九个空。

与风有关的谚语

六月无省北，七月无省南。

久晴东风雨，久雨西风晴。

一日北风三日雨。

与雾有关的谚语

雨前见雾无大雨，雨后见雾无大晴。

春雾晴，夏雾雨，秋雾蒙蒙无点雨。

久晴下雾雨，久雨下雾晴。

与云霞有关的谚语
天上起炮云，不过三日雨淋淋。

早出红霞夜落雨，夜出红霞无点雨。

早霞雨淋淋，晚霞晒死人。

早起浮云走，中午晒死狗。

朝霞夜雨，夜霞无雨。

云在东，有雨也不凶。

与太阳、月亮有关的谚语
日出太阳黄，午后风必狂。

月当昼，两头溜。

月晕对时，日晕三日。（指该时间内有雨）

月头出来见一见，三日不见面。（月头指太阳）

冬至大热头，明春冻死牛。

与动物有关的谚语
燕子低飞蛇过道，不久大雨到。

蛤蟆呱呱叫，大雨就要到。

蜻蜓成群飞，雷雨要来临。

鸡早晴，鸭早雨。

今晚蚊子恶，明天有雨落。

雨中知了叫，报告晴天到。

与节气有关的谚语
芒种雨连连，夏至旱憋田。（久旱的意思）

芒种火烧天，夏至雨连连。

光目秋家家有，瞎目秋摸到才有。（指立秋时刻在白天或晚上）

白露雨，有谷做无米。

小雪大雪，烧火无停歇。

芒种夏至天，行路要人牵。（人很疲惫）

白露白茫茫，无被不上床。

立冬不割禾，夜夜少一箩。

鱼在伏里大，猪在伏里坏。

春暖春晴。

与气候有关的谚语

日送山，明天起来一般般。

早雨三下昼（指下午下雨）。

朝变夜变，无水洗面。

十五落雨十五散，十六落雨秀月尾。

初一落雨初二晴，初三落雨烂泥坪。

四维村悠远佛香

维　文

　　武东镇四维村佛香文化已有 200 多年的悠久历史，据传是清代从泉州牛角石的地方传入。四维村原有佛香生产作坊七八十家，从业人员 100 多人，还有专门从事佛香生产、销售的专业户，产品主要销售本县各乡镇及江西、广东省邻县。

佛香

　　佛香生产是属于家庭手工业，过去全由人工生产。佛香生产制作主要分为搓香和淋香。搓香是将香胶和香料按一定比例拌和后，用手搓上香骨。淋香是先将一束香骨浸上含有香胶的水，然后多次上香粉制作而成。佛香的种类很多，除粗细、长短不同外，还有敬神和祭祀用香之分。四维村佛香基本上是采取搓淋结合制作而成。

　　制作佛香的原材料，主要是香骨、香粉和香胶。香粉是由香树头子，辅之以松树皮、木炭及腐枫树等成分，加工成"槁子粉"的香料。香粉的加工，20 世纪 80 年代以前是用水力车碓碓成"槁子粉"。过去在四维左田潭门上安装有十多部水碓，用于香粉的加工。村里用上电后，就改由机械粉碎加工成粉。

香骨，即佛香中的竹枝，全靠人工用毛竹加工而成。加工好的香骨依照传统工艺须经过一段时间的浸泡（每天要换水，严格控制泡水天数）。香骨泡水取出晒干后，再进行搓香、淋香。这样做出来的佛香可以去除竹味，还可防蛀，增加燃点。

佛香的烘烤仍采用传统方法，靠太阳慢慢晒干，自然晒干的佛香品质较高。

在"文化大革命"那个特殊的年代中，佛香生产被视为制造封建"迷信品"，佛香文化产业一度被禁。"文化大革命"后，四维恢复了佛香生产，目前全村从事佛香生产的还有40多户人家。佛香生产专业户引进了制香机械，采用机械制作佛香，能做到香枝匀称、平滑，备受消费者喜爱。

斗笠的制造工艺

俗话说："雨天农活真无奈，斗笠
蓑衣必须带。"斗笠是农村生产必备的
重要工具。武平谚语说："蓑衣当得一
件袄，斗笠当得一顶帽。"说的是斗笠
不但可以遮阳抵雨，天气寒冷在野外
作业时，戴在头上还可御寒。在田里
劳动时，累了，还可做坐垫或做临时
扇子扇凉。直到 20 世纪 60、70 年代，
武平客家妇女还会在斗笠边沿上镶上

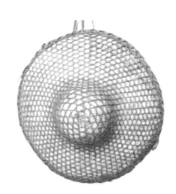

武平斗笠

一块宽约三寸、长约九寸的彩色布条。它不但有装饰作用，而且可遮挡直
射来的骄阳，在田间劳作时，随着空气流动，有如小童跟在后边扇凉风，
形成武平客家妇女特有的一道风景线。客家斗笠形美质好，深受消费者的
好评。最好的编织斗笠的手艺在武平县十方镇乐畲村，已有 200 多年的历
史。武东的产竹区如张畲、东兴、美和、教文、兴东、袁畲、上畲等地也
流传编斗笠工艺。

客家斗笠看起来简单，真正要编织起来工序却很繁杂。首先是取回毛
竹，然后按照编制斗笠的大小的需要，锯成长短不一的竹筒。接下来就是
劈篾，用篾刀把竹子劈成约 0.2 厘米宽的篾子，劈完篾子刨薄后就可编斗
笠，笠顶与笠底分开编制，编一个笠顶要用 50 多根篾，编笠底的篾要 90
多根，斗笠的大小不同，用的篾多少也不等。

编完笠底与笠顶后，在笠顶与笠底中间铺上棕叶、毛边纸或薄膜，压
平吻合后，再编制斗笠沿。经过这几道工序，花四个小时左右一顶斗笠才
告完工。编斗笠师傅说，编制斗笠最困难的步骤不在编而在剖竹。剖编斗
笠的竹篾不是一般的直剖，而是倒剖，要用柴刀把毛竹剖成厚薄均等的竹
篾，除了手的稳定之外，刀法更要干净利落，否则剖出来的竹篾就厚薄不
均，斗笠骨架容易断裂。若竹篾太厚，笠顶与笠底便无法完全吻合，而且

斗笠也会因厚重而戴起来不舒服。

据仍健在的编斗笠老师傅说，一天一人最多能编三顶，平均一顶斗笠成本0.8元，售价5元左右。师傅说，现在年轻人不干这累又来钱不多的活。他们这些上了年纪的人，手上功夫是现成的，动动手脚编制斗笠，不仅舒筋活络，而且生活充实，或多或少能增加点收入，减轻儿女的经济负担，更重要的还不会使这一传统手艺失传。

资料来源：佚名（原载《武平文史资料》第二十辑《民间风俗专辑》）

流行区域：闽、粤、赣边各乡村

造纸术里的一朵奇葩——做草纸

建　子

在武东镇大山深处的东兴、张畲、教文、兴东、远明、上畲等山村，不少村民为了生计，就地取材，用勤劳和智慧研制出了一种造草纸的工艺技术。

他们分工具体、职责明确：杂工把原料生竹麻剥去青皮后从湖塘里拿回用水车碓碓烂，再提回纸槽

造纸师傅在造草纸

石臼里用脚踏至浆状，将焙干的纸折叠成把，再挤压成捆。

做纸工，将石臼里的纸浆放入槽中，配上胶水，用帘捞起一张张的纸叠起来，达成一定高度后把它用绞子（利用杠杆原理制作的）绞压，压干即为"纸坨"。一般一天能做 1～1.5 求。

焙纸工，将"纸坨"放到桌子上，从起联处左右截去一点斜角以便手掀起。挟起纸角后，便一张张刷在焙窿上焙烘，干后，收拾整齐。每天早上、傍晚应加柴到焙窿里，以免焙窿熄火降温。

割柴火工，提供燃料。每天至少要采到十担树筒或杂柴。

做好的成品纸：一求为两捆，一捆为 20 刀（刀，"把"的意思，下同），一刀为 42 张。

产品分成：做好的一求纸应减除成本的 40%，即 16 刀竹麻原料等；工资为 60%，即 24 刀纸。其中，杂工 5 刀，做纸 7 刀，焙纸 6 刀，割柴火 3 刀，余为纸业税及购置联床、刷把、采胶煮胶等费用。

草纸质地粗糙，价格低廉，故用来做包装纸、卫生纸或做祭奠亲人、祭祀之用。

布鞋的制作

钟奇招　邹崇光　王文廿

20 世纪 80 年代前，人们穿的鞋几乎都是家中妇女自己用布做的。材料是将穿破了的衣服洗净晒干，用开水把糯米粉糊成浆，再用糯米粉浆把破衣服剪成的细条一块一块粘起来，依鞋底的样子剪出来。照着样子粘接剪好，有了一定厚度后，用文火把粘好的鞋底烤干。再用苎叶皮拧成的索子，把几张鞋底连在一起，一

手工制作布鞋

针一针纳鞋底。鞋底纳好后，用快刀裁平整，接着更重要的工序是做"鞋面"。做鞋面时要先打"布骨"，布骨用烂布制成。先把一块块旧布在门板上放平，上面用粥汤粘贴，叠上几层后放在太阳下晒干，干后取下，按照鞋样剪成鞋面，鞋面用几层新布叠成，用针线缝制紧密，然后用蒸笼蒸软，把它翻转过来，一双布鞋才算完成。

话说"蓑衣"

据考，在唐朝以前蓑衣就在民间使用。在唐朝诗人张志和的《渔歌子》中就有"西塞山前白鹭飞，桃花流水鳜鱼肥。青箬笠，绿蓑衣，斜风细雨不须归"。唐柳宗元《江雪》诗"孤舟蓑笠翁，独钓寒江雪"等也有记述。

蓑衣

在武东等地，蓑衣通体以棕制成，俗名蓑衣。蓑衣无袖，披在肩上能盖住背脊，穿着时既能活动自如，又不致使雨水淋湿衣裤。棕蓑是纯手工制作，工艺异常复杂，编制成一件蓑衣需要十多道工序。首先要把从棕树上割下来的棕片，用铁刷刷洗，使棕毛平顺，并清理干净附着的碎物，去掉杂质，并做防腐处理，然后晒干。接着用手工搓揉剥下来的棕树叶纤维，制成缝合线，把经过晒干的棕片，一片接一片，一针一线缝制成衣裙状，领口用薄嫩棕片包边细缝，最后缀上系带和扣子，一件可遮蔽风雨的棕蓑就算制作完成。由于工艺异常烦琐，每个环节全为手工制作，且需要很长时间和娴熟的技巧，所以其手艺几近失传了，现能够掌握这门技术的多为年过七旬的老人。

随着时代的变迁，20世纪70年代后，棕蓑虽然早被五颜六色的塑料雨衣所代替，甚至成了民俗艺术品收藏或作为一些商店的装饰品，但笨重的棕蓑也有塑料雨衣不能比拟的优点。其一，耐用。一件蓑衣可穿上十几年，倘若用得小心，还可用得更长久些。其二，蓑衣穿着透气。轻便的塑料雨衣，占的空间小，平时好带好收藏，但透气性差，夏天下雨时穿起来，闷热难当。其三，穿着棕蓑劳作时，不会有碍手碍脚之感，两臂活动自如；而塑料雨衣易与衣服贴在一起，不易活动。其四，棕蓑的保暖性对于当时贫穷的人们来说是很实用的，初春或深秋下雨，穿着棕蓑下田、耕作，都非常暖和。没雨时，累了，穿着棕蓑，头枕斗笠，躺在田间地头歇息，棕片散发的味道连小爬虫和蛇都不敢靠近。旧社会，不少穷人在夜晚用蓑衣作棉被御寒。蓑衣除了挡雨、御寒外，还有一传说：明太祖朱元璋一次危急时，正因为用蓑衣遮掩，才躲过一劫。因此有的客家人建造新房子到"上梁"时，正厅中间的"正梁"肯定要用蓑衣包裹。客家人认为用蓑衣包裹"正梁"，能家业发达。用蓑衣包裹木炭，放置在井底下，据说除了能起杀菌过滤作用外，还能镇住"邪气"……

选自武平县政协《武平文史资料》

漫话武东客家人的木屐

罗炳星

客家人大多居住在山区，雨多路滑，木屐在以前是客家男女老幼必备的生活用具。

武东客家人的木屐，先用整块桐木劈成屐坯，经十几个小时的高温烘烤后，用特制的工具把屐坯刨削成光滑的"8"字形，再在屐底创削成屐齿。然后把一块宽约5厘米、长约10厘米的废轮胎上的薄薄的橡胶皮弯成船篷形，用几枚小铁钉钉在全屐四分

木屐

之一左右的屐前头位置便成。以前，武平人平时都以木屐代拖鞋穿用，走在石砌路上哐啫哐啫，声音煞是好听。热恋中的青年男女，很远就可辨认出心上人的脚步声。

说起木屐，还有颇为动人的传说：2500多年前春秋时期，由于宫廷斗争，晋文公流亡他乡十几年。公元前206年，晋文公登位执政后，赏赐患难与共的臣属时，把忠心耿耿的介子推给忘记了。不愿争功邀禄的介子推，背着母亲隐入绵山。晋文公听说后，亲往绵山求访，介子推却避而不见。这时无可奈何的晋文公下令放火烧山，想以此把介子推逼下山来。三天后人们发现介子推和他的母亲抱着梧桐树被烧死了。晋文公痛惜之余，砍下梧桐树做成屐。他天天望着屐哀叹道："悲乎，足下。"据说"足下"这一称呼，就是从这里来的。到宋朝时，屐已十分普及了。南宋诗人叶绍翁在《游园不值》一诗中写道："应怜屐齿印苍苔，小扣柴扉久不开。满园春色关不住，一枝红杏出墙来。"诗中的"屐"就是这种木头鞋。

穿木屐的这种中原遗俗，隋唐时随着遣唐使者还流传到日本、朝鲜和东南亚各地。经过各地人们的改造，男人穿的木屐刷黑油漆，小孩穿的刷

红油漆，妇女穿的高跟鞋似的木屐，经画工描金绘花后被作为嫁妆，称得上民间工艺品。但更多的木屐是不刷油漆不绘花，穿起来更舒服，价钱更便宜。改革开放前，武平民间穿木屐还十分普遍，农村几乎人人一双，农村中小学住宿生也几乎都穿木屐上学，因此课余一片木屐声。

在武平客家地区，质地和造型最好的算是岩前镇迳田村生产的木屐。尽管随着环境的变化和生活水平的提高，古老的木屐被价廉物美的各种塑料拖鞋取代了，但仍有不少人士路过岩前时，还不忘给家中老幼带上一双。甚至台湾、香港等地回乡探亲的旅外侨胞，回去时也要带上几双，作为绿色环保"礼物"送给家人和朋友。在家里洗浴完后，穿在脚上，不但清爽舒适，穿脱方便，还可防治"香港脚""烂脚丫"等。所以，木屐至今还受到许多人的喜爱。

踏　碓

四　维

"踏碓"发明于西汉，是去秕、脱壳的粮食加工工具。客家先民南迁后，把这种在当时来说很先进的工具传播至客家人居住的广大地方。当时杵臼、踏碓、水碓、风车、石磨等的使用很普遍，特别是"踏碓"的使用更为广泛。"踏碓"是由杵和石臼以及杠架组成，把大石臼

使用踏碓加工粮食

的约六分之五埋装在地里；上部杠端上安装杵，杵的底端安装上用生铁铸成的杵套，不但使杵经久耐用，还可提高去秕、脱壳的工效。杠的后部安装一条轴，在杠后部装轴的地方，还会架起像小门一样的栏杆，脚踏杠端时，手扶在栏杆上，既省力又安全。人们利用杠杆的原理，借助人体的重量，用脚踩踏另一端使杵一起一落，将臼内的谷物脱去皮，或舂成米，或加工成糍粑、米果等。

随着科学技术的发展，粮食加工技术手段不断提高，现在农村大部分农民已不再使用这一古老的加工方式了，只有逢年过节、婚丧喜事需要用它加工特种食品，比如糍粑、米果之类，才偶尔被派上用场。

"踏碓"等古老的农机具已逐渐退出了历史舞台。但也有不少地方在旅游建设中，把这些古老的物品归到民俗展览之中，让游者不仅看到以前的生活状态，而且可以了解到这些物品背后的故事……

踏碓在武东地区一直流传至现在。

钉 砻

昔时没有碾米机械，客家人靠祖传风车砻碓，将晒干之稻谷，经砻而剥离其外壳，经碓而将粗米碓白，谷壳碓碎成糠，再经米筛、糠筛而将白米粒和糠分离，用风车将白米粒扬净成可食用之白大米，米糠为上好之畜禽饲料。

砻系用竹篾编成直径约 60 厘米的外圈，分上座和下座（上、下座同等大小）。下座固定在砻盘（圆形）上，中心插一固定"砻心"（一根坚韧之圆杂木），使下座与砻盘连成一体。在下座里面填以纯

武平客家人的"砻"

黄泥细粉后夯实，按八卦形钉（打）上"砻钉片"，再用木尖推紧推平呈微龟背状（中心留一直径约 20 厘米圆形处不钉砻钉）。上座砻较为复杂，中间横向以约 120 厘米长之木质砻手，砻手之端伸出上座砻体约 30 厘米且钻有圆孔（砻谷时砻钩铁嘴即插于此孔中）。上座砻体中心用木板钉成 20 厘米见方之方格（作钉），呈八卦形后由木尖推紧（砻钉片与片之间的间隙约 1 厘米，上同），推平成微凹形状（与下座磨合），而上座砻体之上端则以黄泥夯实成漏斗状（上部为盛稻谷处）。经数天待泥风干后即可砻谷了。

"砻钉"片，为竹片制成，选用老竹头段或坚硬木头，锯成 10 厘米长一截，后刀劈成片，呈长方形（约长 10 厘米，宽 5 厘米，厚 0.5 厘米），晒干后，混以粗沙粒，置于铁锅中炒至竹片呈赤色即可，以增强其坚硬度，耐磨防虫蛀。

"砻钩"呈丁字形，整体长 150 厘米，选用弯曲直角形天然杂木做成，钩长 20～30 厘米。钩嘴钉一圆铁条，砻钩后段安装一木质横推把手（横木长 50 厘米），在横推把手两端系一长绳，用时悬于梁上。

"砻谷"的方法：将上座砻体套于下座之砻心上，砻时将谷置于上座之漏斗上，将砻钩绳吊持梁上，砻钩铁嘴置于砻手的小孔，人的双手紧握砻钩把手，前手推动，使砻体上座向逆时针方向转动。此时，砻好的初谷（米粒与谷壳分离）纷纷扬扬掉于砻盘上……至此，砻谷过程结束……然后置于石碓中将糙米碓白……过米筛、糠筛（米、糠分离）……米粒过风车（扬净粉尘）而成白米供食用。

过去用风车砻碓加工稻谷，全由人力操作，十分辛苦。中华人民共和国成立后工业逐步发达，生产技术逐步提高，人民生活得到改善，20 世纪六七十年代后，用水轮机带动碾米机碾米，后用小型电动（或柴油机发动）碾米机，而后则为剥谷型大型碾米机，使出米率得到提高，米质越来越好，从而大大减轻了人们的劳动强度，解放了生产力，钉砻师傅从此只好改行了。

编织谷笪的方法

兰成芳　　兰李福　　温兆福

　　编织谷笪，选生长三年以上的毛竹，竹的根部有海碗口粗。毛竹砍回后，用锯子锯齐头尾，长度一般在 5 米以上。先对半剖开，再用竹铲铲去竹节，分成大小均匀约 1.5 厘米宽的小块竹片，去掉篾屎（竹食）再破成六至八片比纸稍厚的竹篾片，即可供编织谷笪时使用。编织时周边要用稍嫩的竹破成的篾片，通常在锅里用大火煮过，以免篾屎断裂（因通过火煮的篾青韧性强）。用一种专门用以绞篾索的、用铁制成的篾索转子固定一头（通常在屋厅沿口的木柱上，须用三皮篾方能拧成篾索），另一头由操作者用手一边拧、转子一边转，转拧到够长度时（能够在谷笪四周圈过）即打上结，作谷笪的四周锁边用。编织谷笪时，以笪的中点为中心，使中心点线为八字形，隔二压二，花样为人形。开始起笪心，起至 4.2 尺即可，然后开始捡花，插上短篾青，可选择包沿或扭沿，边沿花样压二起二，压四起二，压二。一直到 3.6 尺处，即长度的一半。另一头用同样方法，两

小角打完后，翻转背面，继续织两个大角。割谷笪头：从西端套上约一厘米见方的谷笪筋，把篾头向右的对齐筋子折断，把篾头向左的方向包下，包完后再加篾头。最后把谷笪卷起，用篾心捆绑即成。

　　谷笪一般长约八尺，宽五尺，可用于晒稻子及其他农产品。

编织好的谷笪

编"簸箕"的技巧

邹崇光

东兴村地处山区，竹源丰富，竹匠师傅能编制各式各样的竹制家庭用具，如笆篮、簸箕、筛子等。从圆形、扁形、四方形至一角箩、二角箩、三角箩、四角箩、五角箩、六角箩等，五花八门，漂亮极了。

编制簸箕是一种精巧的活儿，万万不可粗糙。

先选定毛竹，选用优良竹子有其妙法，看中部开杈的竹枝是否有两根，有两根的属竹妈，一根的就是竹公；然后用竹刀在竹节上试扎几刀，是否有声响，好竹子几乎没有声音，软性较好。选好竹子后砍回家裁成头部和尾部，头部做"匣"，中部和尾部剖成篾片。把它剖成像纸一样薄片叫作篾，用篾打笪子，形状大小各异。削匣一项更是巧妙，若没削均匀，则不好弯曲，前功尽弃，既浪费原料又白费功夫。最后是上匣，奥妙就在这里，太松太紧都不行。总而言之，整套工序都得认真细致，否则无法卖到好价钱。

现在由于塑料代替了家庭用具，原始的手工产品现在已过时不吃香了，但市场上或多或少还有人出售。

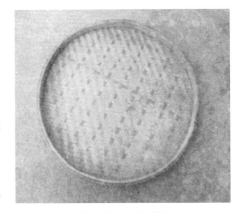

编制完整的"簸箕"

"盝"的编织

饶加林　刘荣昌

"盝"是旧时客家祭祀先人时用来装祭物的容具。

一担盝

制作方法：首先准备竹7~8条，皮要刮掉，用竹青，需24条长90厘米的大骨子。脚用24条中骨子。"盝"子层均用24条骨子，高16厘米，脚皮骨子42条，长28厘米左右，盖24条骨子，长72厘米，盝耳朵用长200厘米，宽7~8厘米的竹头片一条。长200厘米、宽7~8厘米的竹头片两条安上，锁口用150厘米长的竹丝，再用18号竹丝编起来。要过"剑门"，才能做成大42厘米、高60厘米、两层加盖的盝。

圆木用具的制造

钟日风　蓝春彬

家用的圆木用具主要有水桶、木盆、木缸、饭甑。其工艺流程：选用上好的杉木料，按其用途裁采树筒的长短。用瓦片形状大小的凿子来剖开木板，稍后用斧头来修正其弯、斜度，在固定的木板上放置一固定长刨，刨面向上，手握其木板，刨正其斜度，斜度按圆木大小的比例为 1∶0.3 掌握尺寸，完后每块木板上下左右用角钻钻洞，镶入竹钉，使每块木块左右连接形成一个圆筒，再镶入底板，便成家用圆木家具。

武平客家人用的"饭甑"

现圆木家具多用塑料制品代替，唯独饭甑暂时难以代替，用它蒸饭味香、爽口，其他物品无法代替。

藤椅之乡——张畲村

朱金昌

张畲村地处武东镇西部，距县城约 18 公里，距镇政府约 5 公里，南与城厢镇磜文村相邻，北与尧禄村相邻，山林面积 6500 多亩，耕地面积 960 亩，382 户 1386 人。

张畲村是藤椅之乡，是武平县唯一做藤椅的专业村。张畲加工藤椅这一手尖上的技艺，大约起源于明清之际。20 世纪七八十年代，随着外经贸的频繁，在本县就非常有名气了。这是张畲村的又一大特色。编织藤椅用品是张畲村祖辈相传的传统手工艺，至今有几百年历史，全村家家户户有人会编织各种款式藤椅。张畲人编织的藤椅，靠背和扶手相连，与圆形座圈连成一体，寓意和谐圆满；四只椅脚代表东南西北四方，方方得利；人坐舒适精致的藤椅，寄寓天时地利人和，这与客家人天人合一的审美和生活向往一致。编织、营销藤椅也是村民收入的重要来源。张畲人加工藤椅的材料、工艺技术均以东南亚地区的传统工艺为主，这使藤椅充满南亚风情。由于藤椅重量轻，经久耐用，加上取材天然，夏凉冬不冷，透气适肤，很受人们的喜爱，尤其受到喜欢环保的天然座椅的人们的推崇。

据朱文招老人说，他的母亲是广东蕉岭女子，勤劳聪慧，心灵手巧。有一天，他的母亲上山砍柴，看到山上到处有加工藤椅的主要材料藤子，联想到娘家有人把这种藤子用来编织枕头，便把藤子割回家，以藤子为主要材料，加工长方形枕头。没想到，藤枕头深受当地人欢迎。后来，就模仿加工本村人从江西买回来的藤椅。朴素的村民不吝啬谋生的技艺，你肯学我愿传，渐渐地，全村人都学会了这一手艺。

加工藤椅，先要采割或购买藤子，用刮刀把藤子去皮去芯刮成片条，还要上山砍伐粗细适宜的灌木、杉树枝干和毛竹。然后把充当椅脚的粗灌木、杉树枝干用火烤烫，使用"咬锤"压弯至适宜的弧度，在门框里固定直至阴干，以防回直，作为椅脚。毛竹也要剖细晾干压弯钉成椅圈。然后把这些材料和作为支架用的已去皮晒干的小灌木、枝条，按尺寸裁截，用粗细不一的铁钉钉成椅架。最后用浸泡变软的片状藤条缠好椅脚，通过提压穿梭，用藤条在椅背、椅座编织精美的图案。每一道工序，都需要在师傅指导下经过较长时间的反复练习才能习得。

师傅们正在制作藤椅

　　自从藤椅加工技术传播开来，在一间间简陋的土木结构的民房里，粗细不一的藤条在藤匠们粗糙灵巧的手中穿梭，在简单而又富有诗意的劳作中，一件件实用、美观、精致、富有风情的藤制品孕育而生，也为村民带来一份稳定且不菲的收入。小时候，父母偶尔同意让我和哥哥一起赶早挑藤椅到县城赶集售卖。赶集的人们手持手电筒或竹火把，天不亮就出发，三三两两结伴而行，有时，翻过了阳鸟山，天还没有亮。在星光之下，留下一道独特的风景。

　　张畲的藤椅工艺从最初的模仿到后来的不断改进、发展，品种越来越多。有大有小，有单人椅，也有多人沙发椅，有固定椅，也有转椅。由单一的椅子到茶几、饭桌、床。主要材料除了单一的土藤，增加了塑料藤、洋藤，还用容易塑造各种形状的 PE 藤替代竹木制作椅架。

　　改革开放后，不少藤椅匠人凭精湛的编制技艺去各地谋生，比如，朱占禄曾前往江西省会昌县加工修补藤椅，朱枚昌曾前往明溪县盖洋镇加工藤椅沙发。目前，在县城及周边开店加工、贩售藤椅的有几十家，朱金华是其中的佼佼者。朱赐通夫妇是加工藤椅最年轻的师傅。张畲村还是著名的竹制品加工村，各种高竹椅、矮竹椅、长竹椅、竹床、小儿竹座椅等都制作得非常精美，远近知名度很高。

藤椅匠人朱占旺说，加工出一张美观的藤椅，不只要学好技术，还要静心，耐得住寂寞，毕竟这是相当耗时的手工艺。这让在快节奏年代成长的年青一代望而却步，加上传统手工艺产品利润不高，远远不如规模化的工厂流水线生产的产品，致使张畲村的年轻藤椅匠人寥寥无几。针对这一现状，张畲村两委和乡村振兴理事会在上级支持下，已经开展以藤椅为主导产业的美丽乡村建设。

龙　灯

林　曦

　　我国古代人民为寄托美好愿望而创造了龙的形象，用舞龙的方式祈祷龙的保佑，以求风调雨顺、国泰民安、四季丰收。经过民间艺人不断加工制造，到现在"舞龙灯"已发展成为一种形式完美、具有相当表演技巧和带有浪漫主义色彩的民间舞蹈艺术，深为广大群众所喜闻乐见。

耍龙灯

　　武东镇川坊村的九节龙灯有着悠久的历史，相传在明清时期就已盛行了。九节龙灯，身长20米左右，直径60～70厘米，一般用竹木布扎成。龙头用竹条扎成架，糊上白色清明纸，涂上各种颜色，形态逼真。龙身各节用细篾（或铁丝）扎成圆形，外糊清明纸。龙尾扎成鱼尾形。再用黄布将龙头、龙身、龙尾连接起来，曰"黄龙"。整条黄龙巨口张，目生光，角尖利，须飘扬，身婉长，尾刚劲，千鳞万甲，神采飞扬，威武壮观！

　　九节黄龙，寓意龙为九五之尊，其中黄色代表权力、财富，富含生活美好之意，又暗含客家人"久久长"的好彩头。

　　舞九节龙侧重于花样技巧，较常见的动作有：蛟龙漫游、龙头钻裆子、头尾齐钻、龙摆尾和蛇退皮等。舞龙中，不论表演哪种花样动作，表演者都得用碎步起跑，巨龙追珠煞是好看：忽而高耸，似飞冲云端；忽而低下，像入海破浪，蜿蜒腾挪。

龙灯平时一般放置在祠堂厢房。正月出龙时，乐队锣鼓开道，随着有节奏的铿锵锣鼓声，一后生持竿举圆珠，上下左右来回摆动，龙头也跟着舞动起来，全村老幼循声追赶在龙尾后面，顿时整个村庄沸腾起来了。在经过每户门前时，户主都会燃放鞭炮接龙。谁家是军烈属，谁家建造了新房子，龙灯都要光临其厅堂舞动一番。入门前，龙灯当在门前舞动一番，做上下遨游之状，寓意福临门。接着龙灯游动来到厅堂，在或急或缓的锣鼓声中，熠熠生辉的龙灯或潜游，或翻滚，或腾飞，或缘壁，或沉静，或狂欢，目不暇接，颇有"风箫声动，玉壶光转，一夜鱼龙舞"之古韵。龙灯辞行前，主人家定要给龙灯队一个大红包。

川坊村耍龙灯还有个习惯，就是不仅在本村耍，还要到外村表演，以满足各村群众的要求，并到镇上或城市宽阔的街头、广场去"赛演"。每当新春至元宵节期间，在此起彼伏的锣鼓声、鞭炮声中，各个民间"舞龙队"大显身手，引动万人空巷。舞龙的伴奏乐器主要有锣、鼓、钹等。川坊舞龙对周边的寨背、福庄、三峙、丰田等村影响很大。他们也效仿组建"七节龙"队。

川坊龙灯体现了人民群众的智慧和民间艺术的魅力，具有很强的艺术性和观赏性，并且在娱乐的过程中凝聚了人心。

舞　狮

　　狮子，是中华民族喜爱的一种动物。于是，舞狮成了人们喜爱的一种文娱活动。同时，它也是闽西客家人喜爱的文娱活动。武平人舞狮一般由四人组成，一人掌狮头，一人摆狮尾；其余两人，一扮"大脸"，一扮"猴子"。"大脸""猴子"戏弄狮子，狮子扑、跌、滚、翻，或前跃，或后顾，或腾空，或滚地，生动传神。舞狮者有较好的武术功底，特别是当狮子纵跳腾越几层高的八仙桌时，难度高，危险性大。二人必须配合默契，动作必须准确、劲健而又轻捷。表演舞狮时，必须有打击乐伴奏。鼓声指挥，锣钹相与配合，三合一体，效果极佳。乐队鼓师特别重要，鼓点节拍指挥着舞狮节奏。武平地区还流传着一种舞狮时专用的曲调，叫"狮鼓"，鼓声响时如疾风骤雨，缓时如清风徐来，鼓声与狮子动作神态相配合，妙趣横生，扣人心弦。狮分青狮、黄狮两种。表演前，锣鼓先行，"大脸"（或"猴子"）引狮向人礼拜。舞毕，仍由"大脸"（或"猴子"）引狮向人辞拜。

　　武东镇的舞狮表演主要分布在新东村的古崀、长坑尾，黄埔村的古楼背等村。

（本记　收集整理）

武东船灯

吴子荣

　　船灯，是客家文化中璀璨的文化遗产之一，相传起源于武平。武东村村都有打船灯的习俗，男女老少都会哼几句船灯曲。

　　船灯的历史悠久，仅凭口传，已有好几百年历史了。据福建省志、县志记载，传统的武平船灯，以单船表演为主，道具船舱的后上方正中挂有一面球镜作"夜明珠"，模拟清朝康熙皇帝恩赐的"夜明珠"，在其上方，镶嵌"圣旨"两字，船舱两边镶对联："江河湖海波涛涌，道迹通达远近遥"。船舱头部八字门头正中下方镶康熙赐牌匾"渔家乐"三字，对联为："歌舞升平颂盛世，箫笛和弦奏乐章"。船尾彩架上，挂一盏用于照明的灯笼，作夜行船之用。"灯"与道具"船"合称为"船灯"（船与灯的结合，是客家船灯的特色，也是与其他旱船的根本区别）。加上船头、船尾表演者的划船等舞蹈动作，谓之"客家船灯"。

　　据传，清朝康熙皇帝乔装出巡江南，至福建沿海，突遇风暴，险些丧命，幸投宿于一渔船。在与船家祖孙言谈之中，帝获悉渔家是武平人，为了生活，背井离乡，寻找生机，由于客事他乡，饱受渔霸欺凌，不得温饱，恻隐之心顿生。翌晨临别时，特赠夜明珠一颗，亲笔题赠"渔家乐"金匾和"圣旨"金牌各一。渔翁顿觉福从天降，惊喜交集，叩头跪接。以后，出海的渔民们再也不受渔霸欺凌，且有夜明珠之光，风雨黑夜，均可出海捕鱼。渔翁回武平老家走亲探戚，将这故事讲给乡亲们听了，后人便根据这一传说排演船灯歌舞。虽然史书和典籍对这一传说缺乏完整的记载，但从船体的传统构造和装饰可以证明，在船灯的道具即船舱的后面的上方正中有一圆镜为灯，模拟康熙皇帝御赐的"夜明珠"，从中可以证实这一传说的历史渊源。

　　据《平远县志》记载，两百多年前，船灯表演艺术从闽粤交壤地带的武平传入平远县差干乡湍溪村。至中华人民共和国成立前，各县流传的船灯舞表演形式和曲调均与福建省《武平县志》记载的如出一辙（见《武平县志》卷二十八之文化）。

"船"用木、竹制作，长约
3.5 米，腹宽约 1 米，舱内高约
1.6 米，外表涂以鲜艳的色彩，
配以花束、彩带、彩灯。船无
底，底部周围饰以约 0.6 米宽
的布条，称"水布"，用以遮挡
操船者的脚，全船约重 30 公
斤。船灯舞由 3 人表演，男、

武东船灯

女演员各一，男饰老翁，女饰孙女，分别在船头、船尾表演，另一个藏在
舱内操纵彩船，用一布条系于舱内前后对角处，绊在双肩上，双手抓紧前
后横档另一对角处。表演时，前后左右，停靠摇摆，全由操船者控制，舱
内舱外需动作娴熟，配合默契，才不失"水中行船"的韵味。伴奏乐器以
民间管弦乐器如唢呐、笛、扬琴、三弦、板胡、二胡等为主，有时还加上
锣、鼓、钹、铛等打击乐器，节奏明快，气氛热烈。曲调大多为民间小
调，如《渔家乐》《闹元宵》《迎风斗浪》《夜行船》《卖杂货》《十二月
古人》等，表演内容起初为爷孙两人出海捕鱼，娱乐升平。以后逐渐增加
男女谈情、劝世讽俗之类的内容，无一定程式。

操船控制者，叫作观音子，隐藏在船舱内将船体舞动，前后左右停靠
摇摆自如，但担船的必须懂得十番音乐，不然节拍不合；船上的艄公艄婆
则模仿划船行进等动作；舱内舱外应配合默契，自始至终给人以"船在水
中行，人在船中舞"的韵味。舞蹈动作则有出水、入水、划船、旋船、会
船、拉船、跳船，模拟船在水中行进、急水转弯、抢滩搁浅等动作。

船灯表演队伍庞大，有前堂（打锣鼓的）、打十番、舞船灯的艄公艄
婆等等。在逢年过节演出前，艄公艄婆要到一些名人家拜灯，提花灯的带
头，后面跟着前堂（锣鼓钹），打十番在中间吹拉《南词》《北调》《一枝
花》等步行曲，艄公艄婆扛着船灯在后紧跟，最后面还有一人提灯，要到
被拜访人家的中堂恭喜祝贺。艄公要头戴斗笠或草帽，腰束红腰带，艄婆
打扮得像渔家小姑娘一样。艄公艄婆都要神气活泼，必要时还要打情骂
俏。船灯表演完毕，还要回灯，跟拜灯一样，表示发财添丁。

　　在舞台表演时，船灯先放在舞台的左边（大片），出场时，担船的观音子先入船舱将船灯担至舞台中央，然后顺时针转三圈，艄公艄婆即可上船开始表演。十番奏响《八板头》，表演就开始了，接下来是《渔家乐》《十月怀胎》《一枝花》《竹篷船》《闹元宵》《卖杂货》《十杯酒》《洒金扇》《拆字问答歌》《状元游街》《螃蟹歌》《十二月古人》《凤阳花鼓》《瓜子仁》《雨打莲》等传统的民间小调，打船灯最后必须要打《搬灯》，不然不算完整，人家会责备的。表演的途中，艄公艄婆喊"添丁添丁再添丁"，示意着主家和观众们就要赏红包了，表示大家人丁兴旺，吉祥如意。当然这也是为提升表演气氛，使演员们更加卖力。

　　打船灯有很多规矩，不按规矩入村，船灯会被人烧掉的。船灯每到有人居住的地方，必须打锣、鼓、钹，不能冷灯；进村时，到了村的水口，大家都要步行，敲打锣、鼓、钹，表示喜庆；到了有福主公王或水口公王的地方，前堂（锣、鼓、钹）必须前去敬礼，以示入村先敬伯公，不得无礼。

马灯舞

刘国仁

炉坑村舞马灯的历史，可追溯到南宋时期（1127～1279年），北方中原一带民众因生活所迫，很多人举家南迁，其中有户姓饶的人家来到武平县武东炉坑村。传说，古时在巫妖无事生非、危害百姓时，有一匹杨家将的宝驹拯救了大众。人们为感谢宝驹的救命之恩，便组织人员仿效杨家将爱国爱家的忠心，用舞马灯来寄托对先贤的怀念，定于每年农历十月十三为祭祀日，春节期间同样以舞马灯来庆贺和祈福。舞马灯就成为武东炉坑村的祖传习俗。

马灯舞队和狮灯表演由于历史的原因也一度衰落。20世纪60年代，受破"四旧"和批判"才子佳人"风潮的冲击，岭下村的马灯舞和狮灯表演一度停息，直至现在只有在农历十月十三日祭祀日时才有些活动，在80年代后期开始有些复兴动向，但都是"旧壶装新酒"，丢掉了许多传统艺术。

现在的年轻人也很少知道舞马灯的传统内容和传统舞法，舞马灯前景堪忧。而舞狮队的人员需要有一定的武术功底，现已后继乏人，濒临失传。目前舞马灯技艺由民众集体传承，现主要骨干有炉坑村饶龙春同志等。

马灯舞

马灯舞演员需20～22人，道具纸马六只；其中打锣鼓四人，打鼓一人（指挥），打大钹一人，打乳钟锣一人，打小叫锣一人。表演时，14人分两队：一队为一人手执令旗，"杨宗宝"手拿马鞭；一人手拿船灯，"杨六郎"手握长矛；一人手提鱼灯，"穆桂英"手拿马鞭。另一队为：一人手拿船灯，"杨令婆"手拿马铜；

一人手拿鱼灯,"孟良"手握斧头;一人手拿盏灯为头,另一人手提灯押尾。其余 2~3 人做预备队员。

表演形式:听鼓音指挥,唱《十二月古人》歌。开始时走圆圈,唱"正月古人"时分队。两队一起出,跳出去后从两边角上出,边跳边唱。唱至"三月古人"时慢串花,唱至"十二月古人"时快速串花(叫跑马)。后二队蹉旗,马腾翅起后,往两边走成圆形时结束。

演出时,用骑马的动作扮演古代名人的"骑马",其他演员也穿古代民族服装。

武东炉坑的马灯舞,历史悠久,家喻户晓,是人们祈求国泰民安、向往幸福生活的一种传统文化习俗。马灯舞 2018 年被列入龙岩市非物质文化遗产代表性项目名录。作为客家文化的一朵奇葩,炉坑马灯舞世代相传,至今村里仍有一批热爱马灯舞的代表。饶龙春就是其中一个热心传承发展马灯舞的代表。近年来,他组织人员自筹资金,历经辛苦,终于使炉坑村这一传统文化得以恢复,重新焕发活力。为使这一传统文化传承发扬,决定在村部设立马灯舞传习中心,从娃娃抓起,让这一传统舞蹈代代传承下去。

方言竹板歌

王三妹　王福荣　温启坤

竹板歌，旧时称"叫花歌"或"讨食歌"，为乞丐或盲人用以谋生的技艺。用四块竹板伴奏，有单击、连击、联珠、拉据、刮板等手法，根据唱词情节作快、慢、哭、笑、拉、散、重叠等改变唱腔语调。举例如下。

劝君莫赌博

女：一劝郎莫敢花，赚到纸票（人民币）爱做家，
　　年轻力大要去做，老哩靠妹会过（较）差。你爱把话记心下。

男：一回妹𠊎爱花，趁妹吴健（没有）落到家，
　　世上赚钱世上用，冇人赚钱带世下（阴间）。哥赚个钱也带唔下。

女：二劝郎莫敢懒，有钱也爱做点添，
　　年轻力大唔去做，爷娘看哩也会淡，人人心肝一般般。

男：二回妹唔怕懒，六月天光难开担，
　　下田又怕乌蚊子，上山又怕路陡岖，风花落处多轻闲。

女：三劝郎爱赚钱，天晴爱防落雨天，
　　落雨又怕落大雪，大雪又怕结冷冰，冬天脱鞋全身冷。

男：三回妹不赚钱，有钱的人讲唔听，富人赛过天下富，左脚踏银右
　　踏金，目珠（眼睛）一杀（闭，喻死了）完了情。

女：四劝郎四四方，劝哥莫去赌博场，
　　看了几多富豪子，万贯家财赌到光，读书出来打流浪。

男：四回妹四四方，𠊎爱老妹好心肠，
　　勤俭节约把钱赚，金银玉镯都买上。让𠊎老妹更风光。

警世歌

　　红砻白浪雨茫茫，忍辱柔和是妙方；到处随流延岁月，终身安分度时光，莫把他人过失扬。

　　谨慎应酬莫懊悔，耐烦做事好商量；从来硬弩弦先断，每见钢刀口易伤，祸从口出惹灾殃。

　　招灾多为热心肠，是非不必争你我；好歹何须争短长，荣华总是三更梦，富贵如同九月霜。

　　生老病死有注定，甜酸苦辣自承当；人有巧计学伶俐，天自从容定主张，福禄自有百年长。

扑棋的玩法

　　玩扑棋时，在地上画一个棋盘（如下图），甲、乙两人对垒。玩法：每人各执六个棋子（一般用小石子或小瓦片作为棋子，也可以用小树枝代替，总之双方的棋子不能相同才好区别）。棋子放在棋盘两边的周围，玩前两人要"刺咚"（每人各出一个手指决定大小），以三盘两胜决定谁先动第一步棋。每人一次只能走一步棋，轮流进行。如果甲乙双方在同一条直线的交叉点上各有一个棋子对峙时，其中甲方动一步后有两个棋子，甲方就以二比一的优势把乙方的棋子吃掉。吃掉棋子的甲方还要说一声"扑"，乙方吃掉甲方的棋子时也要说一声"扑"，所以这种玩法的棋叫作"扑棋"。最后哪一方棋子先被吃光了就认输，输的一方要给胜利的一方"捶背"以示奖励。如果有时走得好，一步棋就可以把对方的两个棋子吃掉，这就叫作"一子打两扑"。如果两人的棋艺相当，也可能造成和局。玩这样的棋可以就地取材，简单易懂，很受小朋友们的喜爱。不过，这种棋法虽然看似简单，要下好还得动脑筋，不然就有可能一步走错，满盘皆输。

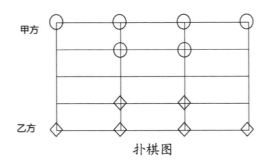

扑棋图

流行区域：武东乡各山村

忆儿时"扎马灯"

饶正英

我的家乡是武东镇黄埔村车头坪自然村。马灯是武东片区元宵节时闹元宵习俗的一种娱乐形式。元宵节晚上，小孩子在马灯的马头里点起蜡烛，在客厅里或游街串巷，吆喝着小朋友，双手撑着马灯，欢快蹦跳，一起闹元宵。

扎马灯的习俗流传已久，我家的"扎马灯"手艺是外公家传承下来的。我从小在母亲的影响下也学着扎马灯，而自己对马灯也有着独特的情感。虽然这个手艺赚的钱不多，也比较累，但失传的话太可惜，也对不起祖辈留传的手艺。

从儿时起，每到农历十二月，就要准备好编扎材料，如小竹竿（支撑马头的竹竿子）、竹篾、彩色纸等。制作方法：先把毛竹分别劈成30厘米、50厘米、70厘米长，再削成0.3厘米左右厚的竹篾，用竹篾扎成不同直径的圆形和椭圆形，再将圆形和椭圆形竹篾组合扎马头、臀尾形状。再在马头上装裱上彩色的纸，使马头鲜艳好看、炫目，然后用一根小竹竿撑起马头，使小孩能方便举握。每当过新年期间，一家人说说笑笑地吃过幸福的团圆饭，或大家一起走访亲戚，或行街游赏，或打开电视机收看春节联欢晚会，但这一切都与我们无关。我们家一直忙着扎马灯，而马灯的制作期间很短，要在正月初七至正月十五期间，做好后赴圩天（一般会去陈坑圩、六甲圩、高梧圩、寨背圩），把做好的马灯卖掉。

记忆特深的是去高梧圩，那天是赴墟天卖马灯的最后一天（正月十五），我和妈妈很早起床后出发，妈妈抱着一

元宵节马灯

大把（20～30只）马灯，我抱着一把（约10只）。我们从家里出发经过何屋、常进庵大山，再过乐畲村、黄柏村，最后到高梧圩，这一路过来，全是小路，通过的路段有许多没有人烟，而树木比较茂盛，总担心那些树枝把马灯纸裱面刺破。我们小心翼翼地抱着马灯，一路不敢停歇，同一姿势抱着马灯赴高梧圩。到了圩上，已经人来人往。圩上摆放有各式各样的灯具，如纸扎花灯、鼓灯、马灯、船灯等。我们编扎的马灯栩栩如生，总会吸引很多大人小孩前来购买，不久马灯就卖完了。此时，我和妈妈的脸上挂满笑容。

漫说挖冬笋的苦与乐

林勇桢　林亮明

在武东的大山深处，长年生长着一片片翠绿的竹林，每逢冬季来临之时，竹根底下深藏着不少的山珍——冬笋。

冬笋是宴席上的美味佳肴。每逢过年过节、婚丧喜庆、宴请宾客时，取冬笋肉这一食材，加入菜谱中与肉类焖、清蒸或炒煮，肉质脆嫩，味鲜且甜。竹笋含纤维素多、钙质高，有很高的营养价值。

每逢冬闲季节，村民成群结队，带着干粮，前往离村一二十里的大片竹林中去挖冬笋。为解除挖笋劳累，远处传来男女村民们动听悦耳的武东客家山歌。

挖冬笋虽是项简单的农活，但也有其窍门。一是寻爆头。所谓爆头是冬笋想长大出土时从土表层挤出的痕迹。在阳光充足、土层板结的区域，呈三角形的一般是冬笋的穴位。如果发现裂痕过于明显或呈直线形，则不是长的冬笋，可能是嫩竹根或树根。二是如果大年毛竹周围，未发现土表爆头，也没发现地面突出的竹根，这说明此处的竹笋长得深且大。可沿毛竹最下端两根竹枝头指示的方向深挖土层，寻找竹根。一旦找到竹根（一般在 30~60 厘米深），要小心紧跟竹根走势去挖。如果挖到竹根周围有数根或许多白色鲜嫩的根茎时，就说明找到冬笋了，此时得小心挖，多条大笋将至，这种方法叫"挖笋不到寻竹根"。此种方式花时间、花力气，不过挖到的笋大、产量高。三是数九寒天大雪封山时，挖笋就要去寻找有雪层局部下陷的地方，那儿就是长冬笋的地方。因为冬笋在地里每时每刻都在生长，与土壤摩擦会产生热能，导致雪层局部融化下陷。在此处小心地挖，百分之百能挖到冬笋。四是当发现笋时如何取出竹根上的笋至关重要。找到笋时，小心轻挖，清除笋周围的泥土，如果笋大根多，必须用刀或锄头先切断周围的笋根，然后切断笋蒂，用锄头轻轻地撬出冬笋。

挖冬笋是一项极有趣的作业，又可增加收益，是农村老百姓赚钱谋取生计成本最低的一种方式。近几年来，毛竹已产业化，冬笋的产量与产值与日俱增。就拿我们家乡来说，冬天挖冬笋，赚上万把块钱的大有人在。时下挖冬笋也成为节假日寻找美味佳肴、游山健身的一种乐趣。

夕阳西下，村民们兴高采烈，踏上返家的路，又唱起了武东客家山歌：

男：月落西山红霞飞，冬笋一担重别哩。

有心老妹等一驳，当得汀州搭船归。

喔嗬！

女：月头落山坳里黄，坳里来哩倕个郎。

日不同食多作业，夜里睡目共铺床。

嗬喂！

村民们嬉笑声一片，踏着晚霞，挑着满满的胜利果实，你追我赶奔走在回家的路上。

趣谈武东农村古时建新房习俗

野　草

编者按：武东客家人一向珍惜耕地，大多把房屋建在依山傍水的山坡、旱地上。而这些地方往往又是埋葬死人、野兽虫豸出没之处。因此，以前武东人建房非常慎重，致使建房习俗复杂而烦琐。有的习俗，至今仍有一定的借鉴作用，为存史需要，今辑录如下。

当人们积攒好建造新宅的资金后，就设下丰盛酒宴，请地理先生坐上席，吃了鸡鸭鱼肉。酒行数巡后，地理先生揩了揩油嘴，踏着方步来到新宅基，仔细察看地势。他看罢前山后垅、左右山水以及水源的来龙去脉，再端起罗盘，按天干地支二十四方位测算。公房以子午为佳，俗称"天下衙门子午向"。私宅则以壬丙、丙壬、乾巽、巽乾为最佳方位。选罢方位，再与房屋主人、一家之长的生辰搭配测算，相生为佳，相克为忌。确定新宅地点后即可选黄道吉日动工兴建。动土之日，热闹非凡，他们开列全家男丁生辰八字，红烛高香，杀公鸡祭告土地。整个礼仪由地理先生执导，他手提金鸡，高声唱道：

> 日吉时良大吉昌，起工建造正相当。
> 手提金鸡对凤凰，伸得头高尾又长。
> 前有朱雀重重起，后有龙虎坐高岗。
> ……

唱毕，即燃放鞭炮，杀鸡发彩，屋主领合家子孙挥锄舞铲，率先动土开基。泥水匠们吃饱喝足，又腰揣红包，劲头十足地跟在后面猛挖起来，一时间人声鼎沸、尘土飞扬，好不热闹。

墙基筑罢，木匠师傅驾临，又要燃烛放炮，宰鸡发彩，祭告鲁班祖师后，木匠师傅取出斧锯劈造木马，又是一场闹腾。到了上大门框，仪式仍然重演一番。

上大梁，是建房全过程的关键之举，习俗也更加有趣。事先屋主会同木匠师傅上山"侦察"，不管谁家山林，均可任意选定主梁木料，明目张胆地动斧砍伐。主梁木以双心材为上品，大树放倒时，树梢绝对不得着地沾泥，以保持主梁木洁净，保佑屋主合家平安。被伐林木的山林主如果是个糊涂蛋，那就省事多了，砍倒运回了事。如果林木主人事先得知有人某月某日要砍他家山林某树，也必须视而不见、充耳不闻，任其砍伐运走，而在上梁之日带上米谷，抬送建宅之家，以示恭贺。当然，新屋之主也不含糊，既然哥儿们找上门来了，就得以礼相待，按梁木所值加上消受米谷的多寡，折银钱一并奉还，阔气的还可多包银两。这种习俗，正是体现了客家人豁达大度，一家有喜、四邻同贺的良好风尚。

旧时，上梁的礼仪也是郑重其事的。选择的日子是与全家男丁生辰八字相吻合的大吉日，烧香鸣炮后，祭梁仪式隆重开始。木匠师傅一手提大公鸡，一手操斧，以斧敲击大梁，放声而歌，歌曰："日吉时良大吉昌，今日祭梁正相当。"随之刺鸡，以血淋梁木，再唱："一点红，祭梁头，儿孙代代出公侯；二点红，祭梁尾，子孙代代都富贵；三点红，祭梁中，代代子孙在朝中。"再取铜钱十二枚，粘上鸡血，撒上白米、芝麻，在梁中心钉上锡制八卦，挂上盛有金、银、米、笔墨、历书的小红布袋，示永保屋主合家安康，枝叶繁茂，代有才人。祭梁礼毕，匠工、家人与前来祝贺的亲友云集新房，以观上梁盛举。长长的鞭炮噼啪声一停，木匠师傅发彩声顺口而出，一面向人丛大把抛撒染红的米粒。他唱彩一句，大家就边喊"有啊！"边提起衣角，兜接迎面撒来的红米，木匠们则冒着劈头盖脸而来的"红米雨"呐喊起梁。主梁在一片喝彩声中，由两位年轻力壮的后生，用大红布绑住梁头梁尾，将大梁平平缓缓上升。上梁时，要特别注意平衡，以示宗族内的各兄弟均平衡上升，不分先后，一齐兴旺。直至平稳地上到屋顶，妥帖地落在屋架顶端。奇特的是在主梁之上还有一根屋顶梁，主梁与屋顶梁间隔几尺，所谓"梁不载四两"，梁上有梁，这就是客家屋与其他民居不同之处。

上梁大功告成后，须得隆重庆贺一番。亲友们纷纷赠送贺礼，公鸡、挂面等食物送入厨房，中堂对联张挂起来，舅公、舅舅等长辈则送来寓意深长的糖糕。主人把糖糕一切为二，一半回礼，一半分赠参加建房盛典的人们，然后在新客厅内摆下宴席，大宴宾客。地理先生坐首席，木匠二，泥水三，而后亲友分长幼依次落座。其时呼拳喝令，一片沸腾，匠工们收到大红包，明日休假一天，自是开怀畅饮，大吃大喝。主人见新厦将成，乔迁近在指日，尽管客人们醉得东倒西歪，也毫不介意。

　　房屋竣工后，还有一道仪式，叫作"出煞"，典故来自鲁班大师。传说鲁班大师首次建万花楼，重檐飞甍，高入云霄。大厦建成之日，八方鬼怪见高楼巍峨多姿，不胜喜爱，都来观赏，觉得在这里挺舒服，都住下不走了。鲁班师傅只好请来道士，设道场，烧符念咒，驱赶鬼妖，后形成习俗延续至今。新房出煞时，主人待深夜之时，在新客厅中摆下八仙桌，桌子中央放一斗新谷，接着木匠摆上曲尺、墨斗、铁凿，泥水师傅奉上准绳、直尺，地理先生安放罗盘，主人点燃香烛。这时道士头戴云冠、身着道袍、手持桃木镇妖剑，烧符纸、喷法水、念动咒语驱妖。木匠、泥水匠也在一旁助威。木匠师傅拿起曲尺边敲边叫："日吉时良天地开张，鲁班弟子新造法堂，双手把尺四周丈量，妖魔鬼怪远走他方！"泥水匠也握着直尺大声嚷嚷："五尺头上一个钱，给你邪鬼做盘缠。五尺头上三张纸，给你邪鬼做纸钱。逢山山要过，逢石不能挡；逢水也要过，不必造桥梁。"然后木匠、泥水匠合唱："斧头弯钩不能回头，若要回头先斩后奏。"这时主持人手提雄鸡（有的也用小狗或大肥猪）在厅中宰割，让牲畜的血洒到屋内的各个角落。家人们手持竹片，到处敲打作响，喊杀声不绝于耳。折腾一大阵子，众人才跟着道士，浩浩荡荡冲出厅去，直冲到河沿或池塘边，方才收兵回营，算是把"鬼"送走，新家可以安居了。

　　几番闹腾，直至大厦落成，乔迁完毕，这一带才得安静下来，农耕操作又回到了日常轨道上来。

客家与畲族的关系

王增能

　　闽、粤、赣三省交界地区，是今日客家聚居的大本营，也是历史上畲族聚居的大本营。至迟于公元 7 世纪初，畲族人民就已在这些地区繁衍生息了。而客家人大量迁入这些地区，是在唐末动乱、五代更迭时期以及蒙古南犯、宋元交替之际。就是说，这些地区的畲民是主，客家是客。弄清楚这一点，对于探讨客家与畲族的关系是至关重要的。

　　今日闽粤赣边区的畲民已不多了，可是历史上遗留下来的带"畲"字的地名却仍然非常之多。仅据武平、连城、长汀、龙岩、上杭、永定六县《地名录》的记载，带"畲"字或"輋"字的地名就有一百三十八处。仅小小的武东乡，带"畲"字的行政村名就有三个（袁畲、上畲、张畲）。这么多带"畲"字的地名不会是无缘无故地从天而降。这些带"畲"字或"輋"字的地名中，又以永定县的两个地名特别值得注意，一个是湖雷乡的"客祖輋"，一个是堂堡乡的"客輋坑"。前者说明客家未进来之前，当地之土著民族系畲族；后者说明客家迁来之后，客家与畲族是杂居的。

　　"輋"与"畲"是两个不同的字，它们之间又有什么关系呢？其实，"輋"字即等于"畲"字。客家话"畲"字一概读作"輋"。普通话的"輋"音 xié，客家话的"輋"音 qiǎ（卡）。胡曦《兴宁图志考》輋人条云："曦案：輋本粤中俗字，兴宁大信輋、上下輋、菜輋诸地，皆旧輋民所居也。或又书作畲字，土音并读近輋，皆六书之所未有也。"可以作为佐证。普通话"畲"字读音有两种，shē 或 yú，而"畲"字只能读 shē，不能读 yú。其实，"畲"字与"畬"字含义差不多，为避免读音的混乱，遂以"畲"作为这一民族的规范字。"輋"代"畲"，是客家人的以音正字。这是需要特别说明的节外生枝的问题。

　　现在，就有关畲民之历史记载，来进一步阐明先于客家或与客家同时杂居于闽、粤、赣三省交界地的人们到底是不是的的确确的畲族。

　　"唐时初置汀州，内徙地民居之，而本土之苗仍杂处其间，今汀人呼曰畲客。……《明史·地理志》中畲字仅见于漳平县有百家畲祠，龙岩、安溪、南靖、龙溪、漳平五县之交。是闽地之蛮，皆称畲也。"（杨澜《临汀汇考》卷三《畲民附》）

唐昭宗乾宁元年（894 年），宁化县爆发了声势浩大的畲民起义。"是岁，黄连洞蛮（畲民）二万围汀州（黄连洞，在汀州宁化县南，今潭飞礤即其地），福建省观察使王潮遣其将李承勋将万人击之；蛮解去，承勋追击之，至浆水口，破之。闽地略定。"（《资治通鉴》卷二百五十九，《唐纪》卷七十五）

宋真宗天禧（1017～1021 年）中，陈闱"知武平县事，洞獠（畲民）久为民害，闱立斥堠训练士卒以防备之"。（《武平县志·官师表》，卷七）

宋理宗绍定二年（1229 年），汀州等地爆发了范围更广的畲民起义。"汀、赣、宁、建昌蛮僚（畲民）窃发"，"钟全相挺为乱"。（《宋史》卷四十一）

宋光宗绍熙中（1190～1194 年），上杭县等地爆发了畲民起义。"上杭峒寇（畲民）结他峒为乱，州判赵师瑟擒其渠魁。"（《临汀汇考》引《福建省志》）

宋端宗景炎二年（1277 年），汀州畲民参加了宋将张世杰领导的抗元斗争。"张世杰会师讨蒲寿庚，有许夫人统诸峒畲军来会，汀畲亦在其中……"（《临汀汇考·兵寇考》）

元世祖至元十六年（1279 年）五月，汀州等处畲民爆发了英勇的抗元斗争。元世祖"诏谕漳、汀、邵武等处暨四十八洞畲吏官军民，若能举众来降，官吏例加迁赏，军民安堵如故"。（《元史·世祖纪》）

元世祖至元二十五年（1288 年），"汀、赣畲贼千余人寇龙溪，讨平之。"（《通鉴后编》）

元顺帝至元八年（1348 年），"畲寇起临汀（汀州），有旨进讨，辄伪降以频我师。"（元刘埙《平寇碑记》）

明洪武十八年（1385 年），上杭县爆发了钟子仁领导的畲民起义（《汀州府志》卷五）；明成化十四年（1478 年），上杭县又爆发了钟三领导的畲民起义（《临汀汇考·兵寇考》，卷三）；清嘉庆二十四年（1819 年），汀州又爆发了一起畲、汉人民联合反抗官府骤涨盐价的斗争。

刘铎修《江西通志》卷四十八《舆地略·风俗》南安府条云:"当五岭最东,为交广襟喉,地多瘴,与輋人(畲民)杂居,颇受其害。"

严如煜《洋防辑要》卷十五《广东海防略》下云:"畲蛮,岭海随在皆有之,以刀耕火种为生,衣服言论,渐同齐民……"

钟用龢《粤省民族考源》下篇云:"其(梅州)土著号曰輋人,或即原始土著,抑为越族先民,未敢武断,要非客族所自祖……又土户輋人,别于元至正间,啸聚梅塘,为寇,招讨使陈梅尽灭之,故主户亦无残余。明初潮州尚设輋官,程乡则无,是其明证。"

诸如此类的史实,真可以信手拈来,不胜枚举。

温仲和《嘉应州志》卷七《方言》案(按)语云:"故《太平寰宇记》载梅州户,主一千二百一,客三百六十七,而《元丰九域志》载梅州主五千八百二十四,客六千五百四十八,则是宋初至元丰,不及百年而客户顿增数倍,而较之于主,且浮出十之一二矣……"所谓主,指的就是畲族;所谓客,指的乃是客家。客家迁来之初,闽粤赣边的土著(即畲族)的人数是占绝对优势的。但由于客家带来了较为先进的汉族文化和生产工具,于是在自然淘汰、适者生存的人类之演化过程中,这些地方的畲族大部分已被本地的客家人所融合,少部分则从明代中叶以后陆续迁往闽东、浙南等地,留在闽粤赣边的畲民已为数甚少了。但是,一个民族在融合另一个民族的同时,却始终伴随着被融合。所以,客家亦难免受到畲族的诸多影响。客家与畲族的关系非常密切。兹略举数点如次,以见关系之一斑云。

第一,客家的血缘曾与畲族发生过相当的混化。

美国的人类学研究者亨丁顿,写过一本书叫作《人类的性格》,其中之《自然淘汰与中华民族性》篇章云:"客家人是十分纯粹的华人,他们可以说完全没有和外族的血缘发生过混合;除非很古的时候,在中国北方和很早的一派蒙古人发生过关系。"又说:"他们(客家)是今日中华民族里的精华……好像牛奶中的奶酪。"对客家的"纯粹"和"精华"可说是推崇备至了。其实,从大量的史实来看,所谓华人,根本就没有"纯粹"的血统可言。永嘉以后,匈奴、鲜卑、羯、氐、羌相继进入黄河流域,这是一个很明显的诸族血统大融合的时期；赵宋以后，则更有辽、金、元、清等北方少数民族，接二连三入侵中原，进入了汉族腹地，汉族固有的血统又不断地被混杂了。这主要是指北系汉族而言。南系汉族的情况也差不了很多。如越海系、闽海系、南汉系、湘赣系等，都与其他民族的血缘发生过相当的混化，不过混化的程度有深有浅罢了。至于客家是个自北南迁的民系，南迁前有无与北方少数民族混化姑且不论，南迁后曾与当地土著混化，则是一个非常明显的事实。这是因为客家在辗转迁徙的时候，免不了要受种种诸如自然淘汰等的规范，其老弱病残者很难达到安全的境地，就是身体不很结实的女人，也不容易与男子一同奔避，结果能够到达目的地的，十之八九是精壮男子。这些男子已很难娶到同系的女人为妻，因而不得不与当地的土著妇女通婚。这个土著就是畲族。本文在未阐明客家与畲族的关系之前，之所以要占用一定的篇幅来论证闽粤赣边是历史上畲族聚居的大本营，原因也就在这里。胡曦《枌榆碎事》一书就有关于客家男子娶畲族女子的记载。这么说来，谓客家为"纯粹"，为"精华"，就很值得商榷了。

第二，畲族没有本民族的文字，却有自己的语言，属汉藏语系，与客家方言很接近。据云浙江括苍一带和福建南平、福鼎一带的畲语基本上与客家话相通。这说明畲语很大程度上受到客方言的熏陶，客方言也从畲语中吸取了某些营养。

第三，畲民的服饰对客家妇女的影响很深。过去客家妇女的辫发很多是盘成高髻的，状如独木舟，谓之"船子髻"，系以红绳，插以银簪，髻上可套凉笠，髻端外露前翘，笠沿周围垂下长约五寸的五彩布条，微风吹来，彩条飘拂，确是别有一番风韵。穿的是右侧开襟上衣，衣领、袖口、右襟沿及衫尾四周，缀以花边，宽约一寸。裤头阔大，裤裆较深，裤脚口亦缀以花边。着的是布鞋，鞋面由两片色布缝成，鞋端略往上翘，状似小船，上面用五彩花线绣了花。身上还系着围裙子，用银练子系结，裙子状如"凸"字，其上半部也绣有花卉或图案，如此等等。

第四，客家人的其他礼俗亦颇似畲民。如过去的客家女子大多数夜晚出嫁，男家点篾子或松明火把迎亲，女子婚后第三天即回娘家，谓之"转门"。

第五，畲族妇女和客家妇女都不缠足。这是因为客观环境不允许她们缠足。畲族和客家都有一个辗转迁徙的历史，不能没有一双大脚，畲族妇女和客家妇女都负担着繁重的体力劳动，也不能没有一双大脚。所以，客家人一向是抵制裹小脚的。太平军的死对头曾国藩特别憎恨太平军的娘子军，口口声声讥笑她们是大脚蛮婆，可见太平军中客家妇女的本色。

第六，客家人和畲民都爱唱山歌，常用山歌来抒发种种喜怒哀乐之情。特别是客家山歌继承和发扬了《诗经》十五"国风"的优良传统，其思想内容和艺术风格都极足称道，可说是中国民间文学宝库中一颗璀璨的明珠。

香港《文汇报》报道过一则《台湾举办客家民谣歌唱比赛》的简讯：

> 台湾一九八四年客家民谣歌唱比赛，昨日上午（二月二十二日）假竹东儿童乐园隆重举行，吸引了万余民众前往聆听。
>
> 参加这次歌唱大赛的歌手，计有老山歌组十七人、长寿组五十四人、山歌仔组七十人、平调组八十六人、男女对唱组三十六人，共二百六十三人，人数之多为历年之冠。
>
> 其中年龄最大的是居往芎林乡一〇三岁的刘叶四妹。
>
> 年纪最小的是来自芎林乡的林瑞珠小妹妹，今年仅五岁大；她有一个"山歌世家"的环境，自幼耳濡目染。因此，年纪虽只有五岁，但唱起山歌却是有板有眼。（见《参考消息》1984 年 3 月 22 日第二版）

这则简讯颇有意思。它说明了海峡彼岸的客家同胞和大陆的客家人一样，都酷爱山歌。

著名诗人黄公度对客家山歌推崇备至。他说："以妇人女子矢口而成，使学士大夫操笔为之，反不能尔。以人籁易为，天籁难学也。……念彼岗头溪尾，肩挑一担，究日往复，歌声不歇者，何其才之大也！"

第七，畲民种菁，客家人也种菁，是过去畲民和客家人主要的经济收入之一。大约明代以来，闽浙等地的畲民，就已开垦荒山，种制青靛，被称为菁民或菁寮。他们种制的青靛，不仅量多，而且质好。汀州各县的县志都有关于客家人种蓝（种菁）的记载。如《武平县志》云："取其茎叶用石灰水浸烂澄淀以作染料，谓之靛青。自洋靛由外输入，而土靛不消，种蓝者少矣。"《上杭县志》云："邑人曩时业此者甚夥，多获厚利。各省县多有上杭会馆，皆此业商人捐资所建……是此业乾隆以前已盛矣。"

　　观乎上述，则客家与畲族关系之密切，可明矣。

"上梁"习俗

刘志和　邹崇光

农村习俗，盖新房子时，一般要在厅堂中间靠檐口处放根粗大的枕木叫作"梁"，又叫"分油梁"，形如虾。放梁时，须请地理先生来呼龙。还要准备一条长达五米的红布，大米一碗头，五色布加铁钉。下方的中间钉一个钩子，备添丁时悬挂花灯，意指粮丁兴盛、万代富贵的意思。

呼龙时，先生手持红布，高声叫道："手持红罗万丈长，厓今拿来缠栋梁，左缠三转生贵子，右缠三转状元郎。"

好话讲完后，念长诗一首，曰："恭维栋梁在青山中生长，品质优良，厚得天地精气，多受日月宝光，材成有用，取作大梁，茅庐因而灿烂，陋室得以辉煌，民斯居于期，兴丁而粮盛，冀尊神之维护，传万代愈弥昌，神降赐福，万寿无疆。"

汉语习惯用词"栋梁之材"的"栋梁"，即房厅中的中梁。

闲话武东民俗门、房、灶的"宜"与"忌"

四　维

中国传统文化的核心是"天人相应,天人合一",将人与自然视为一个彼此联系、相互影响、不可分割的整体。客家人大多居住在山区,瘴气山霾四季常有,豺狼虫豸出没无常,为保平安,他们非常重视周围的生态环境,形成了一整套独特的"风水"理论。虽说"风水"理论存在不少糟粕迷信的内容,但经过研究也能发现其中有许多原始的科学的萌芽,值得今天的人们借鉴。

客家风水理论认为,房屋设计与房屋风水有如人体,室内空间有如人体各个器官,均有新陈代谢的作用,气在室内必须平衡普遍地流通,从大门通道到卧室、厨房之气要顺畅地出入,室内居住的人才能获得健康平衡之气的滋养。这种气,不能太强,也不能太弱,要适中,方为吉利。

一　门的布局

古人云:"宁为人家立千坟,毋为人家安一门。"便可知门之重要。门是住宅吐纳气的门户,宜有足够的空间,大门明亮开朗者,代表前途远大,具有充分的发展空间与机会。宜开在吉方、旺方,没有任何负面的地形、地物方为合格。中国传统的南北东西四大方位分别以四种灵性动物来象征性地表示:孔雀(朱雀)、蛇龟(玄武)、青龙、白虎。一般的房屋开门有四个选择:开南门(朱雀门),开左门(青龙门),开右门(白虎门),开北门(玄武门)。风水学以门的前方有名堂为吉,以开中门为首选。如前方无名堂,以开左方门为佳,因为左为青龙位,青龙为吉,而右方属白虎,一般以白虎为劣位,在右方开门就不佳。而开北门为玄武门,更是不吉,亦有败北之意,所以家居定要慎开北门。为去水,此时宜开左门来牵引收截地气,此门叫青龙门。入门宜有"三见"。①入门见红,也叫开门见喜。入屋放眼则有喜气洋洋之感,给人温暖、振奋、心情舒畅的精神感觉。②入门见绿。即一开门能见到绿色植物，显得生机盎然同时也有明目之功效。③入门见画。若入门就能见到一幅雅致的图画，一能体现居者的涵养，也可缓和进门后的仓促感。故一般客家民居的厅堂中都挂有一幅精致的中堂画，中堂画下面的厢桌上放置瓶栽千年青，或在天井中间摆放几盆绿色植物。入门宜有"三不见"。①入门不见灶。古人云："入门见灶，钱财耗。"入门见灶，火气冲人，有许多不利影响。②入门不见厕。一进大门就见到卫生间，则就如秽气迎人。③入门不见镜。古人认为镜子会将财气反射出去。如果不是直对煞与污秽之物等，则镜子不宜正对大门。

客家人传统住的大门均设有门槛。进出大门均要跨过门槛，起到缓冲步伐、阻挡外力的作用。门槛还明确地将住宅与外界分隔开来，同时门槛还可以挡风防尘，又可把各类爬虫拒之门外。古人还认为，门槛可阻挡外部不利因素，防止财气外泄，对住宅风水颇具重要性。门槛完整，则宅气畅顺；如果门槛断裂，便如同屋中大梁断裂一样，极不吉利，必须及时更换。另外，客家人忌讳楼梯正对大门。如果楼梯正对大门，表示财气从高处往低处流，并且直奔大门而流失。

二　房间的布局

古人认为，主人房的风水好坏，对住宅运气的影响仅次于大门。它要求位置吉利。房间的形状不宜狭长，因为狭长者不宜通风，易藏污气；光线不宜太强，以免影响休息。眠床的摆设不宜被厨灶挤压，不可临近强光，不能正对或背对房门。因为眠床乃人休息之处，宜静不宜动；门乃气口，在开关之时，无形之气冲击床位，大为不妙。床头不宜朝西；床位不宜对梁柱，也不可贴地。否则不通风，容易造成腰背酸痛。床头柜以圆形或椭圆形为佳，以免柜冲击头部。

三　厨房的布局

客家传统风水认为，厨房的位置和里面的摆设，占有很重要的位置。

因为它主管一家人的健康、子嗣和财富。

怎样的厨房才算是一个吉利的厨房呢？客家人的传统习惯认为有以下几点。

1. 厨房以灶门为准，应设在宅的南方，其次是在东方或东南方。忌设在北方、西方或西北方，也不宜设在家的中心，因为住宅的中心最忌受污。

2. 厨房切忌在主人房的隔壁。

3. 厨房内切忌有厕所，或厨房门与厕所门相对。

4. 厨房内阳光要充足，最好有阳光照射，空气流通要顺畅。

灶台是厨房中的核心，安法正确则可利于健康、功名和婚姻。《解凶灶法》指出，灶乃养命之源，万病皆由饮食而得，灶宜安生气、天医、延年三吉之方，不宜在凶方。若在坐北朝南的住宅中，生气即指东南方，称之为上吉；天医即指东方，称之为中吉；延年即指正南方，称之为下吉。这三个方位都是吉方，故利于安灶。

虽然生气、天医、延年三个方位都是吉方，但如何安灶还应该按照住宅主人的不同情况去具体实施。如功名不利，则宜安生气灶；如健康不佳，则宜安延年灶；如婚姻不顺，则宜安天医灶。

武东的禁忌习俗

　　客家人历来重视禁忌和避讳，小孩病了叫"唔乖"；中药叫"茶"，吃中药叫"食茶"；人死了叫"走了""上山"；问人在何处谋职、打工叫在何处"高就""发财"；农历新年期间和农历每月的初一、十五不敢骂人、吵架，不能去探望病人，不能去丧家，等等。禁忌和避讳，是民间普遍传承的文化现象，属心理民俗范畴。它在中国汉族社会中早已产生和流传，汉族古代文献中也不乏这方面的记载。《礼记·曲礼》云："入竟（境）而问禁，入国而问俗，入门而问讳。"禁忌习俗从古至今，在不同的环境和场合均普遍存在。它源远流长，内涵也极其丰富。它渗透到人们的物质生活、社会生活和精神生活的各个领域。

　　禁忌和避讳的最初形成，大都出于某种功利目的，是用来规范人们的思想、道德和行为的。一种持续均衡状态的社会，靠社会的内部机制来维持，而禁忌习俗和禁忌观念在维持社会均衡中，起了道德和法律（习惯法）规范作用，而且不少禁忌，是有科学道理的，这也是禁忌习俗代代相传、历久不衰的原因。但是人们往往无视这种因素，因此割断禁忌与思想、禁忌与行为、禁忌与社会状态之间的联系，结果使社会状态的均衡遭到破坏。

　　民间禁忌和避讳是一个复杂的大千世界，也是一个神秘的封闭的文化系统。在众多的禁忌和避讳事象中，有些禁忌和避讳的起因和功利目的是可以解释的，有些禁忌和避讳只表达一种意象，世世代代就这样流传，很难给以确切的解释。这无法解释的禁忌和避讳也可能是由时代和社会生活的变化造成的。即某种禁忌和避讳在其产生时，意义十分明确，但随着时代的变迁，生活发生了变化，禁忌和避讳的原义消失，变得不可解释。从现在的眼光来看，不少禁忌和避讳的民俗带有封闭性和封建迷信的色彩。这需要在今天的精神文明建设中加以革新或破除，客家禁忌和避讳的民俗亦是如此。现将武东民间普遍存在的一些常用的禁忌和避讳习俗归纳记述于后，俾愚者戒，贤者鉴。

行为禁忌

忌祭祀时以手指神牌位，因用手指有"轻蔑"之意。

忌用牛肉、狗肉祭祀。因牛耕田有功，狗守门也有功。

忌把用来祭祀的鱼打鳞去鳃，否则，因鱼不全，则有心意不全之意。

忌用吃过的东西祭祀。否则，认为心不诚。

忌鸟粪落在人身上，这种巧合被认为是不祥之兆。

忌孕妇参加婚礼、丧礼、祭祀活动，孕妇被称为"双身子"，若她们参加，则视为不吉利，对孕妇本人也极为不利。

忌母鸡学公鸡啼，认为这是不祥之兆。

忌"万年青"（一种室内瓶栽植物）开花，认为衰运即至。

忌砍伐伯公树，否则会有遭灾之祸。

忌在有关"风水"的地方乱砍树木、乱挖土。

忌跨小孩头顶。否则，认为小孩长不高。

忌见流星坠落。否则，见者不吉。

忌听乌鸦啼，认为乌鸦啼叫必死人，是不祥之兆。

忌平时在村头、路边露天烧衣物。因为家里死了人才将死者用过的东西、衣物放在村头、路边露天焚烧。

忌抓在路边、树上呆立的鸟禽，否则会带来疾病。

岁时禁忌

忌大年初一、初二日扫地、倒垃圾。否则，认为财气外流。

忌大年初一杀生。

忌大年初一吃番薯，恐会招致新的一年无米饭吃。

忌大年初一吃稀饭，恐会招致新的一年穷困潦倒。

忌在"入年界"后到"出年界"前（农历十二月二十五日至正月初五日）看医，尤忌大年初一看医、煎药。否则，会招致家中年行衰运，病人不断。

忌大年初一放鸡放鸭，因这些禽畜弄脏了地方，会得罪财神爷。

忌大年初一借钱给人。否则，会招致一年内"钱财外流"。

忌"入年界"到"出年界"期间，用大、小便浇菜。否则，会招致"肥水""财气"外流。

忌大年初一到别家吃饭。否则，被认为年内会变穷乞讨。

过年时，忌言"杀""死"等不吉言语。若小孩说出忌言之时，大人则马上以"童言无忌"来挽转。

逢年过节时忌打碎器物。否则，招致不祥。若已出此事，家人应以"大发""越打越发"来安慰和禳解。

过年时，有人在外边喊要及时答应，被喊者不在家，其他人也不能说"他不在家"。否则，认为他一年将不顺利或有大祸。

过大年时应自动起床，忌被人叫醒。

忌大年初一大声叫骂。否则，认为赶走财气、平安。

大年初一早上，对去睡觉的守岁人，要说去挖"金窖银窖"，莫说"睡觉"。

两性禁忌

男人忌从晾晒的妇女衣裤下走过，恐妨碍男人的运气。

男人忌被人用女人衣裤甩打。否则，认为是一个男子的大耻辱，沾上不尽的晦气。

忌女人抽烟，怕"心黑"。

忌女人来月经时性交。

婚姻禁忌

忌生肖相克。有"白马犯黄牛""羊鼠一旦休""蛇虎如刀绞""鸡犬泪交流""猪猴不到头""龙虎两相斗"等婚忌。

忌结婚礼品落单数。

忌同姓人结婚。

新娘出门时，忌遇出殡，忌听见致哀炮鸣，忌见行人挑担的扁担、绳子断。这些都被认为有"恶鬼"拦路，是不祥之兆。

忌办结婚酒时打破器具。否则预示夫妻不团圆。

结婚时辰不到，忌新娘进入新郎家，怕以后新娘不跟新郎在一起。

新娘进新郎家时，忌踩门槛，怕将来媳妇不落夫家。

丧葬禁忌

忌在外恶死（恶死包括溺死、上吊、雷击、遭杀等）。

忌把在外恶死者抬回家中，一般抬回放在门外的大路旁边，等候入殓。而且，与正常死亡不同，不是头前脚后抬运，而是脚前头后抬运，以示反常。

忌病人床上的蚊帐未拆开而断气。否则，认为死者灵魂升不了天。

尸首入殓时，忌孝男孝女和在场人的人影照入棺材。

忌死者不瞑目盖棺。

出殡前停尸守灵，忌猫近前或从尸体上越过，怕诈尸。

忌服孝期间化妆、穿华服。

亲人亡故时忌说"死"，一般称"走了""去世了""过世了"。或说文雅一点则用"仙逝""逝世""作古"等。

忌在服丧期剪发、参加宴会和文娱活动。

生育禁忌

忌孕妇与孕妇同睡或同娩，以免"喜冲喜"，难免有一方不吉。

忌孕妇夜间外出，怕胎神抵挡不住夜间出没的鬼煞邪气。

忌孕妇房中放姜，认为放了姜，生出的孩子会多手指多脚趾。

忌孕妇看傀儡戏或凶恶打杀的戏剧。否则，生的子女会患软骨症或流产。

忌在孕妇房中动剪刀、动针线，恐使孕妇生下瞎眼或无耳孩子。

忌在孕妇房内搬放东西、修补墙壁，恐触犯胎神，使孕妇头晕腹痛，或流产，或小产，或生下五官不正、四肢不全的怪胎。

忌在孕妇房内捆扎、穿凿、钉钉子等，恐生下十指不伸、眼瞎、耳聋、脚跛或大小眼的婴儿。

忌在孕妇房内放红纸等色纸，恐生下的小孩长紫斑。忌在孕妇家中随意动土，过重地冲撞房屋及随意移动固定了的大型家具，恐胎儿震动而坠胎或生下受伤的婴儿。

婴儿出生时有了牙，恐克及父母。

妇女生小孩时，忌外人入内。丈夫要入产房，必须用燃着的香熏过，方可入内。认为香气可避邪气和驱除其身上的污秽之毒。

忌已出嫁之女，在娘家生小孩。

忌生人窥探婴儿，恐惊小孩，吓出脐带疯来。

忌对着婴儿脸说"很漂亮""活泼""肥胖"之类语。否则，认为泄露天机，小孩会变丑、变呆和变瘦。

忌双生儿穿不同样的衣服，恐一方有失，殃及另一方。

忌产妇吃母猪肉。因母猪肉毒，恐将毒传给婴儿，使小孩容易发毒生疮。

刚生婴儿的妇女被认为是"血人"，忌被阳光晒着，忌风吹着，若有急事出房门时，必须裹额、裹头帕。

忌搔未满周岁婴儿的脚板，恐长大后不敢过桥。

忌打正在吃饭的小孩，恐断饭命。

饮食禁忌

忌吃饭时把筷子插在饭中央。因为只有祭亡灵时，才在饭中插一双筷子。

忌吃饭时以筷子敲饭碗。因为只有乞讨者才有这样的习惯。

忌吃饭时用五个手指托住饭碗，因为只有乞讨者才这样端碗。

忌用一只筷子扒饭。

忌把碗反扣在桌面上。因为只有病人服药后，才将药碗扣在桌上，以示今后不再生病服药。平时扣碗，则有咒人生病之嫌。

忌在吃饭时擤鼻涕、吐痰、放屁。否则，认为有很大的失礼。

忌吃自死的牲畜，因为容易中毒。

忌小孩吃孵过的"冇蛋"，认为孵不出小鸡的蛋，吃了记忆力差，不会读书。

忌站着、走着吃饭。因为乞讨者才这样吃饭。

忌病人食母猪肉、雄鸡肉，认为这些食物对伤口、病情会有加重之势。

忌小孩吃鸡脚，恐将来抓破书，不会读书。

忌小孩吃鸡肠、鸭肠，恐将来写的字歪歪斜斜。

宴席上，忌年轻人先动筷。必须先请共桌吃饭的长者开筷。忌在菜碗里乱翻挟菜。

忌在饭后碗中剩饭。否则，主人会误认为你嫌弃他家饭不好吃，而引起主人的反感。

日常禁忌

忌向火中或烧着的炭末谷灰中小便。认为火中有火神，犯忌会使生殖器或膀胱感染肿痛。

忌在坟地大小便。否则，会被鬼作弄病死。

忌屋内戴笠、张伞。否则，认为会遭小偷光顾或招屋漏。

忌下午去看望病人。认为下午属阴，看后只能使病人病情加重。

忌与人交谈时吐痰、放屁、打哈欠、擤鼻涕。

忌向火盆吐痰，忌用火棍在盆中乱拨。

忌用鞋、袜、裤作枕头。

忌用单手接、送他人送来的东西。否则，认为不礼貌。

忌客人来时主人扫地、洗脸。否则，被认为对来客不诚心接待，有赶客之嫌。

忌用写过字的纸当手纸或用来擦东西。

做客时，必须让在场中辈份最高或年纪最大者先坐且坐上首，切忌乱坐。否则，被认为不尊老，没规矩。

行业禁忌

忌坐在店铺的柜台上，认为犯忌会使生意不顺。

忌店员面朝里坐着，认为背对店门则无事可做，生意清淡。

忌开铺后的第一个客人不成交而去，恐带来一天的衰运。

忌用手指初结的瓜果，否则，认为瓜果会腐烂或长不大。

忌演员未卸妆入睡，恐灵魂认不出自己，醒不来，以致一睡不起。

卖猪时，忌把捆猪笼的绳索同猪一齐出卖，否则，认为财气被带走，对后来养猪不利。

生产禁忌

忌在"入年界"后"出年界"前的春节期间扛锄头下地、持斧上山砍伐。

忌用脚或棍棒打牲畜的头部。

忌正在打雷时从事生产劳动。在山上闻雷响，必须赶快下山或回家。

牛、猪怀胎时，忌挖圈里的粪土。否则，会使牲畜死亡或流产。

服饰禁忌

忌穿反衣。因为穿反衣常与丧事联系，象征不吉利。

忌衣服晾干后未折好就直接穿着。否则，认为人会变成"竹篙鬼"。

忌在夜间把衣服晒在外边，恐冲犯夜游神煞。

忌在竹竿尾上举挂衣服，因这与丧事所举旗幡相似。

忌扣子成双，认为"四六不成才"。

忌穿裤衩在户外活动。否则，被认为大失体面。

忌戴草帽进屋，认为草帽鬼。

忌用裤子布补破了的上衣。否则，认为会受穷。但裤子破了可以用上衣布补。

称呼禁忌

晚辈忌直呼长辈名字，应称伯、叔、哥或伯姆、叔姆、嫂等。否则，被认为不懂礼貌。

忌对别人直呼其父亲的名字。否则被认为骂人。

忌晚辈叫长辈的乳名。否则，被认为没有规矩。

喝酒忌

参加客家人举办的喜庆酒宴、酒席，散席后向主人告辞道谢，要说：吃得酒醉饭饱或又醉又饱。切记不可说，吃得饭饱酒醉或又饱又醉。醉、饱颠倒使用，犯了客家人的忌。主人会认为他的酒淡，酒酿得不好，只能充饥，灌饱肚皮，使主人没有面子。

（选自武平县政协编《武平文史资料》）

武东婚嫁丧葬习俗

王闻福　　王麟瑞

　　武东婚嫁丧葬习俗，沿袭不少古代中原文化遗风，又逐渐形成多姿多彩的风尚习俗。随着社会制度变迁和社会的进步，促进了人们道德观念的更新，民风民俗也发生了一些变化，婚嫁丧葬程序逐步简化，但主要内容仍留至今。以下就武东婚嫁丧葬习俗作些简略介绍。

一　婚嫁习俗

提亲

　　旧俗男女婚姻均听从"父母之命，媒妁之言"。男方父母为儿子办婚事，先要央媒人说合，托媒人上女家讨"八字"（女方生辰年月时辰），女方家长有意者，即将女方生辰八字写在红帖子上，带给男家。男家收到后求签问卜，请风水先生"合八字"决定男女双方八字是否合适无冲碍，或将女方"八字"放在灶君前，太平无事的称八字相合。合者择期送求婚帖子，否则将帖子退还女家。

踏人家

女家择吉日由女方母亲牵头，邀集本房叔婆、姑姐等（九人）到男家查看居住环境，了解家族内有无遗传疾病等。

札妹子

男家择吉日由男方父母牵头，由本房叔婆伯娓、兄弟梓叔等（九人）到女家了解人丁情况及商定"聘金银"（彩礼）及鸡公、小母鸡、香饼数量。

定亲

定亲时，男家备财物作为聘礼（彩礼），称"行盘"（因送礼与回赠要用红盘），行盘也要先行小盘，待选定结婚日期后行大盘。女家收帖受礼表示同意成为亲家，此后择定吉日举行定亲仪式，双方邀请亲友设宴祝贺（俗称"攀亲酒"）。

送日子

定亲后何日结婚，先由男方父母请风水先生择吉日，确定日期和出门、入门时间。之后，男家要送红帖到女家，把"吉期"即结婚日期（含出门、入门时辰）通知女家。这时，男家必须备饰物、鸡、鱼、肉等，托媒人送去女家，女方接受后要准备嫁妆。

送年节

定亲后，结婚前，每逢过春节男方要给女方送年礼。一般是一只公鸡，一壶美酒（或白酒、红酒各一瓶）。逢端午、中秋等节日，也要送节礼。

自嫁

男家在结婚头一天早上，要送酒、菜（有的按桌数折现金）送到女家，宴请女家亲戚。席间男方要向女家亲戚敬酒，由女家介绍逐个认识。

迎亲

结婚当天，由男方组成迎亲队伍（一般5人或7人），到女家迎娶新人，一路燃放鞭炮。男方要准备"三牲"（鸡公、猪头、鱼），交给女家敬祖。到女家后，女家留酒饭招待，待时辰接新人。

男家接新人要发红包：梳妆礼、剃面礼、穿衣礼、点烛礼、牵嫁礼、出门礼、过桥礼等。

出门时辰到后，女方由伯或叔（长辈中辈分高者）牵到厅中敬香后出门交给男家长辈，这时鞭炮齐鸣。女家撒嫁人员（一般由女方伯婶、姑嫂、哥弟、姐妹等组成，逢单数）扛挑嫁妆出嫁。媒人一头挑马桶，一头挑矮凳，随撒嫁队伍到男家。

接妆

嫁妆到男家，鸣炮迎妆，放入客厅。由花烛夫妻多子女的妇女解被铺床，而后将所有嫁妆搬入新房，依次排列整齐。男方要给女家送亲队每人发红包。带有锁的橱、柜等嫁妆，应由新娘兄弟亲自开锁，男家要发"开箱礼"红包。

入门

古时新娘坐花轿到男家，如果时辰未到，要把花轿放到门前准备好的笆篮内。入门时辰一到，即放鞭炮，割雄鸡，新郎、新娘烧香，先拜天地，后拜高堂，然后夫妻对拜。礼毕，撒喜糖，媒婆把新娘扶入洞房。进入洞房后，新郎为新娘掀开红盖头，然后小两口喝交杯酒（称"打交杯"），这时还要吃红蛋，意为爱情天长地久，事业红红火火。同时，在新婚床上撒上枣子、花生，由送嫁男童往马桶里撒童尿，以示早生贵子。

待新娘

婚宴时，新娘与撒嫁的伯婶、姑嫂、哥弟、姐妹共一桌，称"待新娘"。新娘一般只看不吃，宴席中途，新郎新娘到各桌依次敬酒。

闹新房

散席后入洞房，男女老少涌入洞房祝贺取乐，称"闹新房"。闹新房还有越吵越发的说法，往往闹到深夜才止。

转门

结婚后的第二天，新郎新娘一同往女家，拜谢女方家长，女家以归门酒接待新女婿，当日回男家。

中华人民共和国成立后，国家颁布了《婚姻法》，提倡婚姻自由，青年择偶有自己相识的，也有经人介绍的，各自打听对方的情况。如果双方有意，则约定日期，或介绍人引领，女方母亲或嫂嫂姐姐陪同姑娘到男方相亲，男家备茶水、瓜子、糖果，煮鸡蛋招待；不合意就婉言谢绝。婚前男女双方到民政部门办理结婚登记，领取结婚证书。迎娶新娘已不用坐轿子，由自行车、拖拉机、农用车迎亲，现在已经发展到用轿车迎娶新娘。

二　丧葬习俗

报丧

家人死后，由家族中人向亲友报丧。请风水先生按死者生前的生辰八字和断气的时辰，测算出办丧事、入殓、安灵、出柩时间及埋葬的山头坐向踏山寻落葬地点，安排丧事的有关事宜。

转尸

家人为死者更换衣物、鞋袜，用门板抬放在祠堂或主屋，称"转尸"。头边放一香炉，点上香烛。死者生前的衣物，清理到河里（或溪里）让水漂走。将死者床上用品（草席、棉被）捆稻草在三叉路口焚烧，称"烧床祭"。子女披麻戴孝，轮流守灵。

入小殓

入小敛即将已经理发（梳头）的死者下棺木，又称"端送"。入棺时，儿子捧头，女儿捧脚。

设灵堂

主家人请礼生在祠堂或主屋设置灵堂，待道士或和尚为死者安灵。灵堂内中央安放灵屋，将死者遗像和灵位牌放在供桌正中。待安灵后亲友才可烧香。

半夜光

主家人请来和尚或道士为死者超度亡魂，同时请乐队奏乐哭丧。孝子轮流手捧灵位牌，跟随和尚或道士哭丧。期间有"超度亡灵""劝鬼沐浴"等节目，加上乐队哭丧等要四五个小时。

入大敛

入大敛是盖棺仪式。盖棺前家人亲友绕棺一周向死者遗体告别。盖棺后由长子把一枚较长的铁钉，垫上白布交给"八仙"，钉在棺盖前部中间"封钉"，称"子孙钉"。

打坑窟

按风水先生看好的地方、坐向，出葬前请"八仙"打坑窟，牵出中线，做好下葬准备。

落葬

棺材由四人或八人抬出，子孙披麻戴孝，手执"孝样骨"（哭丧棒），腰系草绳，脚穿麻鞋，以示孝心。家族亲友在棺后相送，称为"送殡"。亲友路祭（称九品），烧香烛化买路钱。出丧前，由和尚或道士报魂驱邪，直到棺材出场角。棺材安放入穴后筑成坟。送殡毕，在本族祠堂里烧灵牌纸以示归宗。并将冥屋、幡竹、纸扎的金童玉女及所有冥具在祠堂里焚烧，表示送入冥府供死者享用，体现子孙对死者的孝爱。此时，送葬队伍须从另路折回丧家，发给每人两个煮熟的鸭蛋，以祈吉祥圆满。由外氏的长辈撕去贴在大门口的丧联，将预先准备好的九尺红布隆重地挂在大门的门楣上（称"上红"）。以示老人已入土为安，噩运已过，鸿运重来。而后，由丧家摆设宴席，感谢来协助丧事的亲戚朋友、左邻右舍。至此，丧事方告一段落。

做七

人从死亡那日起每逢七天一祭，其中大的祭日"三七"由女儿主祭，"五七"由儿子主祭。第四十九天称"满七"。死后一百天为"百日"，邀请至亲一起悼念。死者过世一年（头年），家人供祭和烧化纸钱，称"做周年"。丧期三年后到周年日，称"脱孝"、"满孝"（守孝三年为满）。俗称"入土为安"。死者入土之后，没有必要再去移动尸体本身，此种情况，各地都差不多。唯独客家风俗例外，死者埋葬后还有捡骸易罂，易地改葬一事。

斋饭

人死后第二天或第三天办丧事，称开丧，一般备"豆腐饭"，桌席根据前来悼念者和参加帮忙办丧事的人数而定，菜肴以素食为主，称为"斋饭"。丧葬一切事务由本房辈分高的人主持安排具体丧葬事宜。

武东丧葬习俗图片

　　中华人民共和国成立后，政府提倡丧事从简，逐步实行"火葬"。人死后也进行揩身、换衣、撤帐、烧床祭、向亲友报丧、接受吊唁、设灵堂等。遗体被运往火葬场，在殡仪悼念堂举行追悼会向遗体告别仪式，亲友赠送花圈及烛礼。火化后骨灰入盒，寄存殡仪馆或家属带回，有的择公墓或择地埋葬，戴孝也改为佩戴黑纱。仍做"半夜光""做七"，超度亡灵，以示孝心。

武东乡闹元宵习俗

温兆铭

　　农历正月十五日，叫"过月半"，现叫"元宵节"。节前新添丁户出钱买花灯挂在祠堂里梁的上左侧，各户给自己的小孩买小马灯、鱼子灯、鼓子灯、烟花等。

　　十五日那天选好时辰上灯，把花灯挂在梁上，一边敲锣鼓，一边给花灯添油点灯。灯点燃后，花灯中的山水人物图像就会转动，转得越快，锣鼓就敲得越响，预兆新年年景会更好。白天村中有船灯、龙灯，船灯表演，花样很多，有划船、搬船、船上花鼓、落地花鼓等表演。落地花鼓是一个男的敲着小钮锣，女的拿着小钹，缠在男的大腿上，双脚夹往男的腰，二人原地旋转，就着曲调敲打，饶有兴趣。马灯表演中的跪马、窜马更是激昂刺激，观众看得如醉如痴。

　　傍晚时到处响着鞭炮，很早吃完晚饭，饭后小孩都举着小马灯或鼓子灯与大人去看船灯演出。小马灯里都点上蜡烛，围上一圈很是好看。晚上船灯演出完后，各添丁户挑着菜肴、米酒到祠堂里请大家吃，大凡青年、中年、老年男人会参加。有的人来闹灯时也会带上点菜，提一壶酒来，桌上酒菜很是排场，饮酒过程中说说笑笑，谈论新年新事、新年计划。饮酒中途还要演唱民间古典歌曲，猜拳行令，很是热闹。

武东民间的酿酒习俗

林玉声

武东民众都喜欢喝糯米酒，古往今来，凡有客人到家，定要拿出好酒好菜招待，逢年过节或办理喜庆之事，都喜欢用自家酿制的糯米酒招待客人。特别在一年一度的春节，每家每户都要用几十斤甚至几百斤的糯米酿制米酒，即使不会喝酒的人，为招待客人也要酿制少量的米酒。因此，武东民间的每个家庭都会酿酒，酿酒技术就像家常便饭一样为普通老百姓所掌握。

酿酒的主要原料是糯米，酿制前需将糯米放入水中浸泡一个晚上或一个白天（十多个小时），然后捞起滤干，轻轻倒入饭甑中蒸成约八成熟（不可太熟），然后将饭甑放在木架上，用冷水淋在糯米饭上，水边淋边从饭甑底下的孔中漏出，直至糯米饭降温至有点烫手时（40℃～50℃）为宜。将已降温的糯米饭倒在笪篮里或大缸里（视蒸的糯米多少），放入适量已研末的"酒饼"（发酵用的酵母，用中药细辛、米糠等制成），用双手将酒饼均匀地拌入糯米饭中，最后将拌好酒饼的糯米饭放入酒坛使其发酵，一般发酵40多小时后，酒酿便慢慢出来了。发酵时间的长短与天气温度关系很大，夏天气温高，发酵时间短，冬天气温低，发酵时间长。在严寒时，还要在酒坛周围用蓑衣或棉被保暖，才能使其发酵成酒。

发酵后的酒酿，根据各自的需要兑水。一般一斤糯米兑一斤水，这种酒，浓度较高，存放时间较长，叫"老酒"。也可一斤糯米兑2～3斤的水，这种酒的浓度较低，存放时间较短，叫"水酒"或"黄酒"。夏秋季节，气候炎热，人们喜欢喝这种浓度低、香淡而略甜的水酒。据老人传说，这种酒可消暑解渴；而老酒，味更浓、更香醇，天气寒冷时，喝了能驱寒暖身，通筋活血。老酒酿制的时间，一般在冬天的"冬至"前，兑水时间也要在"冬至"这一天，且要用井水，据说，用"冬至"这天的井水兑出的老酒更美味，香酽顺口。

改革开放以来，由于粮食充足，不少人冬天酿好的酒，不兑水，封坛一两年后再开坛，此酒更是香溢四周，令人垂涎欲滴，人见人爱，人们称为"陈年老酒"。据说用此酒炖老公鸡，产妇喝了奶水足，小孩长得又白又胖，一般人喝了精力充沛，身体更健康，真乃"酒中精品"也！

三峙村求福山的打醮习俗

吴子荣

进入秋季，虽然是秋收季节，但农村的农事活动并不像夏收夏种那么忙了。

秋收完成后，农民们为了感谢神灵带来一年的收获，祈求上苍来年风调雨顺、五谷丰登，各种祭祀活动也在农村上演，以此来消灾免难，祈求上苍的赐福与庇佑。这里有种习俗叫"扛菩萨打醮"。

何谓打醮？据《昭明文选》载："醮诸神，礼太乙。"《隋书》中又载："夜中于星辰之下，陈放酒脯、饼饵、币物，历祀天皇、太乙，祀五星列宿，为书如上章之仪以奏之，名之为醮。"所指"醮"就是祭神的意思，其原始的目的，是古代农民百姓对天上神佛的庇佑，表示感谢或祈求平安而举行的隆重祭典。祭典乃通过道士、和尚为媒介与鬼神沟通，这个活动被称为"醮"。

我们村也不例外，都有自己的打醮节日。以前打醮都是吃斋的，很少吃荤，现在不同了，可以吃荤。打醮的前一两天甚至一个星期，人们都忙着备"料"，家家户户用山上砍回来的寮基柴（杨桐）烧成灰作佐料淋米做粄，通过此灰淋过的米，颜色是黄的。农民们有的打糍粑，有的做黄米粄，有的煎煎粄，等等，两三天女人们都忙得不可开交，虽然觉得累，但她们脸上总是挂着喜悦。打醮一般一年一度，有些村也有一年两次的。每逢"扛菩萨打醮"，农民们就会提前通知亲戚朋友，来家做客、吃粄、看热闹。

打醮最热闹的，莫过于广大善男信女扛着菩萨进村入户巡游那种场面，真是热闹、壮观，赛过元宵佳节。

以前我们村没有寺庙，要提前到袁田的太平山庙去把菩萨接回来烧香，到了打醮日人们就用花轿扛着菩萨进村进堡为大家祈福。

1999 年 10 月，三峙村及邻近乡县的广大善男信女出资出力，在上醮坑荒地上建起了一座寺庙，命名为"求福山"，顾名思义，是人们求福的地方。原来，在三峙村沙罗皮岗上就有一座亮丽堂皇的大型寺庙"延寿寺"，平日庙里就有八十多位和尚，多时有一百多位僧人诵经念佛，香火颇为旺盛，可见此庙非同一般。"延寿寺"年代久远，兴建年代不详，今唯有重修时留下的一块石碑可考，碑上记载的是道光己丑年（1829 年）冬月由吴、蓝二大姓及钟姓重修。此石碑今立在求福山寺庙门口。

"求福山"建寺后，香客络绎不绝。尤其是每月初十的斋期日，"求福山"更是门庭若市，香客满院，满寺香火袅袅，鞭炮声连连不断。到中午开斋饭时，有善男信女四十多桌，在杭武两县的寺庙是很难见到这场面的。

自从建"求福山"寺庙后，我们村打醮"扛菩萨"，不愁无"菩萨"扛了，也不用向其他寺庙借"菩萨"了。

扛"菩萨"巡游是最隆重最热闹的，也是最辛苦的，所以，不可能年年举办。现在我谈谈扛菩萨打醮的整个过程。

首先，主事要准备好神轿、幡旗，请好和尚或道士，还有鼓手乐队，扛"菩萨"的人要身强力壮的小伙子，童男玉女前后陪伴"菩萨"。

打锣鼓的要先开路，随后童男玉女，比较有力气的男童（小伙子）举幡旗，起幡时道士念咒。其他小孩子手执各种彩旗，分散在"菩萨"的前后。后面是鼓手乐队，吹打弹拉。各善男信女持香火紧跟其后，放鞭炮的放鞭炮，放雷公头的放雷公头，气势磅礴，队伍壮观，热闹非凡。沿着安排好的路线进村，大家家门口在八仙桌上摆放了三牲与斋果，当巡游的队伍到来时，家家户户亮灯点香接福，比较虔诚的阿姊则叩头跪拜菩萨，一是感恩菩萨一年来为百姓带来的风调雨顺、国泰民安；二是祈求菩萨来年保佑全家大小及诸事平平安安、万事如意。按照已定路线巡游结束后，下午或晚上，在已先准备好的开阔的场地，立一杆高高的幡旗，和尚或道士就开始作法事了。那长长的锡壳，像牛角一样，道士时而嘟嘟地吹响，时而大声念唱。一场和尚，一场鼓手，交替上场。有些地方还有表演上刀山、下火海、捞油锅、赤足过铁钉，围观的人群往往是里三层外三层。法事作完后要到村的水口放灯。用红纸扎的小船灯，灯芯草浸植物油粘在纸船里点亮，放在水里，道士念着经，纸灯随水漂流，把一年的邪气、晦气付之东流不复返。

　　淳朴的农民，总是怀着一颗善良的心，祈祷着世界和平与安宁，祈盼着家人平安与幸福。人们通过扛菩萨打醮，惩恶扬善，有过错的人，作恶多端的人，发现良心所在，在菩萨面前忏悔，祈望得到神明的谅解，来保佑自己的后代繁衍昌盛。正是"为善必昌，为善不昌，祖宗有余殃，殃尽乃昌；为恶必灭，为恶不灭，祖宗有余德，德尽乃灭"。

崇獐习俗

兰永福   兰胜生

客家人对獐有特殊感情，他们爱护它，甚至尊崇它。平时发现獐来到村子里，客家人决不会去伤害它；若遇到獐被猎人追赶，总是千方百计地将它掩藏；若是獐受伤了，就用草药给獐敷伤口，待痊愈后再放回山中。

形成独特的崇獐习俗的缘由是：传说很久以前，有一客家老人救护了一只被猎人追杀的獐，并用草药治愈了它的伤口，后放回山中。有一天，这只獐突然下山将老者的孙子叼走，放在山顶上，全村人帮忙，与老者紧追不舍。刚到山顶，雷雨交加，山洪暴发，整个村子都被泥石流冲毁，百姓由此幸免于难。从此，客家人对獐尊崇备至，认为獐心地善良，能为百姓消灾去祸，是保护客家人的"圣物"。

听老人讲那过去的绒家

力　夫

小时候，村前枫林中放着些许石桌石凳，老人小孩们便终日流连其中，熬度山中寂寞的时光。于是，老人之间，也常常对我们小孩追述许多往事，其中内容最丰富的，除了鬼神之外，便是有关"绒家"的传说。长大后，学了生物学且好追溯历史的笔者，又访问了许多老人，查阅了一些史籍，使原来模糊的传说清晰了许多。

之一：很久以前，村人黎某，20多岁时因房族斗争全家遭难，他只身逃入深山。20多年后，一个月黑风高的夜晚，他带回一批全身长毛的怪形男女，杀了他的仇人，复又回山中去了。据说，那晚黎某曾与少年时期的好友密谈过：入山后遇到一群母绒家，因走投无路而入了它们的伙，成为它们的丈夫，带回的一群便是他的后代。又谓：绒家们因公的经常争斗厮杀而伤亡很大，因此母的居多，也由母的担任头领，它们住山洞，吃生食，不穿衣，冬天则弄茅草入洞中御寒，也有编织茅草为衣的。他入伙后，教给它们一些人的生活方式，因而赢得了它们的推戴，破格成为头领。当然，他也杀死了好几头公绒家才保住头领的地位。好友劝他留下，回答说，与异类婚配，无颜见村中父老了，也愧对列祖列宗，还是回去的好。

之二：某村一男青年上山采樵时跌伤，结果为绒家所捉，绒家用草药治好了他的跌伤，但那青年不堪与之媾合，过茹毛饮血的生活，历尽艰难终于设计逃出，村人们奉他为英雄。逃出时的一幕是这样的：晚上在山洞里，总有两个强壮的公绒家各捏着他一只手监视他，但它们总眯着眼似睡非睡，他趁机把两个袖子塞入两截竹筒让它们捏着，自己便脱身逃出。

世代相传有关绒家的传说归纳起来大致有几种：一是生食，不穿衣，全身长毛，住山洞或树洞，也有搭盖草棚的；二是群居，有家族，母性为头领；三是会吃人，在公母比例严重不平衡时，也会掳男人或女人相配；四是它们之间似乎可以用简单的手势和语言传达意思；五是它们会使用草药，之间还会产生阴谋和仇杀，已有一定的智商。

由上述传说可以大致得出如下推论。

第一，据福建和闽西各地的一些地方史志和古籍记载，汉族移居闽西之前，这里的原始森林中住着"食人生番"，他们茹毛饮血，与文明人为仇，逢人便吃，语言啁啾有如猴子。这种"食人生番"是否就是绒家，目前尚无定论，因为当时汉族贵族也常常诬蔑当地土著少数民族为"食人生番"，19世纪末的一些出版物甚至还把住在闽粤赣边大山中的汉族客家人诬为"食人生番"，因而引发了20世纪初有关客家人归属的大辩论。

第二，闽西的原始森林中一向物种丰富，虎、豹、猿、猴遍地可见，现在尚在世的老人30年代就曾亲见一群大猿猴扎担架抬猴子玩耍；这些大猿猴还常常看人在水田里插秧，待人走后便下田学人样把秧苗拔起倒插。这种大猿猴很可能便是智商较高的大猩猩。那么，绒家是否就是大猩猩？

第三，客家方言中的"绒"字，即为长毛的意思，"家"则为种尊称，如唐朝宫廷中称皇帝为"大家"一样，因此客家方言中的"绒家"一词可以解释为"长毛尊者"。可见人们对绒家是很敬畏的。据传说，绒家体形高大，人类个体赤手是无法与它们的个体赤手相搏的，因此它们又很像各地传说中的野人。

第四，绒家现在哪里去了？是因为人类的追杀灭绝了，还是原来属少数民族今天已融合在汉族中了？或者外徙他方了？或者幸存的部分仍然散居在部分大山中（如梅花山自然保护区）？这个谜，还有待生物学家们去解开。

武平民间掌故二则

廖建安[①]

刘其昌之"忍"字诀

刘其昌，武平武东乡山峙村石炉坑人也。家本素丰，益以英年奋发，惨淡经营；晚岁子弟成才，功名事业，均斐然可观；乃成该村翘楚。六十岁后，已子孙满堂，从此不问家务，晚景欢愉，无虞颐养。平生善饮好客，凡逢月之四、九，必赴寨背圩（地属上杭，毗邻武东乡之川坊、山峙），至则必购酒肉，与亲友纵谈畅饮为乐。某日，刘氏如期而至，先订座位，当其买酒回坐之际，座位已为某流氓所霸占。氏逊谢不遑，奈该流氓意咄咄逼人，反以手掌猛掴刘氏。氏默尔而息，旁人俱为之愤愤不平。事为刘之子弟所悉，即纠众欲与某流氓寻衅；唯出于传闻，不敢冒然行动。迨刘氏返家，其子孙即以此事相询，氏则从容镇定曰："你们的爷爷，有谁敢欺侮他呀！"其子孙以为事属误会，寻仇之行遂罢。

若干年后之某日，刘氏神采飞扬，欢悦之情，异于平日，命令其子孙曰："今日爷爷特别高兴，你们要宰最肥的猪，用最好的酒，宴请所有的亲朋好友！"家人以为刘氏神经失常；但亦不敢问明缘由，只得依命行事。刘氏在酒酣耳热之际，当众宣布曰："若干年前某日，我在寨背圩为某流氓所侮辱掴打，系确有其事。我今日所以特别高兴，乃因该流氓已被另一仇人杀死矣！我若当时不忍，则杀人者为我家，我早已倾家荡产，身败名裂矣！"亲朋子弟闻刘氏之言，莫不佩服其远见及其忍让之涵养。

《菜根谭》云："不要与小人仇雠，小人自有对头；不要向君子谄媚，君子原无私惠。"逸卢氏曰："乡愿之气不可有，忍耐之养不可无，其辩微

---

① 廖建安，武东人，1948 年厦门大学毕业后赴台从教，居台南市，著有《逸庐诗稿》《逸庐文稿》等。现为武平旅台同乡会会刊《乡音》杂志社社长，并任台南汀洲同乡会监事主席。

矣！凡能审大利害，而利害中又能以义理为权衡者，斯为忍之上乘。"刘氏虽非学术界人，盖亦深得个中三昧矣。

林梅子黑帖攻学台[①]

林占梅，乳名梅子，中正（今武东）乡留善田人，当地人称为"梅子先生"。林氏系逊清光绪间之秀才，而按其学力、文章，本应在前一科入学；讵料该科学台为一墨吏，竟将我武平二十五名学额，全部出售，每名收贿纹银二三百两。林氏愤恨莫名，乃冒该学台之名衔，撰黑帖（武平人名曰"无头帖"）乙通，用楷书写在毛边纸上，摸黑以稠糊，张贴在考棚正门之侧，文曰：

为揭示事：照得衡文取士，系历代所崇；玉尺量材，为本台职责。本台家世寒微，仰荷祖德天恩，得以拖青拾紫。顷奉圣旨，来贵府主持科考，履薄临深，自当慎重将事。第闻贵府文风，一向积弱不振，就中尤以武平为然。若精密鉴裁，实难得入选之人；而昏瞀取录，亦不致有遗珠之憾。爰将武平学额，悉数售与殷实之家。家母年逾六旬，当娼未免太老；拙荆貌似无盐，恐无浪子来嫖。虽老年戒得，有孔训之昭垂；而晚岁忧贫，亦人情之所悯。况诸生所捐者，本台只取许些川资，余将悉数输与朝廷。区区此心，可表天日；谅为诸生所共鉴共谅者也。若敢有借此造谣惑世、危言耸听者，本台必以国法相绳，决不姑宽。其各凛遵，切切毋违！"

翌晨观者如堵，啧啧称奇。梅子手舞足蹈，故意高声朗诵，并说："骂得好！骂得妙！

梅子精岐黄，先父尝罹奇疾，情甚危急；经其诊断后，一药而愈。乃对渠终身感戴；殁之日，特敕余代为祭奠，状极哀荣。

---

① 抗战期间，余曾在川坊培英小学任教，同事袁田林卫春先生，知此事原委，转述如此。但林先生只能背诵"家母年逾六旬，当娼未免太老；拙荆貌似无盐，恐无浪子来嫖"等几句；上文乃余仿其意而撰。

文化之乡

林宝树先生传略①

林宝树，字光阶，袁畲乡人，由举人选授海城（府志作城海，清代无城海县。《通志·选举》作海澄，属漳州，时无作宰本省之例。采访册作奉天海城县，因道远不赴。

有《大全摘钞》、《梁峰诗文集》行世（府志《文苑》）。

撰有《灵洞石赋》，其辞曰："灵洞之山，山重水复。小洞二十八，大洞三十六。千峰列锦绣之屏，万壑鸣佩环之玉。搜奇化奥，难罄其幽遐；望远窥高，莫穷其起伏。观表洞元，院名天竺。风生而松杉拂涛，雨过而

林宝树

莲英飘馥。犬噑旭影之桑，莺啭春阴之竹。然而板桥九渡，游客迷踪；磴道层攀，山僧茧足。其中奇险多石，可得而悉录焉。一仙人升车石也。丹梯玉级，弥节应绳；鹤驾凌而轻举，鸾骖躩而上腾。御气之轮，行虽不蹑；乘云之辙，迹尚可凭。一仙人棋枰石也。古洞长春，花源清宴；抛金简以夷犹，寄手谈而消遣。子声既寂，遥同汉魏无征；棋局犹存，不与沧桑俱变。一元龟石也。盘回溪岸，蹭蹬洞门。不任稽疑之用，偶同神物之形。验厌浥之露珠，图书有象；综参差之萝叶，卦画成文。绿树阴森，知千岁灵游荷盖之下；碧流浩渺，恍当年瑞献洛河之滨。一燕岩石也。窍穴玲珑，千门万户；绣幕低垂，元禽集处。春风初暖，芳林曳汝红裙；秋露渐零，丹壁戢其翠羽。高栖非同大厦，阴雨无虞；周垒不必新泥，绸缪自

① 《武平县志》卷廿三·文苑传，民国30年（1941）版，第585～587页，1986年12月再版。

固。最可流连者，丹井三石也。上曰杏桃。恐是瑶池之畔，疑为渤海之洲。西王母骋心宴乐，东方生恣意遨游。历数千年，宁无花实之可采？经亿万劫，惟抱潺湲以长流。中曰海螺。尔乃满贮香泉，长萦翠荇。殊鹦鹉之霞杯，异沧溟之美产。岂是白银盘里浮青黛，拥一堆于君山；何如红粉队中斗绿蛾，供五斛于隋院！下曰龙湫。内若江渊之深广，外如蠡爵之圆匀。鬼斧神工，类刻雕所制；天造地设，非陶铸而成。波涛喷雪，吞吐争鸣。迷寻珠之罔象，若掣电之雷霆。或曰：其中盖有龙蟠焉。方潜未跃，吸露兴云。日丽而金鳞焕耀，霞飞而五彩缤纷。石之瑰玮，纪于前，闻者如此。其余若牛峰危石干霄，曲洞之乱石如浪，莫不屹然嵚崟，岿然偃仰；擅天地之雄奇，增山川之郁壮。所以葛孝先望紫气而停骓，碧沼之丹源如故；李忠定披烟霞而结契，苍岩之书室依然。肆仙侣修真之紫府，亦宰臣寄迹之东山。何必岱岳之霖雨崇朝，金华之白羊成队，始为福地洞天者欤？"（载府志《艺文》）

又尝募建陈大士书院，而为之序，略曰："陈大士先生之始于武平也，譬诸飞鸿印雪，偶留爪痕耳。稽年谱：二十五岁即返临川。以斯地山川磅礴之气，钟毓名贤，曾不得其久居，以为斯地文章之主，宜其文物至今尚黯然也。然先生当日，固终身惓惓未尝忘。盖人即暂尔侨居，其于山川风景之眺览，朋友交游之聚处，事后追维，尚系恋于怀而不能释，如贾岛之于并州，少陵之于杜曲。况先生先人入闽已三世，生于斯，长于斯，诵读婚娶于斯，决归临川，岂其本心哉？宜其初归之日，视临川如逆旅，反以武平为故乡也。观其《典试黔中与冯漳南书》（按：冯名之图，临川进士，崇祯十二年以参政任漳南道。见杭志），有云'象洞为弟胞衣堕地之所，母族、妻族以及友生皆在焉'，其为先生之故乡晰矣。而复有故园故都之语，何其依风巢南之思，切切如诉也？夫先生以武平为故乡，则先生亦即吾乡之先达也。吾乡后进，虽风雅未苗，不能步趋后尘，然举先生文为不祧之文，固已家为俎豆矣。而俎豆其文者，亦必俎豆其人；肃其庭宇，奉其琴书剑佩，肖其容貌衣冠，朝夕瞻礼，春秋崇祀，庶足寄吾羹墙如见之怀。古之贤流，往往其人已邈，其地不传，后人虽欲洄溯而无从。而先生则去今未久，犹得按其地而指之曰：'此大士先生所生长处也。'夫牙以琴著，严以钓名，犹有琴台钓台之建。矧先生生长之乡，居斯土者，有不慨然想见其人者乎？此先生书院之建，所以不容己也。兹者，先生曾孙凝客、朝客二君，自临川来，告以先生象洞故居，乃曾王父发祥之地，不忍其迹之泯灭，愿一新祠宇，以祀先生。嗟乎！二君克世其家学，表章先代遗书，而又念先人之所始生，欲留芳躅于千古，此固贤子孙渊源不匮之思，而亦先生三世居闽，不忘故土之本怀也。昔汉高祖返沛，语父老曰：'游子悲故乡。吾虽都关中，千秋万岁后，魂魄犹乐思沛。'王者四海为家，而乃若此，安知先生魂魄，不犹乐思象洞耶？先生有知其歆享于斯土也，必矣！"惜全集邑中今少传本。

元初一①

（清）林宝树

元初一　早开门　放爆竹　喜气新
点蜡烛　装香灯　像前拜　烧纸钱
灯光火　早夜连　蜡烛台　两边排
香炉内　檀香堆　桌围带　挂起来
台前供养尽新鲜　汤皮糤饭用油煎
豆腐糍粑禾米粄　碗头盘碟尽齐全
门冬瓜线红柑子　龙眼荔枝糕饼软
茶匙茶盏茶壶子　橘饼点茶再食烟
传盒一座摆开看　拜了新年就出门
神坛社庙都去拜　祖公堂上贺新年
无事之时好着棋　围棋象棋有赢输
戒别纸牌切莫打　送了钱财惹是非
大细子人好嬉游　双手无闲拍棉球
或用脚来踢毽子　输了他人不知羞
初三初四拜新年　婿郎男女到家门
或请新亲来相见　丈人老表及外甥
猪肉食完并腊鸭　蒸醋鱼冻共三牲
浸酒开坛用大碗　欢欢喜喜赛哗拳
大富人家更排场　鲍鱼鳌翼馥馥香
海参燕窝鸡丝肉　鱿鱼虾米做清汤
黄螺蛏干拿来炒　蜇皮海带合辣姜

---

① 此文有多种版本。清乾隆年间（1736～1795年）上杭马林兰藏本以《一年使用杂字文》为篇
名；同治九年（1870年）汀城步云轩刻字铺刊本则用《一年使用杂字》为篇名。《武平县志》
（1993年版）和本文均从前者。

肉圆包子来凑样
极好蛸鱼煮豆腐
闽笋豆芽萝卜线
调羹扰来筷子夹
许多花生瓜子壳
客人头上戴绥帽
棉绸茧绸羊皮袄
新衫新裤新帽子
衣食两般难记了
大闹花灯喜者多
破开竹篾扎圈子
转珑窍妙有消息
碗锣盘鼓并色板
笙箫笛子同吹起
风流浪子台上跳
上乡游到下乡转
星光半夜归来睡
也有阵班去打狮
举棍之人做猴子
藤牌短刀手中执
正月十五是元宵
金盏银盘缔缔转
道士请做三官会
立春已过雨水来
各人散班寻本事
世间第一读书篇
厨桌一条并凳子
温熟书来原本背
最怕学生打右口
惟有破蒙加小心

也有酥骨上沙糖
焖烂猪蹄锡盘装
好贴肝肺猪肚肠
大家食得饱非常
厅下地面要扫光
身穿袍套阔和长
汗巾烟袋在身旁
镶鞋缎袜配相当
略提几件讲别样
抹浆褙纸小心摹
龙灯马灯去穿梭
船灯扇灯闹阳歌
打起大钹大铜锣
弹琴唱曲两相和
花鼓双双两公婆
点心食得也还多
十分辛苦论蛮拖
装成小鬼极丑粗
钯头钩刀爱学师
钻过剑门险且痴
冲天跃子半天高
花筒金菊夜来烧
上元天官赐福朝
烧灯送神切莫呆
好供子女奉爷嬭
打扮学堂安圣贤
墨砚纸笔要齐全
分明章句莫乖寒
字眼不识亦徒然
起头先点三字经

合本纸库学写字　捉笔填红上大人
直落横画并点子　端端正正分均匀
幸有聪明智慧者　学庸论孟及五经
若然蛮蠢并躁暴　跪打难免都性情
油盐柴米轮流去　供膳先生也要勤
再言经馆大书堂　不比舍学点句章
上昼读书下昼想　更深夜静读文章
宗师月课府县考　头名案首志昂昂
学院场中取了卷　新人黉宫秀才郎
父母伯叔同兄弟　家中日日接报房
岁考复试加补廪　高升拔贡姓名扬
门前一对桅杆竖　表旌门第是书香
再加中举又中进　出入跟随衔轿扛
状元榜眼探花第　翰林学士近帝王
此是读书为第一　犹如平步上天堂
于今来讲农事家　镢头铁锤与犁耙
耕田正爱好秧地　作陂开圳水路佳
扩烂泥团更好秒　牛藤牛轭当用他
尿桶担肥打落脚　浸洋田肉容易耙
作大田塍贮稳水　铲去茅根拖草楂
大墩之中无田坎　最怕溪水冲泥沙
山田高垠并排壁　落垅湖窟凹凸斜
田头地尾杂种好　薯姜芋粟及黄麻
春间日日去耕作　身穿蓑衣并笠麻
二月惊蛰浸谷种　煨下谷子就生芽
大家请人掘谷子　扯得直行无粒差
春分时节思祖宗　上坟祭墓一般同
先在祖堂宰牲血　后担箕子到坟中
吹手四人凉伞一　唢呐哨子及大筒
保护请神又奠酒　散挂五方花纸红

烝尝大者发丁肉　　斤两多少在秤中
绅衿耆老加一等　　消散祭仪摆门风
头家备办出来食　　莫打酒醉乱叮咚
祭得墓完到清明　　出水掘头又爱耘
耙子一张田里擦　　掷来送去甚艰辛
谷雨到来爱莳田　　翻钯耖烂轭牛肩
早晨脱秧昼边莳　　腰驼背屈真可怜
南安早赤早迟禾　　蚁公包子掘者多
又有黄早野猪糯　　栽在塘中种在窝
四月立夏日子长　　早粘田地做完场
连踪管要莳大糯　　男妇大小起早床
小满到来塞粪时　　单用匏勺与粪箕
整光坎头度稗草　　连根丢却半天飞
茅镰刀鞘及草篮　　担杆常在肩头间
好养牛牳及牛牯　　又肥又壮在家栏
田刀一把斫田塍　　平水石头半浅深
禾头垅内莳杂子　　缓缓做来莫挨停
若到五月芒种来　　禾苗长大等包胎
荒隔锄松揾麻子　　有闲好烧芒头灰
初一去赴中堡圩　　装得香包到暗归
扇坠香珠红缎壳　　也有络子织马尾
初三扛佛保禾苗　　落佛忏后做午朝
福首陪香并践道　　擂锣擂鼓真唠嘈
请来和尚著袈裟　　口念南无做香花
三餐散班供斋饭　　提点东西是头家
三宝挂在当中心　　列班菩萨依序循
伏羲神农黄帝氏　　掌苗使者五谷神
又请雷公并电母　　风伯雨师加虔诚
又有田头地墩等　　杨大伯公召几声
上至坑源下水口　　通乡福主一切神

尽是恳求保禾稼
丰亨大熟救济民
初四开斋爱剐猪
做社过节大规模
菩萨送还本庵去
一年一次又相符
五月五日是端阳
菖蒲药酒与雄黄
门挂葛藤插艾叶
裹粽送了寒衣裳
五月十三贺关爷
家家门户结席车
州府县城关帝庙
行香官府是老爹
夏至到来热难当
禾苗吐花枝扇长
铲净田塍掂谷子
总爱天晴快生秧
斫削禾柴晒干燥
杉毛杂木并松毛
田中芋子爱上土
火土培大芋荷苗
六月小暑早禾黄
尝新禾饭荐馨香
请人补箩买谷笪
又爱破篾箍桶楻
官蝉咬人无安乐
帐外蚊虫闹喤喤
葛布褂子苎布裤
大家都着热衣裳
禾客请来赶收割
担杆竹杠要提防
大暑到来正打禾
盐箕撮斗谷筛箩
后生担竿岭上晒
碌磟碾田用牛拖
晒燥早谷过风车
谷笪摊放搪子爬
斗量入仓爱算稳
隔板分明切莫差
穷人佃户作人田
留开纳租莫迟延
也有田主收租谷
也有请来对股分
犁转燥田种番薯
放整薯藤粪秆铺
大區镢头钩泥碛
打开圳缺要工夫
番稿莳在立秋边
莳得田完莫挨缠
笼鸭上田踏禾蒿
检整粪寮堆秆草
头家择日扛仙师
要下投状先告知
三仙公爹黄七郎
黄十三郎是男儿
倬公八郎为女婿
判官力士两边企
请来道士着道袍
头戴冠子奏天曹

读了人名宣了疏　　还要宴宾用牲臀
再过十五七月半　　中元赦罪地官诞
江西规矩烧纸钱　　弄得鬼神大家散
处暑最爱好天时　　雨水周全不怕迟
日日朝晨白头露　　雉鸡尾子艳艳拖
八月里来交白露　　人人改挖芋卵煮
秋风就冻桂花香　　中秋佳节月华吐
九月九日是重阳　　寒露到来菊花黄
霜降天气要晴暖　　糯禾收割也停当
若有岭岗木梓山　　捡摘茶子落研盘
或用水车碓末细　　茶枯包起撞楻尖
十月交来小阳春　　电光不闪雷藏声
立冬万物当成熟　　家家屋屋赛收成
小雪之时是冬天　　攒只牛牯去犁田
犁辕象鼻犁拔线　　犁横刀上缚牛藤
改变天时转冷风　　蛤蟆老鼠尽潜踪
少年后生莫懒惰　　寻得事业自有功
虽然乡村地方小　　年年规矩仍照老
梁野山中大老佛　　迎来敬打保安醮
香钱座米无人分　　跟佛和尚自家倒
午朝上供裹馒头　　夜间建醮早发表
十一月来转冷风　　大雪之时是寒冬
树木退冬虫豸死　　鸟雀成群结伙丛
老虎黄猄并豺狗　　石岩做薮好藏风
又有大蛇和小蝎　　深坑深迳歇茅蓬
土仑兔子狐狸獭　　鲢狸山鼠尽钻垅
水底圆鱼田鸡鳖　　乌龟螃蟹及虾公
鮑鲢鲤鲫鲇鳇子　　鳅鳝蚌蛤算不穷
再过半月冬至后　　冷冰硬垢雪朦胧
打霜飞雪琉璃搪　　裂手劈坼开皲疯

火桶埋灰炙手脚　夜睡棉被盖身中
此时无事闲乐天　正好算计赚工钱
许多斯文行地理　人人称说堪舆仙
南经碣石罗经袋　看人祠堂及地坟
杨公符笁有灵应　消砂纳水照书篇
中宫驾定分山向　金井穴情用心扦
峦头内胎外界水　明堂斗口峰峦尖
龟背过龙碑石座　祭台摆角及冢圈
埋葬之时出破军　呼龙出煞喊大声
红包利市雄鸡血　完工谢土讲谢金
也有斯文学医药　寒热虚实莫差错
问人疾病做药丸　脉有浮沉迟缓数
痘师先生兼治麻　药末丸散肚中托
又有眼科并外科　无名肿毒用膏药
又有算命哄人钱　五星盘子及流年
探知人病来送煞　弄得人家颠倒颠
许多丹青是画工　五颜五色画形容
也有清闲学看相　先望头面与掌中
又有卜卦学测字　口快眼利要精通
许多银匠打银簪　戒指牙撩及耳环
百炼臂环大颈锁　钗钏镀金点翠颜
又有坐店专打铜　铜盆铜罐肚内空
铜笔铜锁烟盒子　摧锣磬子摇铃钟
也有从师学锡匠　酒壶兜壶好模样
鼎杯粉盒及油壶　紧关用者讲几样
许多游门去打铁　三三四四同做得
熔铥炼钢风箱炉　铁锤打下无休歇
铁铮铁钳抵火皮　师傅徒弟尽莫缺
买来炭子烧完了　山上松皮也代得
又有熔铥铸锅头　泥做模样两相伴

响钟哑锡真古话，将新换旧用称钩。
也有生活做裁缝，剪刀尺子在身中。
或做绸缎用熨斗，粗布烙铁大家同。
又有屠户常打屠，朝朝宰杀刏牛猪。
白刀插入红刀出，滚水刮毛剥皮肤。
许多木匠到家庭，斧头锯子不离身。
墨斗曲尺同界笔，凿头角钻打中心。
割刀搬斧线铊子，撒直刨光凿窟深。
先将木马同木驴，锯开板心及板皮。
泥匠师傅砌石坎，小工相帮平地基。
羊头五尺线车子，阔狭高低看周围。
大富人家做屋场，上厅下栋两厢房。
横屋楼台余坪巷，石灰砖瓦封火墙。
中间献柱抽斗角，扛梁油梁狗子梁。
地脚献柱同壁尺，骑檩梁挂配川枋。
桁条瓦角握风板，齐檐滴水一般长。
水桯壁孔柱头石，栏杆窗子照间房。
两边窗扇马蹄脱，天井夹沟用枧装。
檐塍煞路花台坎，作栋盖瓦抵风霜。
织布师傅又如何，脚踏楠机手抛梭。
牵得绉纹入篦齿，羹糊上刷用钩拖。
又有祖传老染坊，青绿赤白黑和黄。
毛蓝梭布洋青色，爱过碾石打到光。
又有出门寻作山，批人岭岗好种蓝。
大篓张来青水靛，船钱水脚几多难。
或剥竹麻来做纸，帘床刷把用几般。
石臼槽校焙笼壁，料皮车碓亦紧关。
做焙三人一割笣，杂工师傅也无闲。
有烧罂甓装窑中，层层叠叠堆几重。
金斗钵头及牙钵，花缸罐子火烟囱。

有行香火提傀偏　赛还良愿香山戏
华光菩萨并观音　三位夫人随人许
也有人家娶老婆　担鱼担鸡又担鹅
新郎公坐四差轿　新人花轿赛嫦娥
灯笼凉伞并彩旗　一迎一送两相宜
裙衫衣服嫁妆厚　柜箱衣架铺帐被
入门饮了交杯酒　桌围座褥摆列齐
恭贺对联贴满堂　字画纱灯结彩装
媒人相邀送嫁客　大家等接好风光
酒筵食到下席去　就掷骰子呼令章
三朝拜堂分大小　谒见家官并家娘
叔婆伯媄及姊嫂　大姑婶姆妹姨娘
人间喜庆难记了　又将丧事讲一场
父母死故是丧家　目汁双流两眼花
母死喊娘喊娭姐　父死叫爷又叫爹
抖尸被在底下贴　卷心褥子面上遮
爷称显考娘称妣　安起灵牌等外家
开棺入殓爱仔细　丧事称家有俭奢
子孙钉盖用四枚　千年万载不回来
红漆棺材为棺柩　孝子披麻尽举哀
开冥路　还受生　三魂七魄领官钱
任你富贵官宦家　贫穷老嫩一般行
妇娘死　作沙图　僧人锡杖挑经书
题唱木莲来救母　破砂即是破酆都
血盆碟子放下地　不知此事果有无
若做斋　又更排　阎罗天子请召来
日拜水忏并净土　十王过去夜修斋
放焰口　加诚心　木鱼钟磬好清音
若然爱还十二库　请僧先念受生经
全堂纸折多做尽　幡竹头下山大人

多字墨　写榜文
幢幡宝盖迎佛祖
千佛忏　拜得完
口念阿弥陀佛去
夜里坐台放施食
冲天火把三叉路
超度亡人追荐死
拣日开吊出讣文
挂起像来安灵位
明白之人在孝堂
门前迎客接香烛
接来香烛将安放
又爱斯文订孝簿
捧菜蔬　用托盘
厨官师傅掌烹调
开吊完满有用祭
劏猪杀羊原只摆
做礼生　要功名
身穿圆领头戴顶
客主祭　先上香
左边行上三献礼
移出柩　来装扮
红绸白字写铭旌
作古人　登鬼序
八仙维重扛棺柩
做孝子　背弓弓
父死扶柩杖用竹
拦路祭　真热闹
打开圹窟就埋葬
百日周年随大祥

金山银山向灵焚
孤衣两挂施孤魂
打起十班放水灯
摆起佛法到溪边
四大部洲列在前
惹得鬼神争后先
大功大果福周全
报帖送到六亲门
白布结装内外帘
粗工用力在厨房
发帛回礼及传香
记明姓字不遗忘
怕人偷去用柜装
倒茶伺酒也无闲
盐味莫淡也莫咸
棕荐毡毯谷笪摊
祭之以礼也可观
秀才监生唱拜兴
诵读祭文面向灵
拜跪叩头要定场
右边下来切莫慌
维重先食还山饭
作重爷娘真灿烂
瞒踪灭迹今辞世
一人前吊粮孲子
不敢剃头满百工
母死扶柩杖用桐
满路头帛并腰帛
谢客完场好安歇
除灵除服在祠堂

麻衣挂壁方成子
再题世有好妇人
夜坐间房思缝补
纺棉织线挪索子
朝早起　无别虑
刮光头发用油葱
耳环簪子及包头
整饰衣裳有面光
开锅灶　算计较
甑棚甑算及簟箩
再来暖汁供大猪
菜刀锅铲箸碗杯
扫光地面好颜容
厨事完　洗汤衫
渥湿园中葱蒜韭
苦瓜扁豆茄苋菜
及时落种件件有
气性温柔莫独孤
男女背携随便好
脚踏碓　手推磨
笆篮装起糠同米
捡鸡蛋　看猫兜
门前狗子汪汪吠
这等女人真难得
又有一种坏妇道
忤逆家官并家娘
门前翘脚手撑腰
食茶单想酒娘糟
头发垂到嘴唇边
不锁门户过别家

春秋二祭享馨香
合家大小得人心
做花绣朵助夫君
花针钻子不离身
手拿角梳就整髻
油污满手茶枯洗
铜镜照面对答对
梳妆打扮极伶俐
水桶上肩及水笊
捞饭煮粥匏勺扰
青菜煮来藏浸炒
火筒锹夹齐放好
捡头拾尾有常道
入园担尿手提篮
芥菜萝卜与菠苓
番匏冬瓜满蒂摊
可免无菜被人嫌
细言细语孝公姑
竭力坚心顺丈夫
米筛簸箕件件通
糙米撮来碓臼舂
鸡鸭早夜要跟收
夜间恐怕贼来偷
可使男人放下愁
舌尖嘴长牙齿老
惯斗叔婆伯媄嫂
行路摇头又折脑
油膏只顾自家饱
出入人嫌人耻笑
恰似黄婆骂街道

懒尸懒骨害人妈　万金家门败得了
人家妇女有贤丑　其中总是由家教
十二月来又一年　小寒大寒节气完
百般生意讨赊账　速速收清莫延缠
正载客　走水路　漂河过海船上住
艄公脚子惯撑船　铁铙竹篙并摇橹
扯篾缆　上高滩　挂起风篷过深潭
老板船头摆船尾　天涯海角走几番
货物愁买又愁卖　不得早归又是难
纳钱粮　到库房　征银本色并秋粮
免得经承图差别　买田又爱税契房
二十日　要探信　文武官员就封印
地方乡约无人投　贼情人命无审讯
二十三　烧灶疏　灶君菩萨上天去
全年一家大小事　上奏玉帝无隐私
揽尿桶　庢塘泥　将交下手去放鱼
再来挨到二十六　大家又讲过年圩
入年家　爱扫屋　抹净神龛回神福
穷人籴米来过年　富人封仓不粜谷
问清人家大小账　不欠人钱便是福
爱买几件小东西　油盐椒酱及爆竹
三十日　添一岁　南朝番国皆同理
爆竹一声旧岁除　清早就供岁饭米
夜来点着照岁灯　大锭花边好磧岁
我今写了一年完　要你后生留心记

闽西客家话词汇宝库

——林梁峰著《一年使用杂字》

林建明

　　"上杭马林兰藏版"《一年使用杂字》系"林梁峰先生著",木刻本,共25页,342行,每行两句,多为七字句,开头四行和后半部共有66个三字句,共得717句,4755字。经粗略统计约有3000个词语,其中客家方言特色的词语350个左右。

　　著者林梁峰,原名"林宝树,字光阶,袁畲乡人,由举人选授海城知县,(因道远)不赴"。① 时在"康熙38年己卯"(1699年)。② 生卒年不详。③ 梁峰是他的号。④ 其著作则有"《梁峰诗文集》、《四书大全摘抄》(《通志·经籍》、府志《文苑》书目)、《一年使用杂字》(采访册,刊存)"。后者或就是《一年使用杂字》一书的原名。民间也有按照旧例称为《元初一》的,因为开篇就是"元初一,早开门。放爆竹,喜气新"。⑤ 后者简单易记,也就更加流行,几乎妇孺皆知。虽然不能确定该书编著于何年,但可以推测成书于康熙年间,约当公元17世纪末18世纪初,至今流传约300年,成为闽西客家儿童的"破蒙"识字读本,也有人把它当字典用,相当通行,在识字教育和普及文化知识方面起了很大作用。

　　除上述木刻本外,笔者还见到两种本子:一种是手刻油印本,由武平县政协副主席王增能先生慷慨借予;另一种是家父用圆珠笔手抄的。这两种本子完全相同,均只比木刻本多一行14字:"人家妇女有贤丑,其中总

----

① 丘复主纂,林绂庭、谢伯镛协纂《武平县志》(民国30年编修),福建省武平县志编纂委员会整理出版,1986年12月,第685页。

② 福建省武平县志编纂委员会整理出版,1986年12月,第310页。

③ 一说生于1673年,卒于1734年,"享年五十九岁"。(林善珂《平民文化的赞歌——林宝树与〈元初一〉》,见李逢蕊主编《客家纵横》1992年9月第123页、126页),唯生卒年与享年不甚相合。

④ 据王增能先生提供的油印本《一年使用杂字文》书末所附"隐山悟机氏敬跋",《梁峰公行略》)。

⑤ 福建省武平县志编纂委员会整理出版,1986年12月,第477页。

是由家教。"此外同木刻本完全一样。很有可能是木刻本漏刻了这一行，因为它正处于木刻本第 23 页末行之后和第 24 页首行之前。

木刻本《一年使用杂字》内容相当广泛，把一年从春节到除夕的农副业生产、文化娱乐、婚丧喜庆、民情风俗，几乎说了个遍。书中绝大多数是韵语，读来朗朗上口，便于记诵，这种形式可谓喜闻乐见。书中蕴藏着闽西客家方言的许多宝贵资料，词汇尤多，语法亦有，从韵脚可以考见语音。

下面分类列举该书中部分闽西客家话词汇以见一斑。冒号后是相对应的普通话词语。个别的稍加解释。

1. 天文地理

天时：天气。

月华：月亮，特指中秋的月亮。

岭，岭岗：山岗。

石岩：石洞。

冷冰：冰。

2. 时间方位

元初一：正月初一，春节。

暗：天黑。

星光半夜，晚深夜静：深夜。意义相同而色彩稍有不同，前者通俗些，用星星的光亮形象地描写"半夜"；后者文雅些，用"夜静"衬托"晚深"。

早夜：早上和晚上。

昼边：中午。

下昼：下午。

入年家、爱扫屋：腊月廿五为"入年家"，家家户户要把房屋和家具打扫、擦洗得干干净净。这是闽西客家传统的卫生习惯。

3. 房屋建筑

厅下：比较大的厅，分上、下两部分，中间有天井。小些无天井的叫"厅子"。

横屋：厅堂后面横向的房子。

檐塍：房檐下底层供人行走不致被雨浇着的过道。

花台坎：房屋后面的高台成高坡。

石坎：用石块砌成的护坡。

粪寮：放置家畜家禽圈肥的草屋或瓦房。

4. 用品器具

碗头：大碗，盛菜盛汤用。

匏杓：舀水的勺，有两种，一种用松木挖成，一种用老的匏瓜剖两半去瓤而成。

笆篮：圆形竹器，直径 1.2 米，深约 20 厘米，筛米时用来接住米不致溅洒到外边。小些的叫"细笆篮子"。

米筛：用来筛出大米剔除稻谷的圆形竹器，直径 65 厘米左右，有许多小孔，米粒可通过，稻谷则通不过。

簸箕：形状大小同米筛的无孔竹器，用来扬去砻糠，或通过反复推拉把掺杂在大米中的谷粒聚集在一起剔除干净。

谷筛：脱粒时用来筛出稻谷，别除稻草和杂草的圆形竹器，大小同米筛。但粗糙得多，洞也大得多。

甑棚：大锅盖，直径 80 厘米以上。小的叫"甑盖子"。

簟笭：笊篱，用来捞米饭的竹器。

砻：碾稻谷成大米的竹磨，外围用粗竹篾裹严实，用搓熟的黄土夯实，再把作齿的竹片搜进黄土中。

碓：利用水力的叫车碓、车碓子，用脚踩的叫碓、碓头，用来舂米和舂米面（粉）。

帘床：用来成型纸张的竹帘子。

刷把：尺来宽的大刷子，用松针作刷毛，用于把湿的纸张铺刷在焙笼壁上。

焙笼：中空烧柴草，两边的石灰壁用来烘干纸张。用刷把把纸张铺刷在焙笼壁上烘干的工作叫"焙纸"。

墡子：分上下两层有盖并可挑的竹器，用来放置装食物的盘碗或贺仪祭礼。

火桶：手提火炉子，中间放一泥钵盛热灰木炭，周围用细竹丝裹好隔热，冬天用来取暖，可随身携带。

火筒：长二尺余的中空的竹管，用采吹旺火种，使柴草着火。

5. 农事农具

作（人）田：种（别人的）地。

打落脚：施底肥。

扩烂泥团：打碎泥块。

作坡（陂）：筑水坝。

开圳：开小渠。

撊谷子（麻子）：播撒稻种、芝麻种子。（闽西客家只说"麻子"，忌说"芝麻"，因它与女阴同音）

掂谷子（豆子）：点播（种）稻子（大豆）。这样播种的稻子叫"掂头"。

莳田：插秧。

莳夯子：夯，读若灿。连作套种栽晚稻秧，"夯"字十分形象，四丛早稻长在四个角上，两条对角线的交叉点上再栽一丛晚稻秧，等于大中套小。晚稻秧像打进去的楔子。

翻耙：耙过的地再耙一次使土块更碎。

秒烂：把地再犁一次。

犁辕、象鼻、犁拔线、犁横刀：均为犁的部件。

脱秧：拔稻秧。

塞粪：施兜肥。

耘：中耕除草。

钯子：耙子，有长柄和七铁齿的小锄，用于稻田中耕除草，不必弯腰。

铁铡：四齿大锄。

田塍：田埂儿。

田坎：地里的坎。

担杆：扁担。

竹竿：两头尖的长竹竿，用来挑大捆的柴草。

度稗草：度，读若拓，把种子剔出拔去。

禾槁：稻根。

盐箕：箕的一种，用来盛米或稻谷。

谷笪：用来晒稻谷的较粗糙的竹席。

搪子：形同丁字尺、柄长约三米的木器，用来把开谷笪里的稻谷，使之均匀摊放易晒干。

钩泥碛（读若轧）：用锄头把沟里的土钩起来压住薯藤一类的种秧。

6. 虫鱼鸟兽

脯鱼：作为调料的一种鱼干，一说目鱼干，焙干研末用来烧肉烧豆腐，味道十分鲜美。

鲩：草鱼。

土仑：以芒根、竹根为主食的穴居动物，形似鼠而大得多。

黄猄：也叫麋、麂。

官蜱：臭虫。

7. 花木作物

大糯、野猪糯：均为糯的一个品种。

番蒿：中稻的一个品种，类似小黏米。

早粘：早稻、早米，但非糯谷、糯米，相对的晚稻、晚米叫杂子。

杉毛：杉树叶子，长披针形。

松毛：松针。

芋子、芋卵：芋。

芋荷苗：芋的茎和叶。

青菜：蔬菜，也特指芥菜。

番薯：白薯。

番匏：南瓜。

杆：稻草。

包胎：稻子含苞。

茶子：油料作物，可榨油供食用和药用，茶油为油中品位高者。

茶枯：茶饼，茶子榨油后剩下的渣子，旧时农村当肥皂用。

8. 人品职业

先生：教师、老师、私塾老师。

痘师先生：种牛痘医治天花的医生。

厨官师傅：厨师。

杂工师傅：负责供应造土纸的原料的人，他的职责叫"打杂工"。

做纸：造土纸。

烧罂瓷：烧窑制陶器瓦器。

行地理：看风水，事此者被称为"地理先生"。

9. 亲属称谓

婿郎男女：女婿和女儿。"男女"可谓偏义复词。

老表：表兄弟。

爷娘、爷娓：父母。

外家：娘家。对丈夫也可以这样他称。

娓姐：祖母。

叔婆伯媄：叔祖母、伯母。

新人：新娘。

男妇大小：男女老少。

姊嫂：妯娌。

公婆、两公婆：夫妻、夫妻俩。

10. 身体五官

目汁：眼泪。目即眼睛。

脚：大腿、小腿、足。

面：脸。

11. 生老病死

披麻：穿麻衣以示戴孝。

麻衣：麻纱衣裳，特指祖父母或父母死后儿孙辈穿的粗布缝制的衣裳。

抖尸被：用来裹遗体的白布。

"八仙"：负责抬棺柩掩埋的人，一般8人，多至16个、32人、64人等，但2人、4人也称八仙。

祭墓：扫墓。

12. 饮食穿戴

汤皮：粄皮，有叫果条的，大米泡透磨成浆蒸薄片切成条状。

散饭：糯米蒸熟晒干后用油炸，蓬松脆爽。

禾米粄：用禾米制作的米果。

浸酒：酒酿醪糟加凉水使酒精度增高的酒。

萝卜线：萝卜丝。

藏浸：类似霉干菜。芥菜稍晾干加以揉搓后晒干，加少许盐，装入瓮中密封，过一段时间即成，一年四季可吃，各种病人不忌。

笠麻：笠、斗笠。

13. 动作心理

洗汤衫：洗衣服，客家话，用清水漂洗干净叫"汤"。

连补：缝补。

渥湿：浇湿。

跟收：傍晚把家禽家畜召回圈起来。

戒别（纸牌）：戒掉（玩纸牌的陋习）。

哗拳：猜拳，也叫"划拳"。

着棋：下棋。

打右口：只念不记，不认字。

破蒙：启蒙，开始读私塾。

挒来送去：拉过来推过去。

赴圩：赶集。"赴年圩"即赶除夕前最后一个圩日。

留开：留下。

企：站。

撷：牵、拉。

破篾、破开竹篾：用刀把竹子剖切成薄片或细丝，以便制成竹器。

碛岁：压岁。

割笲：特指做土纸的打柴。供焙笼里烧的柴草叫"笲"。

14. 群体庆典

烝尝：或以祖宗的名义，或按人丁集资购置地产作为祭祖或其他公益活动的宗族或民间团体。

阵班：临时组织起来的文艺体育队伍。如"打十班"即十个人操十种乐器的乐队，"打狮"即舞狮。

散班：解散临时组织起来的文艺体育队伍。

尝新禾饭：农历六月初早熟品种刚成熟，人们可以品尝到刚收割的新稻米做的饭，又叫"尝新禾"。一般要用新收割的糯米蒸糍粑尝新以示庆贺，视同节日。

该书记述的闽西客家话词汇与普通话词汇相比，有如下差别和特点。

1. 同一个事物的称谓或说法不同

大细子人：小孩儿。

后生：年轻人，青年。

婿郎：女婿。

家官、家娘：公公、婆婆。

早粘、夯子：早稻、晚稻。

连狸：穿山甲。

圆鱼：鳖。

2. 同一个词含义有广狭之分

供：闽西客家话有养（"好供子女奉爷哀"）、喂（家禽家畜，"再来暖汁供大猪"）、供应（"供膳先生也要勤"）等多种意义；普通话只有后种意义。

爱：普通话的词义之外，闽西客家话也作为助动词"要"来用，如"出水掂头又爱耘""初四开斋爱剐猪"。

饭：普通话含义广，闽西客家话只指大米干饭，大米稀饭则称"粥"，二者分得一清二楚。如"捞饭煮粥匏杓扰（读舀，同音假借）"。

3. 同一个词含义不一样

馒头：普通话指用发酵的面粉蒸成的无馅的日常食品，较蓬松；闽西客家话则指用不发酵的大米粉蒸成的球形暗红色供品，很板结，上供后才吃。

谷子：普通话指没有去壳的小米，武平客家话则指没有去壳的稻谷。

爷：普通话指祖父，闽西客家话指父亲，如"父死叫爷"。

爹：普通话指父亲，如"爹娘""爹妈"；武平客家话却是祖父，如"父死叫爷又叫爹"。

4. 闽西客家话保存了不少古词语

面：脸（"铜镜照面对答对"）。

食：吃（"猪肉食完并腊鸭"）、喝（"食茶单想酒娘糟"），吸（"橘饼点茶再食烟"）。

禾：稻子（"禾苗吐花枝扇（稻穗）长"，"大暑到来正打禾（脱粒）"。

挪索子：搓绳子（"纺棉线，挪索子"）。

吠：狗叫声，象声词。

5. 闽西客家话使用与普通话不同的量词

只："劏猪杀羊原只摆"，普通话用"头"。

工："不敢剃头满百工（天）"。

日："日日朝晨（早晨）白头露（天天）"。

朝："朝朝宰杀劏牛猪（天天早上）"。

该书反映的闽西客家话在构词法上的特点可举例如下：

1. 表示动物性别的"牯""牸"等放在词根后边，如"好养牛牸（母牛）并牛牯（公牛）""又请雷公（雷）并电母（闪电）"。

2. 名词带"头"的，如"碗头、镢头（锄头）、锅头（锅）、芒头（芒）、掂头"等有不少；带"子"的更多，如"茶壶子柑子、球子、风流浪子、黄螺蛏子、冲天跃子（二踢脚）、点子（笔画点）、钯子、日子、豆子、芋子、炭子（木炭）、狗子、艄公脚子（船老大）"等。其中许多词在普通话中是不带"头"或"子"的。另有一些带"公"的名词如"虾公（虾）、雷公（雷）、蚁公（蚂蚁）、新郎公（新郎）"等为普通话所无。

3. 有的词虽然语素相同，但语素的次序不同，如"真闹热"。

4. 关于重叠成分，有与普通话相同的，如"金盏银盘缔缔转（转圈转得非常快）"；还有不少不同的，如"帐外蚊子闹喤喤""鲍鱼鲞翼（鱼翅）馥馥香（香喷喷）"，语序跟普通话相反。至于"弄得人家颠倒颠（颠三倒四）""铜镜照面对答对（十分准确，丝毫不差）"，更是普通话里所没有的，"颠倒"还像个词，"答"则像衬字，但又有实在意义，类似"很"的意思，说"答对"而不说"对答"。还有一例很特殊，是两个相连的数词各自加以重叠，"许多游门去打铁，三三四四同做得"。

林梁峰的《一年使用杂字》成书三百年来实际上已成为闽西客家

民间通行的蒙学读本和用词用字的规范。从以上引例和述说可知，它
部分地反映了闽西客家方言词汇的面貌。说它是闽西客家话词汇宝库，
恐怕并不过分。其中还蕴藏着许多别的东西，值得我们进一步发掘。

（本文刊于《客家纵横》增刊《首届客家方言学术研讨会专集》，1994
年 12 月，李逢蕊主编。作者单位：福建省三明大学）

平民文化的赞歌

——林宝树与《元初一》

林善珂

林宝树，字光阶，清康熙十二年（1673年）出生于武平县武东乡袁畲白泥田村一个清贫的农家，9岁时，他走上了他的父辈的道路，开始下地劳动，挑起了生活的担子。如果没有一件偶然的事触动他，他也许会像他的父辈一样，耕耘稼穑，老死田园。可是，11岁那年，命运却让他走上了另一条道路。

和所有孩子一样，他盼来了他的第十一个新年。一起床，父亲就给他一摞请人写好的春联，让他在各个门楣上张贴，他很快完成了任务。拜过年后，他正与一群孩子玩鞭炮，忽然，随着家门口的一片哄笑声，他父亲铁青着脸走来，先狠狠扇了他两记耳光，接着又搂着他呜呜地哭了起来。欢乐的新年被搅乱了，他含着眼泪怔怔地站了许久，怎么也不明白，迎接自己第十一个年头的第一天，竟是两记耳光和父亲的悲恸。母亲告诉他，春联贴错了。唉，父母的房间门口，赫然一对"六畜兴旺猪为首，……"的红联，而那一对"夫妻和睦百年偕好，……"的红联却孝敬了牛爷爷猪婆婆。迷信的山村人最重视的就是一年的第一天，似乎这一天顺利与否与全家运命攸关，这种希望和寄托的颠倒，给他们全家笼罩了一片阴影，欢乐的佳节，成了办丧事的日子一样。

从此以后，他和他父亲决心摆脱这种愚昧的境界了。付出的代价是惨痛的，一弟一妹被卖到江西去了，一家人更是勒紧了不能再紧的裤腰带。就这样，他还是一个不伦不类的人。在书院里，他是一个用破布包书、从来不进书院饭房的泥腿子学生；在田里山上，他又是一个把太阳从东背到西的识文断字的秀才。

艰难的十几年过去了，他已长成为一个23岁的小伙子，除了一身好力气外，腹中还装满了诗书经纶。一里外就是上汀州府的官道，望着上城入府考取功名的骡马轿子，他充满了幻想。

机会终于等到了，26 岁生日的这一天，族中老人团聚他家，在几碗水酒中作出了他的前程的决策。贫穷的族中人你一斗我一升地为他拼凑盘缠，族中每年祭祖的积谷也全数端给他。他们把他的赴省赶考看成改变本族面貌的大事——他们恪守着祖先崇尚文化、尊重知识才华的民族传统。

"光阶中举了！"康熙三十八年（1699 年）暮秋的一天，消息报来，邻近村镇震动，他们不相信山沟里真能飞出金凤凰。于是关于光阶中举的传奇应运而生：一说在考场上，光阶答时把一个关键性的字的一点漏了，而阅卷官后来却发现那一点上正好爬了一只黑蚂蚁，这不是天意吗？一说光阶曾祖有一块好坟场，对他的五个儿子说，谁先谢世谁就先葬这块坟地，以免争执。几个月后，光阶的父亲刚满周岁，三十挂零的祖父就吞断肠草占了这块坟场。

"那是一块出状元郎的好坟地啊！可惜后面露了龙骨（瀑布），只出了一个举人"，人们纷纷惋惜。"这都是命啊？"古老山村的人们千百年来，有谁把握过自己的命运？因此他们宁可相信命运的赐予，而不相信发愤和自强。关于这一点，先生在他的自撰墓志铭里解释得很清楚，"寒窗稼穑之苦，兼于一身，十二年发奋，何曾懈怠？……"

同年，吏部发下命令，授予他海城县（一说海澄县）知县。关于他赴任与否，有两种说法：他故乡的老人们是这样回忆的：1699 年，他带着一个近房侄儿（为了让他在任上读书）走马上任。康熙年间，这个所谓"盛世"时期，实际是腐朽的中国封建统治行将就木的回光返照，正如《红楼梦》《儒林外史》中展现的那样，清王朝正病入膏肓，政治黑暗，吏治腐败。于是，怀着满腔报效国家民族和为民做主的热血而来的他失望了。接着，他又接连几次在审案中得罪了海澄县护官符上的几个大家族，因而连遭攻讦。不肯低头的他，一气之下，摔掉了乌纱帽，从陶渊明的出世哲学里找到了归宿。1700 年春，归隐田园了，但却两袖清风。他只当了三个月知县（据此说，海澄县当时属漳府，现在广东境内）。《武平县志》却认为，当时宝树授海城县知县职，因路遥（海城在东北奉天，今辽宁省）未赴（县志此说亦据民间采访）。

虽然赴任与否，二说相左，但共同的一点是，他曾长期赋闲乡里。光绪年间的《元初一》刻本跋作者隐山悟机氏作《梁峰公行略》称："梁峰公……，晚年居家，手不释卷，深沉幽养，道味盎然，游优自得。然有难以言语形容者……。"所谓"有难以言语形容者"，他的故乡老人是这样回忆的：赋闲乡里期间，先生靠举子的微薄俸禄生活，在乡里，他没有文人骚客饮酒赋诗、浅酌低吟的雅兴。他觉得他辜负了父老乡亲的厚望重托，既没有为振邦报国出力，又没有为故里博取荣耀，又不能为那些"悄悄地来，悄悄地去"的乡亲鸣不平。他觉得自己欠了许多良心债、责任债，每每思图一报乡亲们的升斗之恩。于是，他开始以自己微薄的力量为乡人服务：为穷人诉讼提供免费文墨；为红白喜庆司礼；为穷人抄写文契字据和计算往来账目；包揽一年一度四乡八村的大字春联；等等。

在上述服务中，再加上几十年乡居生活的体会和感受，他深深感到，占农村人口95%以上的农民群众，读书机会甚少或根本没有读书的机会，他们与那些"子曰诗云"读物无缘，纵使读了几句，在实际生活中也无法运用。于是改"子曰诗云"之弊端，开"乡俗文化"之先河（墓志铭）的尝试，成为他的抱负。他开始酝酿写作能为普通群众接受、能在日常劳动生活广泛应用的通俗读物和工具书。这就是《元初一》的创作动机和始端。雍正初期（1730年以前），《元初一》小册子刻本开始流行（最早的刻本是雍正七年，成书及在武平武东一带流行，在康熙末年），时名《一年使用杂字》。1734年，先生告别尘世，享年59岁。

在中华人民共和国成立前的二百多年中，《元初一》不胫而走，已经广泛流行于客家居地的福建旧汀州八属：广东梅江、韩江流域；江西会昌、寻乌、安远各地，受益于它的人民逾500万人。关于这本小册子的价值，拟从五个方面略述于后，以示其概。

首先，《元初一》是作为一本闽粤赣客家方言地区的通俗训蒙读物而存在。由于它通篇述事立足于底层劳动群众的喜怒哀乐和人们熟悉的农耕风俗，语音上采用客家方言口语，并采取韵文形式，读起来朗朗上口，易读易记。因此它能在广大人民群众中扎根，为广大人民群众喜闻乐见，也决定了它的持久的生命力。200多年来，闽粤赣客家的许多舍学私塾，把这本小册子连同《三字经》一起作为入学儿童的训蒙读物。与《三字经》相比，它给予幼稚的儿童的启发更为生动具体。因为童稚的理解，对于自己周围熟悉的事物，总比远古时代的三皇五帝要容易得多。作为启蒙读物，它最重要的社会作用，是为那些没有机会读书的广大农村青年，提供了识字读书、熟悉农村事务和风俗习惯的唯一教科书。客家地区曾经流传着这样的称颂："可失千两金，莫失杂字本"，"一年十二月，行事不需问"。直到今天，还有许多农村的中老年人能记忆成诵，甚至还有许多人辗转传抄。由此我们可以看出它的人民性。200多年来，多少破蒙的童稚，得到它的启迪，多少与"子曰诗云"无缘的农村青少年，因为有了它而享受了文化的教益和熏陶。它对客家地区的乡土文化、文明的传播和普及起了重要作用。

其次，《元初一》是一本客家方言的通用工具书。《元初一》全篇共4800余字，所收单字近3000。其所收单字，均为农村应用文常用字。而它的七言白话押韵形式，又使它兼有字典、词典的双重性质。尽管它没有今天的字典、词典那样的释字释词，但人们能通过通俗易懂的白话句子悟出字词的含义。笔者的家乡，便有许多老中年男性，他们青年时代之所以能奇迹般地无师自通，自己给自己扫盲，究其奥秘，正是《元初一》这部工具书发挥了它的特殊作用。

再次，《元初一》向我们展示了200多年前闽粤赣客家地区生动的风俗画卷。风俗方面，它概括地叙述了闽粤赣客家地区的葬丧哀悼、婚嫁喜庆、盛大节日一应仪式，特别提到了当地人民的群众性文化娱乐形式有：船灯、马灯、龙灯、扇灯（今已失传）、秧歌舞、木偶戏、花鼓戏、舞狮等。而民间的体育活动则有拍棉球（今已失传）、踢毽子等。宗教信仰方面，客观地反映了我国古代人民对自然灾害无可奈何之余的有"病"乱投医，于是创造了许多佛、菩萨的偶像，上至伏羲、神农、黄帝，下至掌苗使者五谷神、雷公、电母、风伯、雨师，乃至田头地坎的土地神杨大伯公等。此外还介绍了四季祭祀仪式以及风水算命卜卦的迷信风俗。作为儒学后人，他对这些迷信是采取批评态度的："又有算命哄人钱，五星盘子及流年，探知人病来送煞，弄得人家颠倒颠。"教育方面，他把知识和读书列为"世间第一"，虽然不免有读书做官的迂腐思想，但它主张为学的原则要"温熟书""分明章句"，切勿"打冇口"。读书，要注意启蒙阶段的基本训练，"合本纸库学写字，提笔填红上大人，真落横画并点子，端端正正分均匀"。至于经馆大书堂学习，则强调听讲、思考、复习三个环节，

"上昼讲书下昼想，更深夜静读文章"。农耕方面，它把一年二十四节气所应操作的农事介绍得非常详尽，诸如什么时候下种，什么时候耕种施肥，什么时候收成，农耕应用的各种农具名称、用途，甚至什么品种适宜什么土壤，是直播还是扦插，都一一标明："南安早赤早迟禾，蚁公包子掂者多，又有黄早野猪糯，栽在塘中种在窝。"思想修养方面，它劝诫赌博恶习，表旌妇德。此外，当时的商业贸易，各类手工业生产状况也得到反映："织布师傅又如何，脚踏楠机手抛梭"，说明康熙年间已有较先进的脚踏织布机——楠机。《元初一》在风俗习惯的描写中，充满了对劳动人民勤劳刻苦的歌颂、悲惨生活的同情，也隐约表述了对地主阶级"为富不仁"的控诉，"穷人籴米来过年，富人封仓不粜谷"。

又次，中国汉族文化，书面语与口头语的分离，几乎有上千年的历史，这种状况给文化的普及和提高，设置了许多障碍。20世纪初，陈独秀、胡适之、鲁迅先生提倡和推行白话运动，这方面的障碍始渐消除。从此，汉语书面语与口头语又趋结合，为中国汉文化的普及和提高开辟了道路。白话运动，是提倡平民文化，主张以白话写文章为核心的，从这个角度对照，我们可以说《元初一》是白话运动的先驱。它是用客家方言写作的第一部白话读物，是200多年前平民文化的典范，它之所以能影响如此深远，白话形式也是个重要原因。

最后，我们谈谈《元初一》的文学价值。工具书通常是比较刻板枯燥的，但《元初一》别具一格，它赋予了浓厚的文学色彩，不仅把几千个常用字艺术地包含在农耕习俗和日常生活的叙述中，而且以极其生动的语言，刻画细致的描写，精练概括的叙述，朗朗上口的对仗押韵，表现了较高的文学价值。请看一段："又有一种坏妇道，舌尖嘴长牙齿老。忤逆家官并家娘，惯斗叔婆伯媄嫂。门前翘脚手撑腰，行路摇头又折脑。食茶单想酒娘糟，油膏只顾自家饱。头发垂到嘴唇边，出入人嫌人耻笑。不锁门户过别家，恰似黄婆骂街道。懒尸懒骨害人妈，万金家门败得了。"一个懒泼刁钻的缺德妇人，栩栩如生，跃然纸上（请不要以为这是"唯女子与小人难养"的布道，因为它已旌表过妇女的美德，这只是一种比较教育）。再请看："笙箫笛子同吹起，弹琴唱曲两相和。风流浪子台上跳，花鼓双双两公婆。"只四句话，便令人心驰神往于朴实敦厚的农村节日的文化娱乐生活。《元初一》的文学艺术光彩，也是它之所以能够深入人心、广泛流传、具有持久生命力的原因。

当然，作为封建时代成书的读物，由于时代的局限，《元初一》也有许多陈旧落后的内容。但这封建糟粕属于次要方面，限于篇幅，不一一赘述。

光阶先生原著述颇多，除了《元初一》外，他还著有《梁峰诗文集》、《四书大全摘录》（又名《学庸摘抄》），其中《灵洞山赋》《募建陈大士书院序》还被列为《汀州府志》的文苑精华，被全篇录载。

（本文原载《客家纵横》，闽西客家学研究会编，李逢蕊主编，1992年9月。作者单位：武平县政协）

匍匐在文化巨人的脚下

——写在《图说元初一》出版之际

钟德彪

　　林宝树是清康熙年间出自武平县武东乡袁畲村的举人。他用毕生心血创作的《一年使用杂字》（又名《元初一》）刊行300年来在闽粤赣边客家地区产生了巨大的影响，成为后人仰望的文化丰碑。

　　我对林宝树先生的崇拜，从小时候吟诵《元初一》开始。

　　《元初一》虽是一本小册子，全文计4800多字，文化内涵极其丰富，乡土气息极其浓厚，生活状态极其逼真，人物个性极其鲜明，字里行间描写了客家人创业的艰辛、

《图说元初一》

生活的艰难、积极的态度、放达的情怀。从大年初一早起放鞭炮开始到年三十除夕一家团圆，从春天播种开始到夏收夏种、秋天收割到冬季收藏，从祖宗崇拜到迎神赛会、扛轿打醮，从民间文艺到民间工艺、民间医药、生活记忆，从破蒙读书到功成名就，从褒扬贤淑妇工到贬斥邪恶妇道，从农事作物到生活技艺，从婚丧喜庆到礼义廉耻，林宝树先生给我们描绘了一幅客家地区多姿多彩的生活画卷，让人走遍天涯海角也不忘的浓浓乡愁！

　　1993年，我在武平县委办公室工作，获时任县委办副主任王民发先生暂借一晚发黄的《元初一》刻本阅读，挑灯夜战，通宵读完，大呼过瘾；次日已是还书日期，便起早到街上复印店偷偷复印，装订成册，置放书架显眼处，并随我一路流浪。1994年我调入闽西日报社工作，负责副刊编务，第一件事便向分管领导汇报，能否把《元初一》分段落、章节、内容进行连载，不但刊登原文，还配以主题图片并点评。领导同意后，我和王

民发先生一起对原文的段落进行点评，连载部分章节后，始料不及的是，社会反响很大，许多读者写信、打电话给我，说这个做法很好，应该积极弘扬。当时客家热正在海内外涌动，人们"根"的意识开始被唤醒。可惜由于种种原因，只连载了 10 期，后再也没有续下去，只两个多月便匆匆收兵，成为我至今都难以解开的心结。

把大型客家启蒙读物《元初一》进行图文解读再版，一直是我的梦想，也是龙岩市民间文艺家协会应尽的职责。在市民协年度、季度工作会议上，我每每谈及出版事宜均得到同人的热情支持，认为弘扬民族文化，宣传核心价值，展示客家风情，记住闽西乡愁，推动社会进步，是一件非常有意义的事情，应该做，而且完全可以做好。

2015 年初，市民协与武平县文联进行了沟通。我向武平县文联主席何育东先生进行了汇报，得到首肯后，立即写出方案，并付诸实施。我觉得，如果仅仅是再版原文，则不能适应新的历史时期阅读习惯的变化，最好能把《元初一》的核心内容进行提炼、归集，用连环画的形式展示出来，并进行注释点评。同时，由于时代在变，一些客家常用词语也发生了变化，年轻人根本就读不懂，于是又决定对原文进行注音，这样利于《元初一》作为校本课程进校园和其他阅读场所。

我把《元初一》全文按时令、内容、风情、性质等，分成 122 个章节，并请民间画师进行再创作。如何让"画"画得传神，这是一个大问题。比对、沟通、遴选了多位闽西本土的画家作品后，最后决定由龙岩市民协会员廖国勇先生担任绘画任务。廖国勇先生是武平县人，年过花甲，但身体硬朗，精力充沛，话语间也充满幽默，2012 年在龙岩市民协主持出版的《边城下坝》一书中绘制了 3 米长卷的风情画作和书中插图，早年还当过走村串巷的"油漆师傅"，对客家风情了如指掌，相信他能够完成任务。我宴请廖国勇先生，微醺中，借酒劲，说，我只给你三个月时间，必须保质保量完成。接到任务的廖国勇先生一脸疑惑，上下打量着我。我直接对他挑明话题，放心吧，你的稿费会准时足额地支付，"到时实在没钱，我在老家还有套房产，可以变卖变现，给你支付稿费"，现在最要紧的是你要加班加点，先阅读，再理解，再阅读，再理解，反反复复读，直到心里滚瓜烂熟了，再着手绘画。顶着大热天，廖国勇先生挑灯夜战，终于提前 10 天完成了绘图任务。

抓好编务工作是重中之重。我按照时间节点，先后与刘大可博士、李坦生老师、邱云安先生、林东祥先生联系，请他们给予稿件支持；嘱咐龙岩学院文学与传媒学院学生钟旎对全文进行注音。

为了增加《元初一》的可读性，我又查找许多史料并对客家风俗礼仪进行比对，对全文进行选择性的点评、校注。期间还分别向龙岩学院林清书教授、张佑周教授，武平县领导王民发先生、林善珂先生请教，得到他们的支持鼓励，令人欣慰。

文化的道义要高高举起。我们永远匍匐在文化巨人的脚下。

《图说元初一》的出版，凝聚了许多社会有识之士的心血。借出版之机，龙岩市民间文艺家协会将紧紧抓住这个契机，重新出发，为弘扬社会正能量，传播社会主义核心价值观，为加强两岸文化交流，使更多的青少年记住并发扬老祖宗的一切智慧和创造，做出应有的努力！

2015 年 10 月 16 日于龙岩

（作者系龙岩市民间文艺家协会主席）

《元初一》所反映的闽西客家村落社会

刘大可

　　《元初一》，又名《一年使用杂字》，是清中叶至民国时期流行于闽西各县乡间私塾的启蒙读物。作者林宝树，字光阶，汀州府武平县袁畲乡（今袁畲村）人，生于清康熙十二年（1673 年），为清康熙三十八年己卯科举人，官授海城县知县，不赴。①

　　《元初一》以闽西客家村落为背景，描述了当时的民情风俗、四时耕作，以及杂谈等等，并以韵文的形式，用客家方言叙述，通俗易懂，朗朗上口，深为一般百姓所喜爱，故童谣有云："宁失千两金，莫失杂字本。"《元初一》所载内容的历史真实性，已为田野调查的材料和其他历史材料所证实。② 因此，《元初一》就成为研究明清时期闽西客家村落社会的珍贵史料。本文以此为基础，辅以其他资料，力图勾勒出明清时期闽西客家村落社会的概貌。

一　《元初一》反映的社会经济

　　在明末清初，农业、畜牧业和手工业是闽西客家村落最主要的生产部门，商业贸易则还不太发达，康熙《武平县志》说："力本业，足以营生，……，勤劳稼穑，不事商贾。……力强者多而末业者少。"③ 对此，《元初一》有着丰富的记载。

　　关于农业生产使用的工具，《元初一》提到的有：镢头、铁锤、犁、耙、尿桶、匏杓、粪箕、茅镰、田刀、担杆、竹杠、盐箕、撮斗、谷箩、碌碡等。种植的作物则有：水稻、薯、姜、芋、黄麻、番薯等。生产的情

---

①　康熙《武平县志·人物志》。
②　参见杨彦杰著《闽西客家宗族社会研究》，国际客家学会等，1996；杨彦杰主编《闽西的城乡庙会与村落文化》，国际客家学会等，1997。
③　康熙《武平县志·风土志》。

况，《元初一》更有生动的描述，一幅幅春耕、双抢、秋收、冬种图跃然纸上。

畜牧业方面，主要牲畜有牛、猪、羊、鸡、鸭、鹅、狗等，《元初一》中描写养牛："好养牛牳及牛牯，又肥又壮在家栏"；写养鸭有："笼鸭上田踏禾稿"；写鸡、鹅则有"担鱼担鸡又担鹅"；写养鸡、猪、狗："拾鸡蛋、看猫兜，鸡鸣早夜要跟收，门前狗子汪汪吠……。"牛主要用于农耕，羊主要用于祭祀，狗主要用于看家，猪、鸡、鸭则是较普遍的食用牲畜，也用于婚丧节庆中的礼品与祭品。在生产力较低下的闽西客家村落社会里，畜牧业也具有重要的意义。

手工业在明清时代的闽西客家村落也相当发达，有银匠、铜匠、锡匠、铁匠、裁缝、木匠、泥匠、织布、染坊、造纸、制陶瓷等。

手工业的产品种类繁多。日常用品有：铜盆、铜罐、铜笔、铜锁、烟盒子、锣、磬子、摇铃钟、酒壶、兜壶、鼎杯、粉盒、油壶、锅头、罂瓮、金斗、钵头、牙钵、花缸、罐子、烟囱等，还有众多的装饰品，如银簪、戒指、牙撩、耳环、臂环、颈锁、钗钊等，至于织布、染布、造纸的手工技艺，则更是令人惊叹："织布师傅又如何，脚踏楠机手抛梭。牵得绉纹入篦齿，羹糊上刷用钩拖。又有祖传老染坊，青绿赤白黑和黄。毛蓝梭布洋青色，爱过碾石打到光。"

与农业、畜牧业、手工业高度发展不相一致的是，商品贸易还不甚发达。《元初一》中虽曾多次捉到"赴圩"，如"初一去赴中堡圩，装得香包到暗归"；"再来挨到二十六，大家又讲赴年圩"。显然，这里的"圩"是指每旬二集的村落市场，这里的"初一""二十六"说明作者附近的"中堡圩"圩期为逢一、六日。但这种贸易周期比起沿海、江南大部分地区"每旬三集""常日为市"则远为稀落。此外，《元初一》中还记述了商人的活动及经商的艰难："百般生意讨赊账，速速收清莫延缠。正载客，走水路，漂河过海船上住。艄公脚子惯撑船，铁铙竹篙并摇橹。扯篾缆，上高滩，挂起风篷过深潭。老板船头摆船尾，天涯海角走几番。货物愁买又愁卖，不得早归又是难。"反映出商人的远程贸易需历经漂河、过海、上高滩、过深潭，风餐露宿、栉风沐雨等艰难困苦。而在商业交往中"赊欠"现象比较常见，商人在买卖中，经常遇到"愁买""愁卖"的时候。

值得一提的是，与商人密切相关的妈祖信仰在这时的闽西山乡并不普遍，据谢重光先生考证，清乾隆以后，《元初一》的作者林宝树的家乡武平县袁畲乡是闽西客家地区妈祖信仰的中心之一，①但在《元初一》中却无一处提到妈祖。可见闽西客家村落的商业贸易在这一时期远不如乾隆以后发达。

从以上情况看，明末清初闽西村落的农业水平已达到了现代化前所能达到的高度，手工艺也相当发达，只有商业发展还比较缓慢，在农村经济上"由自给半自给经济向商业经济转化"的历史阶段，闽西客家村落市场要完成它的充分发展形态，还有一段历史路程要走。

二　《元初一》反映的社会风俗

社会风俗是《元初一》浓妆重彩描绘的部分，举凡闽西乡间的服饰、饮食、婚丧节庆、祖先崇拜、神明信仰等都有详尽的描述，堪称一卷闽西风俗画。兹举数端，以见大概。

1. 关于服饰。《元初一》提到的有绥帽、袍套、棉袜等，这些服饰的组合则是一副出门做客的形象："客人头上戴绥帽，身穿袍套阔和长。棉绸茧绸羊皮袄，汗巾烟袋在身旁。新衫新裤新帽子，镶鞋缎袜配相当。"此外，《元初一》还提到夏服："葛布裋子苎麻裤，大家都着热衣裳"；功名服："秀才监生唱拜兴，身穿圆领头戴顶"；丧服："挂起像来安灵位，白布结装内外帘"，"满路头帛并腰帛"，"麻衣挂壁方成子"，等等。

2. 关于饮食。这一时期，闽西客家村落的日常主食为捞饭和煮粥，副食则有地瓜、薯、芋子等，家常菜为萝卜、青菜、藏浸（腌菜）、芥菜、菠苓、苦瓜、扁豆、茄、苋菜、番匏（南瓜）、冬瓜等。《元初一》中云："捞饭煮粥匏勺舀"，"青菜煮来藏浸炒"，"芥菜萝卜与菠苓，苦瓜扁豆茄苋菜，番匏冬瓜满蒂摊"。这些蔬菜表面上看似品种众多，但实际上具有很强的季节性，故真正日常配饭的菜类十分单调。这种情况只有到了逢年过节才有大的改观。每当年节来临，饮食方面的种类就显得丰富多彩了。

_____

① 谢重光：《闽西客家的妈祖信仰》，载福建省客家学会编《客家》1994 年第 1 期。

如供品方面有：汤皮、糍粑、粽子、馒头、饼、橘饼、糕饼、门冬、瓜线、柑子、龙眼、荔枝；海产品有：鲍鱼、鲨翼、鱿鱼、虾米、黄螺、蛏干、蜇皮、海带、脯鱼；肉类有：猪肉、醋鸭、醋鱼、鸡肉丝、肉丸、酥骨、猪蹄、猪肉杂，以及豆腐、笋干、花生、瓜子等。《元初一》中描写正月请客的场面就十分精彩地反映了闽西村落的饮食文化："初三初四拜新年，婿郎男女到家门，或请新亲来相见，丈人老表及外甥。猪肉食完并腊鸭，蒸醋鱼冻共三牲。浸酒开坛用大碗，欢欢喜喜赛哗拳。大富大家更排场，鲍鱼鲨翼馥馥香。海参燕窝鸡丝肉，鱿鱼虾米做清汤。黄螺蛏干拿来炒，蜇皮海带合辣姜。肉圆包子来凑样，也有酥骨上沙糖，极好脯鱼煮豆腐，焖烂猪蹄锡盘装。闽笋豆芽萝卜线，好贴肝肺猪肚肠，调羹扰来筷子夹，大家食得饱非常。许多花生瓜子壳，厅下地面要扫光。"

3. 关于娱乐活动。闽西客家村落的娱乐活动形式多样，《元初一》提到的有：围棋、象棋、纸牌、拍棉球、龙灯、马灯、船灯、花鼓、打狮、烧花筒等。这些娱乐大都只在农闲或新春佳节时进行："无事之时好着棋，围棋象棋有赢输。戒别纸牌切莫打，送了钱财惹是非。"而有些仅适用于年轻小伙子的活动："大细子人好嬉游，双手无闲拍棉球。或用脚来踢毽子，输了他人不知羞。"另有一些则显然是为了烘托春节气氛而有组织、有计划地设立的："大闹花灯喜者多，抹浆褙纸小心摹。破开竹篾扎圈子，龙灯马灯去穿梭。转珑窍妙有消息，船灯扇灯闹阳歌。碗锣盆鼓并色板，打起大钹大铜锣。笙箫笛子同吹起，弹琴唱曲两相和。风流浪子台上跳，花鼓双双两公婆。上乡游到下乡转，点心食得也还多"；"也有阵班去打狮，装成小鬼极丑粗。举棍之人做猴子，钯头钩刀爱学师。藤牌短刀手中执，钻过剑门险且痴。"可以想见，众多的文艺表演给宁静的闽西客家村落增添了何等的欢快气氛。

4. 关于婚丧节庆习俗。婚丧节庆习俗在《元初一》中有着十分详尽的记载。如描写婚俗："也有人家娶老婆，担鱼担鸡又担鹅。新郎公坐四差轿，新人花轿赛嫦娥。灯笼凉伞并彩旗，一迎一送两相宜。裙衫衣服嫁奁厚，柜箱衣架铺帐被。入门饮了交杯酒，桌围座褥摆列齐。恭贺对联贴满堂，字画纱灯结彩装。媒人相邀送嫁客，大家等接好风光。酒筵食到下席去，就掷骰子呼令章。三朝拜堂分大小，谒见家官并家娘。叔婆伯姆及姊嫂，大姑婶姆妹姨娘。"这里涉及了迎亲时必备的聘礼"三牲"——鸡、鹅、鱼，迎亲队伍新娘、新郎坐的差轿、花轿，迎亲人员提的灯笼，撑的凉伞，举的彩旗，以及新娘娘家陪嫁的嫁妆：裙、衫、柜子、箱子、衣架、床铺、帐被，还有夫妻入门饮交杯酒、婚宴、三朝拜堂分辈分等。

对于丧葬习俗的描写则更是淋漓尽致。旧时闽西客家村落丧葬仪式的各个环节，在《元初一》中均有反映，如送终："母死喊娘喊娭姐，父死叫爷又叫爹。抖尸被在底下贴，卷心褥子面上遮"；报丧"拣日开吊出讣文，报帖送到六亲门"；入殓安灵："爷称显考娘称妣，安起灵牌等外家。开棺入殓爱仔细，丧事称家有俭奢。子孙钉盖用四枚，千年万载不回来。红漆棺材为棺柩，孝子披麻尽举哀"；"挂起像来安灵位，白布结装内外帷"；做开路："门前迎客接香烛，发帛回礼及传香。又要斯文订孝簿，怕人偷去用柜装"；出柩还山："移出山，来装扮，维重先食还山饭。红绸白字写铭旌，作重爷娘真灿烂。作古人，登鬼序，瞒踪灭迹今辞世。八仙维重扛棺柩，一人前吊粮罂子。做孝子，背弓弓，不敢剃头满百工。父死扶柩杖用竹，母死扶柩杖用桐。"此外，对一些特殊的葬礼，如富有人家增加的仪式堂奠、拦路祭，及妇女难产去世的仪式也作了渲染。堂奠和拦路祭是闽西村落隆重的葬礼，要请礼生（绅士）主持祭仪、呼班、读祭文，祭品需有猪、羊、鸡、鱼等，亲朋好友、同宗叔伯前往祭奠的也要备三牲、读祭文等，如《元初一》中写道："开吊完满有用祭，棕荐毡毯谷笪摊，剐牛杀羊原只摆，祭之以礼也可观。做礼生，要功名，秀才监生唱拜兴。身穿圆领头戴顶，诵读祭文面向灵。客主祭，先上香，拜跪叩头要宣场。左边行上三献礼，右边下来切莫慌。"妇女难产或中年去世，在闽西村落被认为是家族中遇到的一件不幸而又有邪气的事，故需作沙图，请和尚念经，上演木莲救母戏、破砂，甚至放焰口（下详），以驱邪赶鬼，故《元初一》中记道："妇娘死，作沙图，僧人锡杖挑经书。题唱木莲来救母，破砂即是破酆都。血盆碟子放下地，不知此事果有无。"①

明清时期闽西村落的节日与其他地区一样，一年中也主要有春节、元

---

① 参见拙作《武北湘村的宗族社会与文化》，载杨彦杰主编《闽西的城乡庙会与村落文化》，国际客家学会等，1997。

宵节、端午节、中秋节、重阳节等，只是在一些祭祀形式上小有不同。对此，《元初一》中略有反映，如春节是汉民族最为盛大的节日，自然也是闽西客家村落最隆重的节日，《元初一》中描写过年的准备活动有："入年家，爱扫屋，抹净神龛回神福"，"爱买几件小东西，油盐椒酱及爆竹"；大年三十日的活动有："清早就供细饭米，夜来点着照岁灯"；年初一的活动有："年初一，早开门，放爆竹，喜气新"，"拜了新年就出门，神坛社庙都去拜，祖宗堂上贺新年"。然后便是"初三初四拜新年，婿郎男女到家门。或请新亲来相见，丈人老表及外甥"。此外，还有描述元宵节："正月十五是元宵，冲天跃子半天高。金盏银盘缔缔转，花筒金菊夜来烧"；端午节："五月五日是端阳，菖蒲药酒与雄黄。门挂葛藤插艾叶，裹粽送了寒衣裳"；中秋节："秋风就冻桂花香，中秋佳节月华吐"，重阳节："九月九日是重阳，寒露到来菊花黄"，等等。

5. 关于祖先崇拜。闽西客家村落社会讲究慎终追远，不忘祖德。这一民俗突出表现在祠堂、厅堂的建造和众多的祭祖仪式上。祠堂、厅堂的记载，《元初一》中出现了多处，如"祖公堂上贺新年""先在祠堂宰牲血""看人祠堂及地坟""除灵除服在祠堂"等。而祭祀仪式，《元初一》中重点记述了春秋两祭的扫墓活动："春分时节思祖宗，上坟祭墓一般同。先在祖堂宰牲血，后担簋子到坟中。吹手四人凉伞一，唢呐哨子及大筒。保护请神又奠酒，散挂五方花纸红。烝尝大者发丁肉，斤两多少在秤中。绅衿耆老加一等，消散祭仪摆门风。头家备办出来食，莫打酒醉乱叮咚，祭得墓完到清明……"这里讲述的是，春分到清明这段时间，是闽西村落春季扫墓的时期，扫墓时先在祠堂宰头牲、洒花纸，然后挑着装有三牲等供品的簋子，请鼓手在一路吹打。到墓地后，先请神、奠酒，后在五个方位挂花纸。上午祭墓完毕，下午则消烝尝，烝尝大者还按男丁分发猪肉，功名、老大（一般 60 岁以上）依等级加发猪肉，晚上则由头家置办酒席，每户派一男丁参加。

6. 关于神明信仰。闽西客家村落的宗教信仰是十分混杂的，儒、佛、道、巫甚至可以同居一寺观中和平共处，各司其职。① 《元初一》中提到的

---

① 拙作《从客家文化背景看太平天国的宗教信仰》，载福建省客家学会编《客家》，1994 年第 2 期。

大大小小的神明有：三官大帝、伏羲、神农、黄帝、掌苗使者、五谷神、雷公、电母、风伯、雨师、杨大伯公、福主公王、三仙公爹、俸公八郎、定光古佛、华光菩萨、观音、三位夫人、关帝等。崇拜神明的形式也多种多样，如有逢年过节的，"神坛社庙都去拜"；有做会的，"道士请做三官会，上元天官赐福朝""再过十五七月半，中原赦罪地官诞"；有举行庙会的，"五月十三贺关爷，家家门户结席车。州府县城关帝庙，行香官府是老爹"；也有行香还愿上演傀儡戏的，"有行香火提傀儡，赛还良愿香山戏。华光菩萨并观音，三位夫人随人许"。但神明崇拜最隆重的仪式则莫过于"打醮"。

《元初一》中描述这类打醮活动的有：五月保苗，"初三扛佛保禾苗，落佛忏后做午朝。福首陪香并践道，擂锣擂鼓真唠嘈。请来和尚著袈裟，口念南无做香花。三餐散班供斋饭，提点东西是头家。三宝挂在当中心，列班菩萨依序循。伏羲神农黄帝氏，掌苗使者五谷神，又请雷公并电母，风伯雨师加虔诚。又有田头地塅等，杨大伯公召几声。上至坑源下水口，通乡福主一切神。尽是恳求保禾稼，丰年大熟救济民。初四开斋爱剐猪，做社过节大规模。菩萨送还本庵去，一年一次又相符"；六月底七月初的三仙公爹醮："头家择日扛仙师，要下投状先告知。三仙公爹黄七郎，黄十三郎是男儿。""读了人名宣了疏，还要宴宾用牲膋"；十月的保安醮："梁野山中大老佛，迎来敬打保安醮。香钱座米无人分，跟佛和尚自家倒。午朝上供裹馒头，夜间建醮早发表。"

打大醮（又叫放焰口），则是众多醮会中规模最大、仪式最多、气氛最热烈的一种打醮形式，每隔十二年才举行一次。与普通醮会相比，它有以下几个方面的特点：（1）持续时间长，一般要 3～5 天；（2）和尚师父的技术要求较高，在附近要比较有声望的；（3）要竖幡竹；（4）要全堂纸折；（5）要放水灯与放施食，等等。对此，《元初一》也进行详细而生动的描述："放焰口，加诚心，木鱼钟磬好清音。若然爱还十二年，请僧先念受生经。全堂纸折多做尽，幡竹头下山大人。多字墨，写榜文，金山银山向灵焚。幢幡宝盖迎佛祖，孤衣两挂施孤魂。千佛忏，拜得完，打起十班放水灯。口念阿弥陀佛去，摆起佛法到溪边。夜里坐台放施食，四大部洲列在前。冲天火把三叉路，惹得鬼神争后先。超度亡人追荐死，大功大果福周全。"

凡此种种，均生动地展现了明清之际闽西村落的社会风俗。这些风俗既有浓厚的汉文化色彩，同时保留了较多非汉族因素。一方面体现了汉文化在赣闽粤边的传播和发展，另一方面则说明了南方少数民族创造的地域文化，同样是闽西传统文化的重要组成部分。

三　《元初一》反映的社会观念

林宝树写作《元初一》的本意是通过对闽西客家村落四时耕作、民情风俗、杂谈的描述，使少年儿童记忆成诵，既能识字断文，又能对人情世故有个初步的了解，并不着意反映当地人民的社会观念。① 但是，对这些社会生活的详细描述，却很自然地透露出闽西客家村落的种种价值取向。

第一，崇尚科举功名。《元初一》以大量的篇幅叙述了少儿从入塾到科举成名的全过程，将读书放到至高无上的位置。如《元初一》中说："世间第一读书篇"，"此是读书为第一"，并以十分羡慕的口吻描写了士子科举成名后光宗耀祖、显亲扬名，以及荣华富贵的情景："学院场中取了卷，新入黉宫秀才郎。父母伯叔同兄弟，家中日日接报房。岁考复试加补廪，高升拔贡姓名扬。门前一对桅杆竖，表旌门第是书香。再加中举又中进，出入跟随衔轿扛。状元榜眼探花第，翰林学士近帝王。"这种观念在日常的仪式中也有体现，如葬礼中的"堂奠"仪式时："做礼生，要功名"；祭墓消燕尝时："缙绅耆宿加等"，等等，均说明了科举功名在闽西村落社会中的突出地位。

第二，讲究吃苦耐劳、勤俭持家。前述农业生产、工商百业是闽西客家村落男人日常生活的主要内容，其辛劳程度可想而知。但是，在冬闲时节又还提倡："少年后生莫懒惰，寻得事业自有功"，"此时无事闲乐天，正好算计赚工钱"。

闽西客家男人是如此，闽西客家妇女亦如此。妇女们承担了繁重而又琐碎的家务劳动：做花、绣朵、纺棉、织线、挪索子、缝补衣服、挑水、

① 此据武东、武北乡中老人所言。

煮饭、煮菜、养猪、洗衣、种菜、碾米等，《元初一》说："再题世有好妇人，合家大小得人心。夜坐间房思缝补，做花绣朵助夫君。纺棉织线挪索子，花针钻子不离身。朝早起，无别虑，手拿角梳就整髻。刮光头发用油葱，油污满手茶枯洗。耳环簪子及包头，铜镜照面对答对。整饰衣裳有面光，梳妆打扮极伶俐。开锅灶，算计较，水桶上肩及水笊。甑棚甑箅及簪笭，捞饭煮粥匏勺扰。再来暖汁供大猪，青菜煮来藏浸炒。菜刀锅铲箸碗杯，火筒锹夹齐放好。扫光地面好颜容，捡头拾尾有常道。厨事完，洗汤衫，入园担尿手提篮。渥湿园中葱蒜韭，芥菜萝卜与菠苓。苦瓜扁豆茄苋菜，番匏冬瓜满蒂摊。及时落种件件有，可免无菜被人嫌。气性温柔莫独孤，细言细语孝公姑。男女背携随便好，竭力坚心顺丈夫。脚踏碓，手推砻，米筛簸箕件件通。笆篮装起糠同米，糙米撮来碓臼春。捡鸡蛋，看猫兜，鸡鸭早夜要跟收，门前狗子汪汪吠，夜间恐怕贼来偷。这等女人真难得，可使男人放下愁。又有一种坏妇道，舌尖嘴长牙齿老。忤逆家官并家娘，惯斗叔婆伯媞嫂。门前敲脚手撑腰，行路摇头又摺脑。食茶单想酒娘糟，油膏只顾自家饱。头发垂到嘴唇边，出入人嫌人耻笑。不锁门户过别家，恰似黄婆骂街道。懒尸懒骨害人妈，万金家门败得了。人家妇女有贤丑，其中总是由家教。"

这段文字充分地反映了闽西客家村落社会里崇尚的妇女形象是吃苦耐劳、勤俭持家。反之，让人鄙弃的形象则是"好吃懒做、懒尸懒骨"。而这两种形象的形成又被归结为有无家教。可见，在闽西客家村落里，勤劳确实是一种衡量人们美丑的重要标准。

第三，信巫尚鬼重祀。关于祖先崇拜与神明崇拜，前已述之，在此不赘。与这两种崇拜相联系的，闽西客家村落社会还流行信巫尚鬼重祀的观念。对此，《元初一》中也有反映。如节庆习俗中，正月打狮"装成小鬼极丑陋"；七月半鬼节"江西规矩烧纸线，寻得鬼神大家散"。类似的记载，更见于葬礼与打醮仪式中，如妇女去世时的破砂；"破砂即是破酆都"；散斋："阎罗天子请召来"；又如打大醮时，需全堂纸折——山大人、一见大吉、牛头马面、十殿阎君等，要"孤衣两挂施孤魂"，"打起十班放水灯"，"夜里坐台放施食"，"冲天火把三叉路，惹得鬼神争先后"，等等。总之，每当举行盛大仪式时都不忘记安神慰鬼。

　　此外，巫的观点，或更准确地说是一些准宗教的观念，在闽西客家村落社会也甚为流行，如行地理、算命、看相、卜卦等，《元初一》中说行地理："许多斯文行地理，人人称说堪舆仙，南经碣石罗经袋，看人祠堂及地坟，杨公符木有灵应，消砂纳水照书篇。中宫驾定分山向，金井穴情用水插。峦头内胎外界水，明堂斗口峰峦尖。龟背过龙碑石座，祭台摆角及冢圈。埋葬之时出破军，呼龙出煞喊大声，红包利市雄鸡血，完工谢土讲谢金"；算命："五星盘子及流年，探人舟水来送煞，弄得人家颠倒颠"；看相："也有清闲学看相，先望头面与掌中"；测字："又有卜卦学测字，口快眼利要精通"。这些记载，一方面说明了闽西村落存在着大量从事行地理、算命、看相、测字等职业的人，而这些行业及从业人员的出现又反映了闽西客家村落社会巫术及其他准宗教观念的盛行。

　　总之，《元初一》犹如一部闽西客家村落的百科全书，反映了明清时期闽西客家村落社会各方面的情况。它在我们面前展现了一幅幅早已消失或行将消失的社会生活画面，让人们重新唤起了对数百年前闽西田野上农民的记忆。

（作者系福建省委党校现任副校长）

永远的村庄

邱云安

　　袁畲，一个纯朴而灵秀的地方。当我们驱车来到这个位于福建省武平县武东乡的小山村时，但见青山碧水，白鹭翩翩，稻田里有几头黄牛在田间埋头犁地，看起来似乎与任何一个江南的小村没有多大的区别。只是，就是这样一个普通的村庄，在三百多年前，一个叫林宝树的男孩的出生，打破了村庄的平静。

　　林宝树（1673～1734 年），字光阶，号梁峰，清康熙十二年出生在武平县袁畲白泥田村。幼时家贫未能入学，后因过年贴对联时把要贴在牲畜舍门的对联贴到了父母亲的门上，而遭到邻里笑话，经历此事后，父母决定卖儿卖女，送年幼的儿子宝树去私塾读书。林宝树也没有辜负父亲的期望，23 岁成了秀才，26 岁赴省城考中了举人。林宝树不久就接到任命他为东北海城知县（今辽宁鞍山市南部）的公文。上任三个月，因看不惯官场的腐败与黑暗，林宝树便以父母年迈需要照顾为由，告官还乡。林宝树一生著作甚丰，有《梁峰诗文集》、《四书大全摘录》（又名《学庸摘抄》）及《一年使用杂字》（俗称《元初一》）等问世。其《灵洞山赋》和《募建陈大士书院序》两文被视作文苑精华，由《汀州府志》全文录载。

　　林宝树著作中影响最为深远的是通俗启蒙读物《元初一》。辞官回乡后，或许是儿时的遭遇让他记忆犹新，或许是家乡贫困落后的生活让他幡然觉醒，他深切体会到绝大多数的农民根本没有受教育的机会以致大字不识的痛苦，决心"改子曰诗云之弊端，开乡书文化之先河"，创作一种通俗读物，为那些上不起学的农村青少年，提供通俗易懂的读书蒙训教材。

　　雍正初年，《元初一》小册子开始流行。全书共 4800 多字，均用客家白话而写，通俗易懂，又趣味盎然，读起来朗朗上口，内容从"元初一，早开门，放爆竹，喜气新"到"及时落种件件有，可免无菜被人嫌"。文中介绍了客家人年初一应怎样祭拜祖宗，劝人不要玩纸牌赌博，免得"送了钱财惹是非"，可以进行踢毽子等一些有益身心健康的活动；初三、初四，女儿、婿郎、亲朋好友应如何给岳父母拜年，岳父母又应怎样招待女儿、婿郎、亲朋好友等。强调"世间第一读书篇"，要求刻苦读书，告诫"最怕学生打冇口"，如何尊敬老师，强调读书可以中举人、进士、状元、榜眼、探花，"翰林学士近帝王"，"此是读书为第一，犹如平步上天堂"。农民应怎样浸种、莳田、种田、养好耕牛、祭拜神灵，保佑丰收，劝告"少年后生莫懒惰，寻得事业自有功"；告诫儒医治病"寒热虚实莫差错，脉有沉浮迟缓数"。怎样看相测字，量体做衫裤，木匠、泥匠怎样砌墙、盖房子；如何操办婚丧大事，好妇人、恶女人的标准、形象；怎样过五月节、七月节、九月节；等等。

《元初一》为我们展现了一幅幅具有浓郁客家气息的民俗生活画卷，成为清代及民国期间家家户户案头必备之书。书中内容习俗，至今大多数在客家民间沿袭下来，历数百年而不衰。在客家地区，"宁失千两金，莫失杂字本"，足见客家人对该书的重视，它流传于闽粤赣客家地区，对客家地区的文化传播起到了重要的作用。加上林宝树本人较高的文学修养，《元初一》的语言质朴无华、简练生动，描写细致深刻，对仗押韵都恰到好处，具有较高的文学价值，是早期客家文学的一部代表性作品，也是研究闽西客家民俗文化的一份极有价值的资料，堪称"古代客家民间小百科全书"，是客家先贤智慧的结晶。

行走在袁畲的田埂上，清澈的溪水倒映出农户家别致的小洋楼。在离村子不远的地方，一座教学设施一流的农村中学传来朗朗的读书声。孩子们在现代教室里安心读书的情景让我想起了300年前人们争相诵读《元初一》的动人场面。岁月让林宝树成为永远。灿烂的阳光，更是照耀着后人继往开来，开拓进取。袁畲，这个闽西版图上普通的村庄，因了书香的浸润和滋养而变得熠熠生辉。

（本文刊于《闽西日报》2010年2月25日。作者单位：武平县人民防空办）

光泽县发现133年前的《一年使用杂字》

兰玺彬

　　羊年初一，笔者到光泽县一位干部李先生家拜年，有幸看到一本133年前的"客家民间小百科全书"——《一年使用杂字》木刻本。

　　该书长21厘米，宽14厘米，使用闽西客家土纸，红色油墨，木刻活版印刷。封面正中有《一年使用杂字》六个木刻大字，右边有"同治九年（1870年）庚午岁刊，原版暂存汀城步云轩刻字铺"等木刻小字。序有2页，是作者林梁峰的后人、出版者对林梁峰生平事迹的简介。正文共存47页（原48页，已丢失一页）。正文第一页注明林梁峰手著，每页有木刻文字14行。每行多数为七言，少数为三言，竖排，从右到左排列，全书约4700字，均用客家白话书写且押韵，读起来朗朗上口，十分有趣，易于理解、记忆。

　　本书收藏者李先生，客籍上杭县人，从小在原籍生长，而立之年方离故土。李先生介绍，该书系祖传，绝版本。《一年使用杂字》是学习、研究客家方言，研究客家风土民情的珍贵资料，堪称"客家民间小百科全书"，是客家先贤智慧的结晶。

　　作者林梁峰，讳宝树，号梁峰，客家闽西武平县人。清代举人，曾任海城县知县，德才兼备。在位时，政绩优，深受百姓拥护，还善于著书立说。林晚年居家，深虑乡中人品不齐，俗子愚夫，难以用文言文启发智慧，故把本境风土人情，见闻易晓等，特以白话传之，使识其字，读其音者，即了然于心。

　　　　　　　　　　　　　　（本文刊于《闽西日报》2003年2月27日）

文坛宿将林默涵

林　曦

林默涵同志 1913 年 1 月 10 日出生于福建省武平县武东镇川坊村。1928 年初中毕业后，考入福州高中师范专科学校。受进步思想影响，开始走上革命道路。1929 年，加入共产主义青年团，第一次用真名"林烈"发表白话诗，痛斥土豪劣绅，引起国民党当局的注意，后被校方开除。不久，到上海积极从事地下工作，参加罢课、游行、讲演等革命活动。1930 年，调任革命互济会福建省总会秘书长，两次被捕入狱，经营救保释后，转入共青团福州市委任秘书。1934 年，到上海一家报馆工作，向《读书生活》等报刊投稿，发表文章。

1935 年，林默涵同志东渡日本，入东京新闻学院学习，与进步朋友成立"哲学读书会"，潜心攻读马克思主义哲学书籍。"一二·九"运动爆发后，他毅然回到祖国。不久去香港担任邹韬奋主办的《生活日报》副刊编辑，开始用"默涵"的笔名发表文章。后到上海书店工作，参与编辑《世界知识》《国民周刊》《读书与出版》，并在《自修大学》上发表学习哲学的文章。

抗日战争爆发后，林默涵同志参加"上海青年救国服务团"，任宣传部部长。他满怀热情地参加第八集团军战地服务队，随军转战苏浙前线。不久，到武汉参加《全民周刊》编辑工作。1938 年 8 月到延安入马列学院学习。同年 9 月，加入中国共产党。

1939 年，林默涵同志到马列学院哲学研究室工作。1940 年，他在陕甘宁边区文协主办《中国文化》月刊做编辑工作。

1941 年，林默涵同志奉命调任延安华北书店总编辑。1942 年 5 月，参加了延安文艺座谈会。这对他的一生文艺道路产生了决定性的影响。随后，被调到《解放日报》副刊部工作。这其间，他根据形势的发展和工作的需要，撰写大量抨击国民党反动势力的杂文、表彰先进人物的特写、普及生产知识的小品。他还发表了许多评论文章，对群众创造的新型人民文艺，对毛泽东同志在延安文艺座谈会上讲话后出现的新的文艺形势，对艺术家深入工农群众所展示的新面貌，都给予了热情的讴歌。

1944年，林默涵同志奉命到重庆《新华日报》工作，负责建立新的通讯科，接待读者来访，回答读者来信，建立《新华信箱》，组织和联系通讯员，组织进步青年到中原解放区工作。1945年，任《新华日报》副刊部主任。

抗战胜利后，林默涵同志回到上海，在中共中央主办的《群众》周刊工作，同时参与编辑《新文化》刊物。国共和谈破裂后，《群众》周刊移到香港出版，林默涵同志任编辑；同时参与编辑《大众文艺丛刊》，联系进步刊物，开展文化界的统一战线工作。这时期，他除了继续发表针砭时弊的杂文外，还写了大量的文艺论文，后来集成杂文集《狮和龙》和文艺论文集《在激变中》。

中华人民共和国成立后，林默涵同志以满腔的激情投入社会主义革命和建设中。1950年被任命为政务院文教委员会办公厅副主任、计划委员会委员。1952年任中宣部文艺处副处长，1954年任处长。1959年被任命为中宣部副部长兼文化部副部长。

1952年5月，毛泽东同志《在延安文艺座谈会上的讲话》发表十周年之际，林默涵同志为《人民日报》撰写了社论《继续为毛泽东同志所提出的文艺方向而斗争》。此后，他发表了一系列重要文艺理论文章和讲话，坚持运用毛泽东文艺思想，对党的文艺政策、文艺规律、文艺创作方法、传统文化等进行了开拓性的深入研究、探讨，在我国文艺界产生了广泛影响。

1961年，林默涵等同志组织文艺界集体讨论起草了《关于当前文学艺术工作的意见》（《文艺十条》），总结了中华人民共和国成立以来文艺工作的成功经验。他参与了大型舞蹈史诗《东方红》的创作，为我国戏剧现代化付出了心血。同年4月，中宣部、教育部召开高等院校文科和艺术院校教材编选计划会议后，他主抓音乐、美术、戏剧、舞蹈等7个专业的教学实施方案，组织全国著名的艺术学科专家深入研究，建立了较为完整的适合中国国情的艺术教育教材体系。

　　"文化大革命"期间，林默涵同志受到林彪、"四人帮"反革命集团的迫害，被关押九年之久。1975年到江西丰城钢铁厂监督劳动。

　　1977年，林默涵同志恢复工作。同年12月，任文化部副部长、党组成员，负责重新出版《鲁迅全集》并注释等工作。他带领有关专家和编辑骨干，深入研究，艰苦工作，使全集注释工作于鲁迅诞辰100周年前夕完成，在社会上产生了很大影响。1978年5月，林默涵同志担任恢复全国文联及各协会筹备组组长。他力主平反文艺界的冤假错案，对"文化大革命"期间和反右派斗争严重扩大化期间的案件进行全面复查。1979年，当选为中国文联副主席。1982年，担任文化部顾问，1983年任文化部艺术委员会主任。1984年任全国艺术科学规划领导小组副组长。1985年经中央批准，发动和创建了中国国际友谊促进会，他任第一任理事长，积极推动中外文化交流。他倡导成立了国家教委艺术教育委员会、文化部少年儿童文化艺术工作委员会，有力地推动了我国艺术人才的培养。后来，他又被推选为中国鲁迅研究会会长。

　　1989年2月，林默涵同志担任中国文联党组书记。他主持召开了全国业余青年文艺工作者会议，鼓励业余文艺工作者创作出一大批新作品。在纪念抗战50周年之际，他主持出版了《中国抗日战争时期大后方文学书系》《中国解放区文学书系》。他还整理发掘了大量的重要文艺史料。

　　林默涵同志为我国社会主义文化艺术事业的繁荣和发展做出了重要贡献。他的具有深刻思想内容和精辟见地的文艺理论著述，在我国文艺史上留下闪光的篇章。他一生光明磊落，正直无私，敦厚谦和，生活简朴。他工作认真负责，一丝不苟，任劳任怨，从不计较个人得失。从他身上，我们感受到了一名共产党员和文艺战士的优秀品德。他的崇高品格，永远值得我们学习、怀念。

林默涵诗选

　　编者按：应本会文史资料委员会函索，全国政协常委林默涵同志（武平县武东镇川坊村人）于 1988 年 1 月赠来诗作十四首。其中绝大部分系作于粉碎"四人邦"前夕的 1975 年和 1976 年。这些诗作，有的气势恢宏，有的义愤填膺，慷慨苍凉，有的乐观豁达，内涵丰富，思想深邃，给人以心灵的启迪和崇高的艺术享受。今特发表于兹，以飨读者诸君。

狱中吟

　　　　秋风瑟瑟雨丝丝，坐对囚窗欲暮时。
　　　　雁过长空音讯断，云封别浦梦魂驰。
　　　　谁教急管吹愁曲，我自低吟托远思。
　　　　暗影森森笼四壁，月华一线上征衣。

　　　　　　　　　　　　　　　一九七○年

答友人

　　一九七五年，我被囚禁九年后，又被流放到赣江之滨，达两年半。其间得友人赠诗，感而奉和。

　　　　　　百洞征衣满路尘，敢因风雨惜微身？
　　　　　　铁窗动荡悲歌气，客梦迷离故国魂。
　　　　　　谁道高丘无静女，分明白屋有芳邻。
　　　　　　横腰长铗今犹在，留得寒光烛乱云！

忆旧游

　　　　　　结伴青春赴虎门，苍波默对吊英魂。
　　　　　　百年史事兴衰变，卅载交情手足温。
　　　　　　滴翠山雄今更好，飞红梦倩尚遗痕。
　　　　　　相逢不用悲华发，放眼神州共一樽。

秋日登临

客中病起上高台，秋入江南草半衰。
燕市云浓家不见，长江水远雁稀来。
篱边菊笑陶公醉，泽畔歌吟屈子哀。
人说丰城藏剑地，青锋何日出尘埋？

注：相传丰城地下埋有宝剑。

一九七五年秋于江西丰城

感怀

苍茫赣水向东流，别却京华忽又秋。
过眼名花随逝水，经唇烈酒压羁愁。
凄凄风雨香山路，渺渺烟波子美舟。
最是伤心无语处，琵琶一曲泪泉稠。

一九七五年秋

求索

马蹄瘦骨踏冰霜，寥廓江天溢晚凉。
丛树有情迎宿鸟，疏星无语送斜阳。
登高不怯山蹊窄，眺远何嫌客路长。
纵目天涯寻芳草，岂嗟风雨湿衣裳？

一九七六年，江西

谢赠画

丘茔遗剑岂云痴，一卷丹青寄远思：
寂寂深山啼独鸟，潇潇暮雨洒空枝。
曾经烂熳开幽树，讵料飘零落圮池：
不用招魂劳故旧，梅花重绽小春时。

注："丘茔"句，春秋时吴国公子季札出使过徐，将心爱的佩剑挂在徐国国君冢墓上，表示赠给故友。"寂寂"二句写画中情景。

一九七六年

夜读史

春宵漠漠一灯残，展卷浑忘破晓寒。
百代绮罗余寂寞，万重金粉尽阑珊。
诗怀有忿和忧写，青史无情带笑看。
动地荒鸡鸣大野，攀天硕鼠泣危杆。

一九七六年清明节后

赣江远眺

萧萧木落夕阳残，滚滚江流去不还。
壁上雕弓弦影暗，枥旁战马鬣毛毨。
久经沧海难忘水，历见风霜未觉寒。
何日长空张万里，犹将一挽射天关。

一九七六年九月

题小照

炎凉历尽复何求，默坐烟郊对老牛。
风雪十年雁浩劫，江流九派洗沉忧。
岂无黄土埋忠骨？自有青山伴白头。
远望隔江垂暮色，夕阳红破一天秋。

一九七六年秋在赣江边与牛合影

夜思

长安旧事已如烟，半暗孤灯照不眠。
有志无功闲处老，是尧非桀梦中牵。
精禽立意填沧海，顽石犹能补昊天。
起看群星窥树杪，雄鸡一唱试挥鞭。

一九七六年秋

劫后相逢又言别
送友人西去

十年流放幸重逢，又听骊歌语未终。

白发频添冤狱后，青春尽付战尘中。

行人踯躅西天月，驻马嘶鸣北国风。

此去黄沙千里路，天涯何处歇飘蓬！

一九七七年冬

六九述怀

平生不善稻粱谋，逆水行船棹未休。

岂惜微躯投鳄鳖，甘为孺子作驹牛。

接传天外真知火，化却人间冻馁忧。

莫道春归花事尽，夕阳红叶耀高秋。

一九八二年十一月，谒马克思墓后作

海边漫步

晚潮平履迹，晓翠拂素衣；

梦里长安迹，催归总未归。

一九八五年八月于烟台东山

文艺理论家林默涵随访记

张　惟①

　　地处边远的闽西山区在现代历史的进程里，跃入了中国政治变革和思想文化发展的激流带中；空前地涌现出了一批政治家和高级军事将领，以至产生了共产主义运动中的农民问题专家、中国社会主义农业思想的奠基者和先驱战士邓子恢这样的杰出人物。还有一位也许不为家乡人所普遍熟悉，他即是中国文坛资深的领导人和著名文艺理论家、主持国家出版《鲁迅全集》的编辑与注释工作的林默涵。

　　1995 年 11 月 16 日下午 4 时，获悉年初刚卸任中国文联党组书记的林默涵同志回到闽西，确切地说，他在闽西首府龙岩市只有半天的停留，翌日还要起程到生他养他的家乡武平去。明知他刚由厦门驱车至此旅途劳顿，我略显踌躇还是挂电话到他下榻的宾馆住房，作为文学后辈和当地作家协会的负责人，我按捺不住立刻向他致以问候。

　　他的夫人孙岩大姐唤他来接电话，我听到了一位年逾八旬的老文艺家的激情洪亮的声音："我刚到达这里，没有想到龙岩是一座这么漂亮的山城。"我曾听友人说，他看到《武平县志》上的现代建筑照片时，对家乡的深邃变化惊叹不已，这次面对龙岩山城的雄伟清丽的姿容，大概也大大地出乎他的想象，所以他发出了文艺家对时代和生活的欢呼。

　　我赶到宾馆时，他已经急不可待地走出去看这座城市了。为了不在当晚打扰他的休息，陪同他的地委宣传部部长张志南说，林老明天返武平途中要参观古田会议会址，建议我搭车同往，较有机会访谈，我自然欣然而行。

---

① 张惟，龙岩市新罗区人。原龙岩地区文化局局长、文联主席。中国作家协会会员。离休后，仍任闽西作家协会主席、闽西文学院院长。著有《中央苏区演义》等。

在古田参观过程中，我插空与默涵同志谈话。我首先向他致意，在他担任文化部副部长期间，我与陈耕创作的闽西第一部电影《血与火的洗礼》，西安电影制片厂决定开拍，但当时他们厂分到的彩色胶片配额已用完，我到文化部找默涵同志，由他介绍与分管电影的司徒慧敏副部长联系给予解决了。他说他记不起有此事了，我说 1979 年我出席全国第四次文代会，你是大会秘书长，会上匆匆见面，你很忙，我来不及道谢，现在你既然忘了，也无从道谢了。

我送了他两本书，其中《龙潮》书名为郭沫若题写，是我哥哥张垣的作品。哥哥当年到香港参加中华全国文艺协会香港分会，见过时任分会候补理事和任职《华商报》的默涵同志，是《野草》主编秦牧领着去的，林老依稀记得，并由此说到散文家秦牧，感叹说两秦都故去了，又问我见到杜埃、华嘉没有，他把我当成接近他们这辈的作者了。

我送自己的著作《中央苏区演义》，特别提出里面描写到福建省委书记罗明从莫斯科出席中共六大后回到福州传达，作记录的是 16 岁的共青团员林默涵，随后罗明到上海接受党中央分配工作，联络的交通员也是林默涵。这时我见到默涵同志的眼睛闪亮，露出兴奋的笑容说："是我记录的，把他们的谈笑都记进去了，都说我记得好。"他说是他随同罗明到上海，他当时也见到来联络的邓颖超大姐。突然，他又问我认识跟罗明一起的共青团福建省委书记陈柏生吗，我说我在采访中了解到他的资料，也写进《演义》了，他是邓子恢的学生，后来当过新闻记者，在 40 年代病故了。他听后不胜唏嘘。

我也通过他和随行人员大致了解了一些他的经历。他于 1913 年农历十二月三十日诞生在武平县东部一个偏僻山村，曾在上杭中学就读，1928 年考取福州高中师范专科学校，当时是从上杭经永定峰市取道汕头到福州的，这次是生平第一次到龙岩，感到气象非凡。他 1929 年加入共青团，1938 年入党。不到 20 岁的他曾用"雪顿"的笔名，在艾思奇、柳湜主编的《读书生活》上发表作品，后东渡日本入东京的新闻学院学习。"一二·九"运动爆发后回到上海，转赴香港在邹韬奋办的《生活日报》担任副刊编辑，开始用"默涵"的笔名。抗战发生即投笔从戎，参加钱亦石率领的第八集团军战地服务队，转战于苏浙前线。后到延安马列学院学习，协助艾思奇编辑《中国文化》时首次刊登了毛泽东的《新民主主义论》。1944 年冬被周恩来调到重庆《新华日报》工作，曾主编《新华副刊》。在上海、香港帮助章汉夫编印《群众》周刊时，他写作了大量的抨击国民党政治和文化的杂文，出版了杂文集《狮和龙》和论文集《在激变中》。在香港时担任中共港澳工委执委及所属报委会书记。中华人民共和国成立后，历任政务院文教委员会办公厅副主任、文化部副部长、中宣部副部长。"文化大革命"中被囚禁 9 年，复出后任文化部副部长、顾问，中国文联副主席、党组书记。主要精力仍倾注于国家重新出版《鲁迅全集》的编辑、注释工作，并以其文艺理论成为我国公认的卓有成就的文艺理论家。

在观看《古田会议决议草案》版面时，我悄声说，毛泽东在此提出在红军连队建立俱乐部、士兵办墙报等，可能是毛泽东最早对文艺工作的论述，这位文艺理论家也顿然屏息凝思了。

古田大道上送别林默涵同志，望着 81 岁高龄的他登车驰向他的家乡武平，我不禁慨然想起一位 14 岁的山村少年走向革命文艺理论家所经历的风雨路程。

林默涵同志在母校大门前留影

（李国潮 摄）

　　林默涵同志回故乡省亲时，热情题词，勉励家乡人民"发挥文物优势，弘扬爱国精神"

（李国潮　摄）

林默涵与福州林氏试馆

林东祥

　　林默涵（1913～2008年），武平县川坊村人，是闽西大山走出的全国闻名的文坛宿将，中华人民共和国后长期担任文化、宣传战线领导工作。他出生的村子属于上杭、武平两县交界，村里当时有新式学校"杭武培英小学"，他的父亲是小学的教员。在本村读完小学后，然后又到武平（城）和上杭（城）两地上学，1928年初中毕业，下半年考取福州高中师范专科学校。福州是福建省会，又是沿海大都市，当然不同于山区小县的闭塞和贫穷，也给少年的他展开了一个全新的世界。五四运动以来，新文化运动余波仍然澎湃激荡，进步的革命的刊物如《新青年》给他极大启蒙和影响。他在福州看了很多文学作品，他自己说："鲁迅的书我是每本必读，直到现在，每隔一段时间，我还要翻阅一下他的作品。在一生中，对我影响最深的是鲁迅。"（1985年林默涵回忆录《往事悠悠》）

　　到福州一年后，1929年他想去上海考艺术大学，他当时已加入共青团，经过组织同意，1929年下学期到了上海。到了上海参加学潮，学潮的起因是声援在东京被捕的进步中国留学生，不是正式学员的他，因为表现积极被推选为学生会的理事，但国民党当局已经察觉，警察也开始抓人，故学潮一直闹到寒假也僵持不下。他到上海是靠朋友和同乡的帮助生活，终非长久之计，到寒假时，已经生活不下去了，故他又回到了福州。

　　"1930年春节前，我回到福州，住在武平同乡会姓林的祠堂里。当时福州有很多各县办的会馆、祠堂，武平有些大姓的人在福州也有会馆、祠堂。在武平，姓林的是一个大姓，因此也有祠堂。我住的那个祠堂很大，有三层院落。外面一层院落的房子临街，租给人家开铺子，中间一层院落的房子供祖宗牌位及武平来福州的人住，因为房子多，最里面一层院落的房子供出租，每个月收不少租钱。建祠堂的钱大都是姓林的地主募捐的，为鼓励他们的子弟到福州上学将来做官。祠堂有一个章程，出租的房钱归福州上学的人用。""福州祠堂有这么一条规定，本县姓林的学生可以收这笔租钱，有十个就十个人分。凑巧的是，1928 年至 1930 年间，武平县在福州上学的姓林的学生只有我一人，因此祠堂把房钱全给了我。为此，我家也不赞成我去上海读书。他们认为我在福州上学不愁费用，不是很好吗？但我不在乎那些钱。"（《往事悠悠》）

林默涵在福州住宿和提供给他生活费用的林氏祠堂，也称林氏试馆，原来地名是妙巷 33 号，现在属于福州古楼区卫前街。它建成于清同治十三年（1874 年），是由武平、上杭（部分）、长汀（部分）林姓集资在福州建造的供子弟在福州读书应试的房子，当然也摆有祖宗牌位，供后裔祭祀。

试馆建成后，主办人（理事）写了一篇《试馆记》，70 多页，约15000 字，它详细记述了建造福州试馆的由来。原来在武平县城的林氏宗祠被太平军烧毁，众人倡议重修宗祠，（武平祠堂）于同治八年建成，但仍节余建祠资金，故倡议在福州建造试馆。终于在同治十三年告竣。

试馆落成后，议定了 24 条章程，兹录第一条："试馆原为安奉先灵及乡试往来驻足要地，堂阶间房皆须洒扫洁净。守馆人及租公馆者，俱不得以闲杂污秽等物堆积厅堂廊庑。凡挑担扛轿游耍闲杂人等，不得在此留宿，其中大厅及魁星楼内，不许开辅，以照敬洁"。章程涉及守馆人要遵守的规矩，馆内房舍林姓各乡的股份及划分，祭祀时置办祭品的规制，以及住馆考生注意事项等等。

《试馆记》是不可多得的历史文档，其中既记述当时历史风云，也大量列举林姓历代祖宗名讳、官职、辈分，既有详细的试馆运行章程，也客观地保存了武平上杭等处林姓分布地名等有用信息，其史料极为珍贵，对地方文史工作者研究姓氏、科举和清末社会形态等有益，而林默涵的口述佐证更证其重要价值。

在福州林家祠堂读书求学的经历非常深刻地镌刻在林默涵的记忆深处。在 1995 年 83 岁高龄回到家乡与乡亲团聚中，当得知川坊小学的校长林中华的女儿在福州读书时，特意问她，知不知道福州有个林姓的大祠堂。

福州林氏试馆直到中华人民共和国成立后仍发挥作用，在榕城上学的武平人有部分长期在那里食宿，可惜在 20 世纪 90 年代中期拆掉建起了商住楼，失去了研究清末以来武平驻省城会馆的丰富的实证材料。

常青馥郁的桂花树

——林默涵杂文集《狮和龙》印象

林东祥

　　90 多年前，一个十五六岁的少年从家乡那条曲曲弯弯的石砌路走出山门求学谋生，家门口的那口老水井以及涓细清澈如长蛇蜿蜒注入临县寨背溪的小河，那所启蒙读书的培英小学（川坊小学前身），那方茂盛葱郁的夏天清凉无比的水口，以及家乡每年正月时的喧闹的龙腾狮舞及船灯马灯以及父老乡亲的叮嘱，永远铭刻在少年的脑海中。为救国拯民，追求理想，少年辗转千里来到福州，而后留学日本，嗣后在香港工作生活了一段时间，而后历尽千辛来到了革命圣地延安。他在 1944 年冬被周恩来点将到重庆《新华日报》工作，写作了大量抨击国民党独裁统治的腐败和揭露旧中国黑暗的杂文。他的文章，泽润于鲁迅战斗的杂文传统，在抗战胜利后的文坛崭露头角。他就是后来的著名文艺理论家、主持出版《鲁迅全集》的编辑与注释工作，家乡人民永远的骄傲——文坛宿将林默涵。

　　《狮和龙》收录了林默涵 1942～1949 年间的杂文 44 篇，这些杂文先后发表在重庆的《新华日报》、香港的《野草》和《华商报》、延安的《解放日报》等报刊。

　　在《狮和龙》这篇杂文中，他写道，"在中国，……龙和狮似乎象征着两种不同的东西。龙是高贵的，它象征的是权势，是威严，是'唯我独尊'的神气。……狮子却不同，它象征的是一种雄厚的力量，一种不屈的精神。这正是属于人民自己的东西。"他回忆儿时家乡的龙舞和狮舞中龙和狮的形象对比，指明龙和狮的形象的不同寓意，他道出了龙和狮最后的结局，"假若说龙是象征封建统治者的威严，那末，狮子便是象征人民的力量。然而，龙是缥缈的，而狮子却是实在的。以实在力量来抗击缥缈的威严，胜利谁属，是不言而知了"。

　　杂文集《狮和龙》风格清丽朗畅，彼时中国正邪相搏，黎明前的黑暗压得人们透不过气来，但他已隐隐看见了黎明前的曙光，预示着革命事业的胜利，对人民群众的力量充满信心，抒发了光明战胜黑暗、进步取代守旧、人民即将当家做主的豪迈情怀。

那时林默涵虽然年轻，但因长期从事党的理论刊物和党报的编辑工作，有较高的理论修养和文学素养，《狮和龙》表现了他自觉应用马列主义、毛泽东思想的观点和方法，观察现实，批判黑暗社会的特点。

在《打倒贫困》一文中，他采用了层层剥笋的方法，写道，要"打倒贫困"就要摧毁罪恶制度，不过他又说"但摧毁了不合理的制度，不一定就能得到富足的生活……要真正富足起来，还得靠我们自己的劳动生产，这就是说，我们不但要打破人为的枷锁，而且要打破自然的枷锁"。他有一下子抓住问题实质并且简捷地说透了问题实质的本领，文章观点集中，见识深刻。

《狮和龙》虽然发表已七十多年了，但它就像家乡的桂花树，馥郁而且芬芳，并永远散发出哲理思辨、简洁隽永和清丽朗畅的艺术魅力。

知名学者朱大可先生

力　夫

　　朱大可，祖籍武平武东镇张畲村，著名文化学者，当代中国的文化批评家、神话学家、小说家和随笔作家，现任同济大学文化批评研究中心主任，同济大学人文学院哲学系文化哲学专业的博士生导师，中文系现当代文学专业的硕士生导师，同济大学文科学报编委等。目前主要从事大众文化和文化史的研究。他还同时担任四川大学、厦门大学、云南大学、广州外语外贸大学、西北师范大学、上海师范大学等高校的兼职或客座教授。

　　朱大可研究领域广泛，并在各领域均有重要建树，因其前卫的思想、对社会弊端的激烈批评、独特的话语方式，以及守望文化现状的理性和深刻，对当代文化研究领域产生广泛影响。

　　他的汉语书写，被许多人称作"朱语"，是一种感性和理性交织的隐喻式书写，多年来受到许多青年读者的喜爱和模仿。

　　2006 年 9 月号《凤凰生活》杂志推出"影响世界未来 50 华人榜"，朱大可入选，被誉为"中国文化守望者"，此外，他还荣获中国作家富豪榜"2013 年度批评家致敬奖"、《时代人物》杂志 2013 年度"中国绅士"称号以及"博客中国"颁发的"影响中国百名博客奖"、澳大利亚最佳中国留学生·教育类大奖（2015 年度）、第三届"东荡子诗歌奖"评论奖等，2018 年度"老虎文学奖"等。

　　朱大可也是同济大学文化产业系创始人、首任系主任，两岸文创产业学术联盟发起人之一，对中国文创产业教育做出重要贡献。他主持的世界文化遗产——云南元阳哈尼梯田文化保护和开发策划案、贵州遵义赤水河旅游带总体策划案、景德镇市文化产业规划等，为中国文化遗产保护，建构了一个可以分享和仿效的样板。

朱大可还曾担任国务院中国网专栏作家、央视网"观察家"专栏作家、财新网《新世纪》周刊专栏作家、《东方早报》艺术周刊专栏作家、上海电视台（SMG）智库顾问等。

朱大可曾担任《上海服饰》杂志编委、悉尼《东方邮报》主编、悉尼《华联时报》主编、香港《亚洲周刊》驻南太平洋地区特约记者、香港阳光卫视总撰稿、澳大利亚《中国制造》（月刊）主编、"澳大利亚新闻网"创办人等。1986年在《文汇报》发表《谢晋电影模式的缺陷》一文，成为中国电影史的重大事件，被载入电影史册，成为各种电影史的重要章节；1992年策划并参与行为艺术《苹果阐释》，被《中国时报》评为当年全球最重要的两大艺术活动之一；他所创办的"文化先锋网"，与"世纪沙龙"和"猫眼看人"并列为中国三大文化论坛，并以独特的标题改写和反讽叙事，对中国互联网生态产生深刻影响。

朱大可策划并撰稿的大型电视专题纪录片《郑和》，由美国"国家历史频道"于2007年7月在黄金时段播放，为唯一在该频道播出的中国纪录片，受到广泛好评，曾获2007年国际艾美奖提名。

朱大可亦是第九、十届"连州国际摄影展"学术委员会主席，2016年度中国独立影像展评审委员会主席，以及深圳·香港城市\建筑双城双年展的学术委员、上海喜马拉雅美术馆学术委员、加拿大国际大雅风文学奖评委、中国社会科学院中国文化书院顾问、中国文艺理论学会常务理事等。

朱大可主要著述为：作品集《燃烧的迷津》（学林出版社，1992）、《聒噪的时代》（湖南文艺出版社，1999）、《逃亡者档案》（学林出版社，1999）、《话语的闪电》（华龄出版社，2004）、《记忆的红皮书》（花城出版社，2006）、《孤独的大多数》（中国书籍出版社，2002）、《文化虫洞——朱大可语录》（江苏文艺出版社，2014）、"朱大可守望书系"，含《神话》《审判》《乌托邦》《时光》《先知》五卷（东方出版社，2013），专著《流氓的盛宴》（新星出版社，2006），主编《21世纪中国文化地图》大型文化年鉴（中文版八卷，日文版八卷）、研究生教材《文化批评》（古吴轩出版社，2009）。

朱大可近年来的学术扛鼎之作《华夏上古神系》，62万字，建构以20

位大神组成的上古神话体系，打破了一个世纪的学术沉寂，填补神话研究空白，重新阐释先秦文化谱系，同时证明非洲是全球宗教/神话的起源地。东方出版社已于 2014 年 6 月隆重推出，被认为是 1949 年以来中国学术的重要收获。

朱大可的小说成就亦受到广泛关注。2018 年度，他的中篇神话小说系列《古事记》由人民文学出版社隆重推出，长篇新武侠小说《长生弈》由花城出版社推出，以奇诡的想象力、深厚的历史洞察力和瑰丽的汉语表达力，受到世人的高度好评，被认为极大地丰富并改变了当代小说的阅读经验。

朱大可还与"喜马拉雅"合作推出《中国神话趣史》课程 100 集，全面梳理两千年中国神话遗产，突破前人窠臼，提出大量独家见解，令人耳目一新。

不仅如此，朱大可工作室近年来也推出一系列令人瞩目的儿童读物，如《中国神话地图》（长江文艺出版社）、《中国神话故事集》（浙江文艺出版社）、《中国传奇故事集》（浙江文艺出版社），以及五卷本长篇神话小说《少年饕餮》（蒲公英童书馆），等等，为中国儿童提供了优秀的神话原创读物，成为童书界的一支异军突起的力量。

朱大可故乡情深，曾多次返乡，并与故乡党政领导和文史工作者交流。

博士生导师王光明

四维八德

王光明，1955 年出生于武东乡四维村雷公井。中堡中学高中毕业后曾在四维小学任教。1978 年 7 月毕业于福建师范大学中文系。留校任教 20 年。1988 年加入中国作家协会。1999 年调入首都师范大学中文系，为教授、博士生导师，先后担任过分党委书记，中文系主任。分别受聘香港岭南大学现代中文文学研究中心、香港中文大学英文系、北京大学诗歌研究院客座研究员。为中国闻一多研究会副会长，中国"鲁迅文学奖"、美国"纽曼华语文学奖"（Newman Prize for Chinese Literature）评委。曾分别赴美国、日本、德国、阿根廷、哥伦比亚等国讲学与学术交流。

光明先生 1986 年由助教破格晋升副教授，是当时福建省最年轻的副教授，1993 年晋升教授。他是享誉国内外的著名学者、文学评论家，是教育部国家规划教材《二十世纪中国文学史》及配套参考书《二十世纪中国文学作品选》的主要参编者，曾主编《中国诗歌年选》十年。主持了国家"九五"哲学社会科学重点项目"现代汉诗的百年演变（1898—1998 年）"、北京市哲学社会科学重大课题"现代中国诗学研究"等。主要著作有：专著《散文诗的世界》《怎样写新诗》《艰难的指向——"新诗潮"与 20 世纪中国现代诗》《文学批评的两地视野》《现代汉诗的百年演变》《开放诗歌的阅读空间》《中国诗歌通史·现代卷》《市场时代的文学》《闽地星辰》；论文集《灵魂的探险》《面向诗歌的问题》《现代汉诗论集》《写在诗歌以外》；重要编著《20 世纪中国经典散文诗》《中国诗歌总系（1979—1989）》《中国诗歌总论（1977—1989）》；散文随笔集《边上言说》《前言后语》等。

光明先生有不少作品获奖。主要有：《中国诗歌通史》获北京市哲学社会科学优秀成果特等奖、教育部高等学校科学研究优秀成果一等奖；
《世纪的爱心》1996 年获中国政府广播文艺类一等奖；《散文诗的世界》
《灵魂的探险》《艰难的指向》获福建省哲学社会科学优秀成果二、三等
奖；《现代汉诗的百年演变》获北京市哲学社会科学优秀成果二等奖；《中
外散文诗精品赏析》获第五届"全国图书金钥匙奖"三等奖；另有论文
《讲述问题的意义》获 1998 年"文艺争鸣"奖、《在非诗的时代展开诗
歌》获 2004 年中外文艺理论优秀论文奖，《散文诗六十年》《谢冕和他的
诗歌批评》获福建省优秀文学作品奖等。

　　光明先生于 1985 年被共青团中央授予"全国新长征突击手"称号、
被福建省人民政府授予"福建省先进教育工作者"称号；1993 年开始享受
国务院特殊津贴；1997 年被中共福建省委、福建省人民政府授予"福建省
优秀专家"称号；2007 年被北京市授予"北京市教育创新标兵"称号；
2007 年获中国现代文学馆、《文艺报》、中外散文诗学会联合评选的"中
国散文诗重大贡献奖"。

武东人的"信天游"

——武东客家山歌

林善珂

儿时的记忆是特别珍贵的。虽然20世纪五六十年代尚属衣不蔽体、食不果腹的年代，但饥饿的痛苦已随着时间的久远淡去，留下的，如对当时某些运动的幼稚和热情；如民风民俗的清纯；如传承古风的执着；如对美好生活的向往和追求，却至今仍时时浮现梦中。其中，关于山歌的记忆，弥足珍贵。

我的家乡，就在梁野山深处，山高皇帝远，因与外界的隔绝和遥远，古风古俗传承得比较完整。记忆中，那盘入云天的山道上，那叠上山腰的梯田中，那巨伞般的榕树下，那深不可测的大山里，在炊烟袅袅的清晨，在归鸟啁啾的黄昏，不时就会飞出一两首高元而悠扬的山歌。它们一唱一答，语义双关，有的悲壮，有的俚俗，有的滑稽，抒情笑骂，讽刺褒贬，丰富多彩，令人不禁驻足倾听。这些山歌的曲调，也非常动听，有些往往还加上一种尾音，哀怨弥长而忧伤，使人们禁不住感泣，或者引起无限的遐思梦想，因为它拨动了人们生活和感情的心结心弦。客家人以歌为笑，或长歌当哭，他们用自编自唱的山歌，来减轻体力劳动的疲乏，抒发表达自己的悲欢离合和甘苦辛劳，充实寂寞沉闷的生活，咏叹对美好事物的追求向往和怅惘无奈。歌者当然是贩夫走卒、引车卖浆者流，如躬耕的农人，如采脂伐木的山民，如溪边的渔者，如樵归的村妇，如远行的负重者，如稳骑牛背的牧童……这些山歌歌咏的内容不仅十分广泛，而且富于诙谐、幽默和风趣，即便是信口开河，也处处合乎自然的音节，至于表现出来的情感，则非常得真率、大胆、哀艳和缠绵，没有一句不是从心灵深处流泻出来的。虽然有些山歌，特别是情歌，可能有些表述难免欠缺含蓄，甚至有些太俚俗太率真太开放，但放在那个时代，也是对封建礼教的一种反抗，一种否定，从时代角度看还是有进步意义和艺术价值的。因为真正的艺术来源于生活，这就是生活的真实写照，但它又对生活进行了提炼，已远远高于生活。

关于山歌的价值，"五四"时期，胡适说过："黄公度之所以有'我手写我口，古岂能拘牵'的大胆主张，完全是得力在他故乡的山歌上面。"读黄遵宪的诗，处处可以看出他学习、吸收客家山歌艺术的痕迹；黄遵宪就是在客家山歌的熏陶下成长起来的。黄遵宪在光绪十七年（1891 年）给兴宁胡晓岑的信中就曾这样称赞他的故乡梅县的山歌："……十五国风，妙绝古今，正以妇人女子矢口而成，使学士大夫操笔为之，反不能尔。以人籁易为，天籁难学也。余离家日久，乡音渐忘，辑录此歌，往往搜索枯肠，半日不成一字。因念彼岗头溪尾，肩挑一担，竟日往复，歌声不歇者，何其才之大也！"

山歌作为客家地区民间文学民间艺术的一种主要表现形式，考其根源，我认为一是来源于客家先民的组成部分——当地土著古老畲族的一种文学文艺传统。客家酝酿地区闽粤赣边界，恰好是汉初南海国（介于闽越国和南越国之间）的辖区。据学者们考证，南海国封于汉高祖（南海王织，原为南武侯），灭于汉武帝，存在虽然只有短短的几十年，且后来还有灭国迁民之举。但当时北迁的主要还是贵族，分布于广袤山区丘陵的普通人民还是留下来了，这些人，就是今畲族的祖先。虽然畲族的语言和文学艺术形式没有传承下来，但学者们认为，宋元时期形成的客家人，是南迁汉族与当地土著畲族融合的一个民系，客家人创作和歌唱山歌的文学艺术形式，很可能传承于畲族的民俗风情。

二是来源于南迁汉民从中原带来的文学艺术传统。考各地客家山歌，包括闽浙各地的畲族山歌，我们可以清楚地看到，这些山歌其实就是中原古代七言诗或五言诗的传承。如黄遵宪所言，《诗经》中的十五《国风》，即为妇人女子等普通百姓的歌吟，汉民族这种民间文学艺术的传承，在西北便演绎成信天游，在元末明初便演绎成山歌咏叹，如成书于该时代的《水浒》十五回"智取生辰纲"中白日鼠白胜唱的山歌："赤日炎炎似火烧，野田禾稻半枯焦。农夫心内如汤煮，公子王孙把扇摇。"这既是七言诗，也是当时典型的山歌。古代客家地区的交通要道上，一道十分重要的风景线便是茶亭，凡官道，必三里一亭；凡便道，也都会五里左右一亭。这些茶亭，也是客家人创作记载山歌的最佳场所。村夫野老们，肩挑手提，小憩于茶亭时，也会仿效学人士子，兴之所至，便在"壁上题诗一首"，即兴赋歌如"高山有好水，平川有好花。人家有好女，冇钱莫想她"，表达自己对美好事物的向往和无奈。这种用木炭或有色石头书写的题咏，既是对中原汉族传统的传承，也是客家山歌的另一种表达形式。

　　为什么畲民或客家人喜欢唱山歌呢？这可能与他们山地丘陵的居住形势有关。一个人进入深不可测的大山，难免会有一种对大自然的恐惧，对毒蛇猛兽的恐惧。于是他们先是用"噢嗬"之类的长高音来呼唤同类或吓跑兽类，或为自己壮胆，继而便发展到唱山歌。加之四面群山往往回应或放大这种声音或歌唱，犹如一个天然大音箱，使这种声音或歌唱音色更美更具魅力，因而激励着人们歌唱的爱好，这也是大江大海和平原上少有歌唱的原因。此外，山歌的盛行，还与古代客家人比较少礼教束缚（如妇女不缠足，男女比较平等）、文化比较普及等有关。

武东山歌选辑（一）

编者按：本辑山歌由武东四维村人王麟瑞先生在武东民间辑录。

老妹生得水灵灵

食米爱食下季米，连妹爱连门相对；
早晨妹见哥破柴，傍晚哥见妹挑水。

食茶爱食清明茶，连妹爱连上下家；
出出入入见得到，落雨省得戴笠麻。

山歌一唱闹连连，连妹爱连上下年；①
阿哥二十妹十八，簸箕上夹就团圆。

莳田爱莳八月粳，唔需塞粪会转青；
连妹爱连十七八，唔需打扮有咁靓。

老妹生得水灵灵，靓就靓在目珠仁；
目光好比洋刀子，唔曾接身先割人。

老妹靓得觔死人，好比南海观世音；
阿哥日夜烧高香，总想保佑来接身。

一口莲花笑盈盈，看你老妹好交情；
不高不矮又咁靓，句句言语合郎心。

桃花开来李花开，阿妹唔贪哥钱财；
门前种有梧桐树，乌鸦飞过凤凰来。

水往低流人往高，烂扇么（没）风哥唔摇；
笠麻么（没）顶哥唔戴，无情老妹哥唔交。

想爱风流赶少年

想爱风流赶少年，人无两世在阳间。

---

① 上下年：指年龄差不多。

六十花甲无几次，风流一年就一年。
日头照眼看唔真，对面阿妹是嘛人？
有情阿妹过来聊，无情阿妹莫转身。
两岸山歌尾驳尾，声声唱出妹心事，
句句唱出夫爱归，夫难舍来妻难离。
上园韭菜下园葱，老妹盲曾嫁老公。①
嫁哩老公𠊎也晓，脚踭落地奶会通。②
上园韭菜下园茄，阿哥盲曾讨老婆。
讨哩老婆𠊎也晓，脚踭落地背会驼。
割芒爱割割一抓，割哩两抓唔好拿。
连妹爱连𠊎一个，连哩两个结冤家。
挖笋唔到腾竹根，③ 连妹唔到靠紧跟。
一日跟𠊎二三转，铁打心肝也会软。
挖笋难寻老竹根，连妹唔到出别村；
别村老妹情更好，三日唔到会来跟。
老妹生得咁斯文，人又靓来嘴又甜；
如果阿哥有缘分，九斤猪头许得成。
羊角花开满山红，有情老妹较唔同；
有情老妹看得出，眼拐打来带笑容。
响连连来闹连连，连妹爱连真同年；
大𠊎一岁厓唔要，细𠊎一岁厓唔连。
老妹生得咁精明，会划会算又有情；
如果阿哥连得到，累生累死也甘心。
高山流水响哗哗，对门老妹甲哩𠊎；④
九冬十月生个子，圆面圆目全像𠊎。
好酒就爱好坛装，好妹就爱配好郎；

---

① 盲曾：没有。
② 通：动。
③ 腾：顺着，跟着。
④ 甲哩：同了房。

好郎好妹两相配，好比糍粑稳白糖。①
打张快刀唔须磨，连个好妹唔须多；
十工半月来一转，好比蜂糖甜心窝。
响连连来闹连连，阿哥读书妹赚钱；
两个毫子买管笔，笔笔写来中状元。

同妹前生今世缘

雾子蒙蒙大暗天，芒秆点火入妹间，
大风吹瞎芒秆火，同妹前生今世缘。
九月一过十月朝，霜打禾苗夜夜燥。
燕子无娘喳喳叫，偓哥冇妹心真焦。
割芒爱割大叶芒，手指割毕血洋洋；
有情同妹包手指，冇情行开目珠光。
蜜蜂采花因为糖，妹子贪花因为郎；
蜜蜂采花不怕远，妹也不怕路头长。
郎今出门到南京，壁上打钉会挂心，
郎今好比油灯盏，嘱咐添油莫换芯。
大阿哥，细阿哥，两个毫子妹唔收，②
照得先前老规矩，两个花边唔算多。
大嫂嫂，细嫂嫂，两个毫子唔会少，
再过几年老呀毕，四两盐钱唔得到。
天上落雨当当托，脚下么妹睡唔着；
四个床角摸呀转，摸到老妹就睡着。
岭上杉树敢伸长，倒一头来凿花床；③
今年同妹睡一下，明年捡个读书郎。④
枫树叶子叶灵灵，老婆唔亲亲嘛人；

---

① 稳：蘸。
② 毫子、花边：银毫、银圆。
③ 倒一头：砍一棵。
④ 捡个：生一个。

借人老婆唔过夜，自家老婆日夜亲。
山歌紧唱紧风流，茶籽紧榨紧出油；
头碗送给妹煮菜，二碗送给妹梳头。
心肝命来心肝肠，日想心肝夜想郎；
日想三餐唔晓食，夜想目汁流满床。

巴掌洗面也甘心

对门岭上阿嘛人，蒙雾遮住看唔清。
保佑日头快快出，等俚两人看分明。
枫树叶子叶灵灵，总爱俚郎感情深。
唔怕穷来唔怕苦，巴掌洗面也甘心。
莲花出水水灵灵，老妹生得咁迷人。
牙齿好比高山雪，行路好比风送云。

八月十五赏月华

八月十五赏月华，阿哥出饼妹出茶；
食哥月饼甜心里，喝妹清茶开心花。
食烟爱食水烟筒，一刷一唥又一筒；①
连妹爱连十七八，情意又好胆又雄。
食烟爱食水烟筒，一刷一唥又一筒；
连郎爱连有情郎，唔怕苦来唔怕穷。
食笋爱食老笋头，咬咬掰掰有嚼头；
连妹爱连老大嫂，关心体贴时常来。
生爱连来死爱连，唔怕老公在眼前；
杀头好比风吹帽，坐牢好比游花园。
红米煮粥满锅红，甘愿同郎唔怕穷；
年三十日么（没）米煮，郎打夹板妹挽筒。
天上落雨落唔下，落到半天起蒙沙。
哥要连妹要开口，莫学杨梅暗开花。

① 一刷一唥：一吸一吹。

三月莳田等秧长，六月莳田等禾黄；

妹要连郎早开声，两人唔讲会丢荒。

上别崇子下别窝，捌把树叶妹贴坐；①

问妹交情肯唔肯，唔声唔句肯较多。

上崇唔得崇头开，蒸酒唔得酒酿来；

恋妹唔得妹倒口，②　妹一倒口心花开。

山歌紧唱心紧开，唱得云开日出来；

唱得云开日头出，唱得老妹坐前来。

上塘鱼子跳下塘，唔晓哪塘水较凉；

咁多老妹般般靓，唔晓哪个情更长？

打鼓要打鼓中心，打在鼓边么声音；

连妹爱连有情妹，一转交情一转深。

斫柴爱斫共一窝，作田爱作共一坵；

郎有情来妹有意，两人眼拐丢上丢。③

郎有心来妹有心，铁杵磨成绣花针；

一年三百六十日，唔愁两人么接身。

天上乌云堆打堆，北风一吹就吹开；

早晨等哥等到暗，阿哥一来心就开。

六月来哩讲割禾，阿哥背斛妹枷箩；

阿哥枷谷妹枷秆，咁好情意难得有。

岭上松树好遮荫，松树底下好交情；

千年松树莫倒别，万年老妹莫断情。

（2011 年采录整理）

古道山歌

上别岭子转横排，跌别手巾同花鞋；

---

① 贴：垫的意思。

② 倒口：答应。

③ 眼拐：意指有情。以上情歌流传在县武东、中堡、十方一带。

跌别花鞋还较得，跌别手巾郎会骂。

古桥山歌

天上落雨落排排，石板桥头放鸭嫲；
鸭嫲乖乖唔敢走，老妹回家拿笠麻。

古亭山歌

葛藤亭里陪妹坐，亭子下面汀江河；
阿妹肯同阿哥聊，一起搭船下潮州。

古渡山歌

心中有事要想开，要把愁闷丢一堆；
藤断自有篾来驳，船到滩头水路开。

古埠山歌

阿哥阿妹码头坐，两人坐哩唱山歌；
阿妹肯同阿哥走，马上搭船下潮州。

武东山歌选辑（二）

编者按：本辑山歌由中国作协会员林永芳女士根据其婆母（武东四维村人周永永）口述整理而成。

句句山歌解心愁

唱起山歌唔抹魈，① 句句山歌解心愁。

山歌也是早有个，还有老个带哩头。

山歌要唱琴要弹，人冇两世在阳间。

人冇两世阳间在，花冇百日在高山。

洋洋叶叶飞过来

郎有情来妹有情，俩人有情赛过人，

郎要赛过杨宗保，妹要赛过穆桂英。

新做茶亭四四方，茶亭有人施茶缸，

阿哥食的嫩茶仔，老妹食的阴凉汤。

高岭崀上做茶亭，冇茶冇水渴死人，

渴死𠊎妹还较得，② 渴死𠊎哥读书人。

高岭崀上种苞粟，又有红来又有绿，

红绿相杂冇要紧，紧浇紧大紧够熟。③

对门墩上老大叔，家有姊妹唔相熟，

唔相熟来冇要紧，紧坐紧聊紧够熟。

高岭崀上种头茶，风仔一吹叶耙耙，

哥妲好比洋翼子，④ 洋洋叶叶飞过来。

---

① 魈：xiáo，臭美。

② 较得：可以。

③ 够：更加。

④ 洋翼子：蝴蝶。

真心连妹唔使桥

地上石子配泥尘，老妹怜哥读书人；
妹啊怜哥读书仔，文化咁多咁聪明。
砍掉杉树还有头，嫁掉老妹还有来；
初一十五来一转，当得汀州考秀才。

迓起哥心滟滟动

新打磨镰割芦萁，三餐唔食肚唔饥；
三餐空肚心欢喜，还会同郎割芦萁。
新打菜刀斫菜头，指望怜哥来出头；
指望怜哥带妹走，羊崽食草不回头。
新做担竿滑溜溜，做给哥哥揩洋油；
揩到千里万里外，羊仔食草不回头。
衫烂裤烂膝头酸，嫁哩老公冇相干；
指望怜哥带妹走，霎目唔望这角天。①
山坑浑水洗青衫，手拿榔槌石上攀；②
烂衫洗起新衫色，年年见你一般般。
绑担樵子三角弓，竹杠细细迓起风；③
迓起芒花飘飘过，迓起哥心滟滟动。④

有家有室路难行

门对门来场对场，有情哥哥转来行。
上家下屋怕人问，有家有室路难行。
门对门来丘对丘，有情哥哥转来坐。
手拿筷子郎食饭，手抻衫尾郎垫坐。
秆扫扫地扫地尘，哥啊下县要老成。

---

① 此句意思是即使眼角余光都不愿再朝这个方向看一眼。
② 攀：捶打。
③ 迓起：惹起。
④ 滟滟动：波澜起伏。

老成店里也要到，鸳鸯枕子唔消承。①

新打鞋底莠莠花，② 打给老弟书堂下。

叮嘱老弟要穿稳，学生多哩会着差。

新做裙子角弯弯，做给老妹厨房下。

叮嘱老妹要系稳，仔嫂多哩会系差。

新打锁匙一叉叉，打给老妹学当家。

叮嘱老妹要戴稳，仔嫂多哩会吊差。③

日头好辣乌云吹，④ 柑子好吃瓣瓣开。

先头唔得妹倒口，今朝唔得妹行开。

山中恋歌

抬起担竿挑竹麻，⑤ 老妹咁靓嫁给厓，

老妹唔要挑长担，厓把纸票送碓下。⑥

枫树叶子叶霖霖，老公老妹头面人，

厓个老公办公事，有人敢来欺负人！

过哩一窝又一窝，斫樵老妹转来坐。

一人斫樵冇嗒萨，⑦ 不如转来陪阿哥。

两支山歌唔要嗲，头上戴哩烂笠麻，

身上着个烂褂子，一身透下更虱麻。⑧

三张铁扎打张耙，⑨ 两支歌子唔要嗲，

山歌本子厓唔带，零嗒唱得日头斜！⑩

短命子来死猴哥，冇撩冇拨来唱歌，

---

① 唔消承：别到风月场所，无须把脑袋置于别人的鸳鸯枕上。
② 莠莠花：形容新纳的鞋底花纹美观。
③ 吊差：拿错。
④ 辣：形容太阳炙热。
⑤ 担竿：扁担。
⑥ 纸票：钞票；碓下：草纸加工作坊。
⑦ 冇嗒萨：没意思。
⑧ 一身透下：从头到脚；虱麻：虱子。本句意思是你配不上我，还有什么脸面笑话我。
⑨ 铁扎：作田埂用的农具。
⑩ 零嗒：零碎的，零头。

唱得𠊎赢有要紧，唔赢索绑棕索拖！
你要山歌唱你听，唔敢嫌𠊎烂衫筋。
有情阿哥做一件，老妹着哩飞上天。
枫树叶子叶霖霖，见得声音唔见人，
阿哥噢嗬打一个，省得阿妹满山寻！
你那边来𠊎这面，隔窝隔山唔得见。
灯芯一截架座桥，有冇胆子过得转？
深山割油好孤单，① 盼得老妹也进山。
老妹割樵割得少，② 哥割一把凑一担。
上驳墩子下驳窝，吊只篮子来寻哥，
哥在深山窝里住，喊妹同来唱山歌！
上山唔得墩下企，上得山来肚又饥。
有情阿哥等一驳，③ 当得汀州搭船归。

作田要作落垄丘

作田要作落垄丘，谷子割冇秆总有。④
连哥要连连到老，唔敢有种冇秋收！
六月种薯秆要遮，六月种薯望冬下。
保佑番薯快快大，冬下带揪同一家。⑤
八月初一又来哩，老妹红裤做来哩，
旧年做的嫌太短，今年做的加长哩！
有情阿哥咁爱惜，斫两猪肉无人知。
好在老妹行得快，黄蚤灶鸡拖走哩。
上天落雨𠊎唔怕，只爱哥哥约哩𠊎，
哥的牛肉好绑酒，妹的粉干好绑茶！
扇子飘飘春到夏，日日飘到妹屋下。

---

① 割油：采割松香。
② 樵：柴草。
③ 一驳：一程。
④ 秆：稻草。
⑤ 揪：聚拢，使之团圆。

问你老妹应句话，那久才有答复厓？①
日头落山又一天，哥哥偋过又一年，
老妹偋过还较得，哥哥偋过真可怜！
日头咁炙炙嗬嗬，炙死门边一头禾。
白日想哩冇禾割，夜晡想哩冇老婆。
日头咁炙风咁凉，郎食甘蔗妹食糖，
妹来帮哥种谷子，凌冰和雪般般凉！
倒行树子扛扛扛，一心倒哩凿花床。
凿哩花床作嘛个？花床凿好睡新娘。
落雨洗衫栏杆晾，栏杆站哩等亲郎，
等哩亲郎半晌昼，前锅煎蛋后锅酿！
坐下添来聊下添，聊到两人要喜欢，
莫等上天落大雨，莫等以后唔得闲！
石头砌路一掌平，妹啊怜哥同哥行。
指望同哥一起聊，指望同哥一起行。

忆苦情来真苦情

睡唔着，床上眠，床上眠哩想世情。
百样世情想到过，冇样世情当得人。
忆苦情来真苦情，三餐粥饭要求人。
借人一石还三石，样般穷人有翻身？

---

① 那久：何时，什么时候。

武东山歌选辑（三）

编者按：本辑山歌由武东教文村人陈龙连女士辑录。

阿妹挑水井边企

阿妹挑水井边企，见了情哥笑嘻嘻。

问俚阿妹笑嘛个？昨天夜里梦见你。

阿妹挑水井边企，见了情哥恨死你。

问俚阿妹恨嘛个？梦见阿哥跟别人。

阿哥恋妹一世情

山歌唔唱心唔开，大路唔走长青苔。

脚踏青苔溜溜滑，妹唔约哥哥唔来。

千言万意劝情哥，阿哥恋妹莫恋多。

莫学筛子千只眼，要学蜡烛一条心。

好花一朵压千红，好妹一个情意浓。

阿妹吩咐记心上，阿哥恋妹一世情。

红纸写字寄情哥，爹娘嫁俚唔奈何。

恨死媒婆大脚腿，害了俚妹和情哥。

一顶花轿抬妹行，村头见哥泪涟涟。

此去他乡难回转，阿妹恋哥真绝情。

阿妹嫁去大半年，阿哥日夜挂心间。

莲藕断哩丝还在，怎让阿哥唔恋妲。

卖了猪来卖了田，买下礼盒和丝线。

袋装荷包绣花鞋，明天上路把线连。

阿妹河边洗衣裳，起眼看见俚情郎。

忙拿竹竿来赶狗，双手牵郎进屋房。

上厅拿来新酒娘，下厅拿来鲜鸡汤。

前锅煎好荷包蛋，后锅蒸好鸽子汤。

一条板凳并肩坐，两人对应话真多。

阿哥见妹瘦又黑，阿妹见哥泪汪汪。

情郎酒杯一边放，后脚跟到阿妹房。

红罗帐来象牙床，贴心话儿用箩装。

百般无奈劝情哥，莫把妹子来思量。

情哥身体要保重，温寒饥饿要相当。

蜜糖甜甜山中来，泉水清清井中来。

妹是蜜糖哥是水，蜜糖泉水合起来。

妹子十八花一朵，老公大妹三十多。

二月青草刚鲜嫩，刚好碰上老黄牛。

黄连苦苦山中来，泉水清清井中来。

妹是黄连哥是水，黄连井水合不来。

蜜糖甜甜甜入心，泉水清清清如镜。

蜜糖入水水如蜜，今生哥妹不分心。

黄连苦苦苦入心，泉水清清看唔清。

黄连入水水又苦，今生哥妹难断情。

妹备白米和铜钱，送哥回家目含情。

回家讨个有情女，莫忘𠊎妹一片心。

山歌对唱

武东山歌选辑（四）

编者按：本辑山歌由武东山峰村人蓝盛田先生辑录。

阿哥出门到南洋

阿哥出门到南洋，紧行紧远紧思量，
日里思量吃冷饭，夜里思量睡冷床。
阿哥出门唔会差，本本留妹在屋下，①
阿妹好比梅花树，霜雪打来紧开花。
阿哥出门请放心，家中有妹样样勤，
赚到铜钱回家转，夫妻恩爱建家园。

十劝郎

一劝郎哥莫咁仙，今日世情唔比先，
天晴就爱防落雨，落雨爱防结凌冰。
二劝郎，莫咁懒，钱财也爱赚得添，
身体健旺唔去做，爷娘见了也会淡。
三劝郎，四四方，莫把阿妹当赌庄，
妻离子散无家转，到头还是打流浪。
四劝郎，四四方，见了几多赌博伤，
见了几多大户子，一个家庭败到光。
五劝郎，学好样，从今就学泥木匠，
灶头锅尾偃来理，赚到铜钱理应当。
六劝郎哥爱当家，赚到铜钱带回家，
莫采路边野草花，害人害己害自家。
七劝郎，莫咁雄，赚到铜钱爱人工，

---

① 本本：一样，本来。

丝线吊得石牛起，冇谷引鸡会入笼。
八劝郎，月华圆，手搭花树笑连连，
百花每年开一次，新婚夫妇长百年。
九劝郎，九九长，阿妹劝哥讨新娘，
倕就一个人家女，鼓手喇叭花轿扛。
十劝郎，莫调皮，百样世情话讲清，
阿妹讲的是真情，百年好合风光哩。

只有金鸡配凤凰

有女唔嫁鼓手郎，吹起鼓手命么长，
有只金鸡配凤凰，一夜无眠到天光。
风流好了难受伤，有哥无妹难成双，
豆腐好吃难磨浆，只有金鸡配凤凰。
山歌唔唱唔风流，八月茶籽打茶油，
指望茶油来点火，指望阿哥聊风流。
有女爱嫁鼓手郎，鼓手郎子命好长，
吃了咁多千家饭，看了咁多靓布娘。

武东山歌选辑（五）

编者按：本辑山歌及曲谱由武东三峰村人吴荣生先生辑录。

客家妹子爱唱歌

（广场舞曲）　　　根据武东民歌改编

1=A　4/4

♩=112

```
3  3  - - | 23 23 2 1 | 2.  3 | 23 23 2 1 | 6. 1 | 23  2  - - | 2 - - - |
客家       山  歌（什） 极   出（哇） 名   （哎）

3  2  - 1 | 6  1 6 6  - | 1  23  2  - | 2 1  6 | 1 2 1  - - 2 1 |
条条       山  歌（什） 有  妹（个） 名（喏

6  - - - | 6 1 6  - - | 1 23 35 2. | 5.  3 6 5 | 35  3  - - |
喂）       条  条   山   歌  有  妹  分 （呐）

2  6  1 23 35 | 2 - - 3 | 2  1 6 1 | 2 1  1 6 6 | 6  - - - | 6  - - - |
一 条  冇  妹    唱  唔  成 （喏
）

3  3 6  6 | 6 5 35 5 5 | 5 - - - | 6  5 6 5  3 | 5  32 3  3 | 3 - - - |
客家溪水 响 嗬 嗬 啰，     大家 听 厓 唱 山 歌 哎

5  5 35 6 | 1 6 1 23 2 | 2 - - 3 | 2  1 6 1 23 | 5  - - 3 |
客家 妹子歌 声 靓 哎       一人 唱   歌  哎

2  1 6 1  2 1 | 1 6 - - | 5 6 5 35 | 6  - - - | 6  - - - ‖
万  人   和 啰，  万  人  和 咧。
```

天长地久到白头

（广场舞曲）

根据武东民歌改编

1=♭E 4/4

♩=118

5 5̇ 3 2 2 3 | 5 6 2̇ - - | 2̇ - - i̇ | i̇ 1 6 5 6 i 2 6 | 6 - - - |
阿 哥 阿 妹 噢，　　　　　　敢 勤 劳 呵，

6 2̇ 2̇ 2̇ | 2̇ 6 i̇ 6 5 | 6 - - - | 6 - - 5 3̇ | 5 2̇ 2̇ 3 5 |
风 吹 日 晒 唔 低 头 （噢）　　噢 哎 勤 俭 持 家

6 2̇ 2̇ i̇ 6 | i̇ i̇ i̇ i̇ 6 5 | 6 - - i̇ | i̇ 6 5 6 5 5 | 5 - - - ‖
情 谊 深，　有 食 有 着 噢　　唔 系 愁 噢　　　（小间奏）

5 6 5 5 | 6 i̇ 2̇ - - | 2̇ - - i̇ | i̇ 6 5 6 2̇ i̇ 6 | 6 0 0 0 |
有 商 有 量 噢　　　　过 日 子 哟

2̇ i̇ 2̇ 2̇ i̇ 2̇ | i̇ 6 5 | 6 i̇ 6 | 6 - - - | 6 - - 5 3̇ | 5 5 5 5 2̇ 2̇ |
妹 割 鲁 箕 哥 斫 柴 噢　　　　哎 孝 敬 长 辈 是

5 6 6 5 5 6 | 2̇ 2̇ i̇ 6 6 5 | 6 - - - | 6 - - i̇ | i̇ 6 5 6 5 5 |
人 称 赞 哟 天 长 地 久 噢　　　到 白 头 噢

5 - - - :‖ 5 - - - | 5 - - - | 5 0 0 0 ‖
　　　　　　呜　喂!

武东山歌选辑（六）

编者按：本辑山歌由三峤村人吴子荣先生搜集整理。

武东情歌
——客家山歌对唱

男：咁久唔前唱山歌，声音又哑痰又多，
　　咁久唔前见妹面，出门阿哥想妹多。

女：咁久唔前入菜园，瓮菜长过番薯藤，
　　咁久唔前见哥面，心肝脱别十二层。

男：想妹想哩好多年，古井烧香暗出烟，
　　半夜做梦同妹聊，醒来一摸空身边。

女：半夜做梦想伢哥，阿哥带伢半山坡，
　　半山坡上同哥聊，摘皮叶子垒哥坐。

男：想妹一天又一天，想妹一年又一年，
　　唛个心肝都想烂，铁打目珠都望穿。

女：妹想阿哥月半天，枕边翻滚泪涟涟，
　　月光照在妹身上，魂魄落在哥身边。

男：日日想妹冇在身，夜夜想妹又失眠，
　　常常抬头家乡望，目子嘻嘻也闲情。

女：妹想阿哥几多年，几多月缺又月圆，
　　月缺还有月圆日，等郎团圆到哪年？

男：月光弯弯像把镰，高高挂在天空间，
　　月光团圆约十五，同妹团圆哪年间？

女：阿哥在外妹在村，恋哥恋哩好多年，
　　日里做什还咯得，夜晡想哥真可怜。

男：枫树叶子叶淋淋，阿哥想妹唔像人，

日里唔思茶同饭，夜晡抱枕当妹亲。

女：高岭岽上一头葱，风子吹哩硬硬通，
　　阿哥去哩半个月，老妹哭哩十五工。

男：高岭岽上一头梅，梅子树下等妹来，
　　初一等到十五过，唔见老妹行过来。

女：石子砌路磴磴岖，手拿红花等哥归，
　　一日当得年般久，囊得年头到年尾。

男：出门在外冇自由，日夜赶工赚咯多，
　　赚到纸票把妹娶，早点娶妹做老婆。

女：河背竹子河前阴，竹尾坠到河中心，
　　阿哥今日门背归，老妹梳头喜在心。

男：伢今坐车归屋下，放别袋子把妹睐，
　　爷嫂问伢到哪里，拐佢东西丢在车。

女：树上雕子喳喳叫，听哥归来妹心笑，
　　急忙奔到桥头望，看见阿哥来过桥。

男：老妹站在桥头边，阿哥惊喜在心田，
　　日夜思念梦中人，今那就在伢眼前。

合：哥爱连来妹就连，二人情结并蒂莲，
　　好比鸳鸯同戏水，形影不离永相连！

武 东 山 歌

自由、深情地

吴子荣记谱

$\underline{661}$ 6 5 | 1 2 — $\overset{16}{\,}$$\overset{12}{\,}$ 2 1 2 1 6 $\overset{61}{2}$1 2 2 6 $\overset{61}{\,}$| 1 6 5 6 6 6̣ | — $\overset{15}{\,}$

咱久　唔 言 哦　　　唱山　歌 啊，声音 又 哑 痰又 多 哦，

广起　山 歌 哦　　　山歌　王 啊，一时 唔 唱 爱断 肠 哦，

高岭　崇 上 哦　　　一头　禾 啊，野猪 食 毕 唔奈 何 哦，

郎一　村 来 哦　　　妹一　村 啊，见郎 唔 到 脱心 肝 哦；

5 $\underline{56}$ 2 $\underline{12}$ | 6 6 1 6 6 5 6̣ 6̣ — $\overset{61}{\,}$2 1 2 6 6 5 6̣ | — $\overset{61}{\,}$2 1 6 5 6 5 5 | —

咱久　唔言大家 来见　面啊，今那　一见 哦　好 得 多哦。

好比　粘到 狗 老 豆啊，闹得 伢哥 啊　麦 麦 芝哦。

日里　三 餐 冇 米 煮啊，夜晡 睡目 哦　冇 老 婆哦。

衫袖　笼 里 藏 管 笔啊，画哥 人像 哦　床 头 安哦。

呜——喂——！

教育之乡

古代武东书院概述及崇文书院简介

林善珂

　　书院是中国古代民间教育机构。开始只是地方教育组织，由富商、学者自行筹款，于山林僻静之处建学舍，或置学田收租，以充经费。书院最早出现于唐代，正式的教育制度则是由朱熹创立的。宋代书院十分发达，出现了如白鹿洞书院、岳麓书院等一大批著名书院。元代书院更为兴盛，专讲程朱理学。明代自从出了东林书院，批评时政，遭当道之忌，受到当政者贬逐，至魏忠贤时，则毁天下书院，书院乃没落。

古代书院教育

　　清兵入关，起初仍对明代书院有余悸，至雍正十一年（1733年），才正式明令各省、州、县设书院，改采鼓励态度，书院又再度兴盛。惟明令不论官立私立，皆受政府监督。光绪二十七年（1901年）庚子新政，诏令各省书院改为大学堂，各府、州的书院改为中学堂，各县乡的书院改为小学堂。至此，书院退出了历史舞台。但香港、台湾地区，尚存书院形式的教育组织，如香港中文大学。

　　书院制度的外传，则开始于唐代，日本遣唐使从唐朝将该种教育制度带回日本。再后来，书院制度遍及东南亚的中国古代文化圈中。

　　书院的设置，一是由中央官府设立，属于收藏、刊刻、整理图书的机构；二是民间设立，供个人读书治学的地方；也有叫书屋的，如鲁迅笔下的"三味书屋"。满清时期，地方书院演化为读书人攻读诗书准备科举考试的场所①。

　　书院设"山长"一人，主持讲学。较大的书院增聘"助教""讲师"，有时还请名儒来院讲学。书院的学生，一类是经童试合格或相当程度的童生；另一类是准备乡试应考的秀才。学习内容以"四书""五经"为主。采用个人自学、集众讲解、个别点化和质疑解难相结合的教学方法。重视指导写作，学生所写的文章诗赋交山长批阅。书院订有学规，以约束学生修正品行，勤于学业②。

　　见于史志记载或据当地老人回忆的武东书院有：培英书院（川坊）、观成书院（四维）、崇文书院（六甲）、三松书院（陈埔）、鸣冈书院（五坊）、奎文书院（三峙）、崇德书院（袁田）、向阳书院（袁田）、雷公井培英书屋（四维）、大窝里文化学堂（四维）、新文书院（安丰）等 11 所。其中前三所规模较大，大约相当于民国时期的高等小学堂。在这些书院就读的主要为准备赴汀州府考秀才的童生，这类书院大约创办于清乾隆年间，属民办官助跨地域的书院。而后七所书院，则相当于民国时期的初级小学堂，实际上应称为私塾。这些私塾大致有四种类型：由教师在祠堂庙宇或自己家中设馆，收费招生入学的，称为私塾；由公尝出经费聘请教师设馆，免费教育本族子弟的，称族塾；乡绅殷户聘请教师，在家里教育子弟的，称为家塾；由一村或数村热心教育人士张罗馆舍聘请教师设馆，收费招生入学的，称为村塾。每所私塾一个教师，授几个至十几个学生。私塾又分"蒙馆"和"经馆"，和两者兼备三种。古代武东的私塾应属"蒙馆""经馆"兼备型，主要教《三字经》《百家姓》《千家诗》《增广贤文》《幼学琼林》《声律启蒙》《朱子治家格言》等读物。稍高一点年级的学生也有教"四书""五经"，准备参加科举考试的。而袁畲村举人的

---

① 来自网络。
② 见 1993 年版《武平县志·教育》。

《一年使用杂字》（也称《元初一》），则成为武东范围内所有私塾的必读内容，也是闽粤赣边区客家居地私塾的必读内容。

上述私塾也有称义塾、社学的。前者经费来自学田地租或社会捐助，学生免费入学。后者经费由民间慈善人士筹集，入学者可免差役。两者每年均需按规定将师生姓名造册呈报县学正备查。学生学完教材，能背能写，就算启蒙阶段结业，也相当于后来民国时期的初级小学堂①。

武东崇文书院，建于清光绪初年。建院费用由县先贤祠尝产分成加劝募所得，属民办官助型较大型书院"规模颇壮，蔚为大观"②。该院初筹建时，由武东六甲片的袁畲（今袁上袁下村）、文光背（今教文村）、六甲（包括已移往他处的角洋、大洋田）、东流坑（今东兴、张畲村）、上山下山村（今美和村）的绅商筹资（包括县先贤祠尝产拨款）创建，后城厢镇的尧禄、东岗村，十方镇的乐畲、高梧村，武东镇的陈埔、黄埔、炉坑村等一部分初级书院就读的童蒙馆生员也升入该院就读，办学规模相当于清末时期的跨界高级小学堂。

武东崇文书院建筑群属于六甲片区民居中最大规模之一。初建于六甲圩桥头。核心以上下大厅为主，其中上厅面积一百多平方米，作礼堂或讲堂用。上下厅的侧厢房，作教师职员宿舍用。后厢为半月形建筑，二层楼房五六间，作学生宿舍用。上下厅之间，左右厢房之间，后栋房屋之间，广植柏树桂花等花木。整个建筑群有点类似于客家人的典型围屋。

1913年二月，此书院改设荟英学校，1940年改为第三区县立六甲中心学校。校产以迷信尝产计每年收实谷一百二十四石，县府补助费每月五十元，后增为二百七十七元。应设班级四级（后增为六级）。1968年，崇文书院校舍改为武东五七中学六甲分校，后改为六甲中学。直至20世纪70年代末，六甲水库规划拟淹没六甲中学，六甲中学上迁至美和村邹屋，崇文书院建筑群的历史到此终结。

---

① 资料来源：1993年版《武平县志·教育》。
② 民国《武平县志·学校》。

培英书院

林建华

　　"五代十国"分裂时期,官学遭受破坏,庠序失教,中国开始出现一批私人创办的书院。"风声雨声读书声声声入耳,家事国事天下事事事关心。"(明,东林书院院联)中国人讲求诗礼传家,无论哪朝哪代,都把读书看作头等大事,于是在千百年的历史流传中,承载着文明和思想火花的书院也应运而生,川坊的培英书院就是其中一例。

　　培英书院坐落于杭武交界的川坊水口上。清咸丰年间川坊林满郎公裔创建,1934 年七月设立公学,初名为杭武联立培英公学,1937 年改为杭武联立培英小学,1939 年教厅划归武平计划设校,改为武平县立第三区区立培英学校,1940 年改为武平第三区区立培英小学。校产除杭辖一部外,有龙文、揆文、保甲、崇文等课堂,与三峤四六均分,本校所实得按现值2360 元。1940 年应设班级五级,月费 365 元。首任校长林登仁。是杭武交界之文化景观,享有"培育杭武英才"之美称。中华人民共和国成立后改为"武平县川坊小学",1965 年 8 月川坊小学搬迁到现址,"文化大革命"时期把"培英书院"设为阶级教育展览馆。毁于"文化大革命"后期,但在尚存的瓦砾间,我们依稀看到了书院曾经的辉煌气势。

　　书院主体建筑采用规则中轴对称布局,这种布局充满着秩序井然的理性美,有助于创造庄严肃穆、端庄凝重、平和宁静的空间境界,书院是由若干栋建筑单体围合而成的四合院,在造型上、空间上都呈现出左右均等,中轴对称格局,暗合传统审美观和礼制观。书院坐南朝北,正门是用石雕刻画,上书"培英书院"四大字,双联为"经纶涵万物,磊落冠群英"。沿中轴两侧,庭院天井组合,布局严整。左边是厨房和教师办公的地方,右边是由若干教师住房及藏书房组成,后排是二层的教学楼,两旁还有教师课间休息室。天井两旁两株茂盛的桂花树,"绵桂花开,十里飘香",整个校园弥漫着沁人的桂花香味,数只蜜蜂辛勤地采着花蜜,嗡嗡声伴随着琅琅的读书声给飘香的校园再添一道迷人的风景线。

　　书院外部显露其清水白墙，灰白相间，虚实对比，格外清新明快；内部显露其清水结构，装修简洁，更显素雅大方。远观其势，近观其质。既无官式雕梁画栋之华，也少民间堆塑造作之俗，给人自然淡雅的感受。

　　古人很讲究风水，整个书院依山傍水，右边文馆山高大巍峨，树木葱茏，特别是一株千年的参天杉树，树形秀丽，挺拔笔直，硕大无比，既古朴典雅，又肃穆端庄，就像一个精神抖擞的哨兵，屹守在杭武交界的古道上。左旁是一条从川坊流经寨背后汇入汀江的小河，河水清澈如镜，鱼翔浅底，河旁有婀娜多姿的柳树，更引人注目的是那一朵朵亭亭玉立的芙蓉花点缀在翠绿色的芙蓉树上，那股淡淡的甜甜的香味随风飘进校园，顿时满屋生香，我们会蓦然想起古人"红袖添香夜读书"的诗句，马上就会觉得神清气爽，使你感到学习愉快了，工作轻松了，心情愉悦了。正门前是一个大操场，是师生集会、做操及体育活动的好场所，操场旁有高大的白杨树，盖大如伞，可遮风避雨。

　　书院及后来的小学堂培育了许多杭武英才，据史料记载：在古代，考上举人若干，秀才不计其数；近现代较为突出的有：上杭县法官（法院院长）林维芳；著名作家、文艺理论家，曾任中宣部副部长兼文化部副部长、中国文联党组书记等职的林默涵；开国少将林伟将军；毕业于清华大学、在贵州建筑设计院工作的林如霞等著名高校毕业生层出不穷，可谓人才荟萃，不胜枚举。

　　培英书院是中国封建社会特有的一种教育组织，在中国古代教育史上占有重要而又独特的地位，对传播中华民族传统文化和培养造就人才发挥了重要的教育作用。

四维观成书院

王麟瑞　王闻福

天之高有日月星辰，地之厚有草木诸神，人在其间为万物之灵，需要文化知识，文化知识是推动社会进步和发展的动力。清咸丰九年（1859 年），有本村有识的父老们想方设法邀集办学。当时，本村有培福、可必、香福、性道等秀才邀集雷公井、司马坪的以中公裔孙代表，商议决定筹资、选地址，经费由各房上祖尝田摊派，于 1861 年秋季建成，名为观成书院。办书院的目的是培养人才，并为子孙后辈接受教育提供方便。

书院大门上方用石板一块，刻有"观成书院"四个大字，苍劲有力。石门框刻对联一副："甲第宏开师鹿洞，宫墙丕振启鸿图"。大门外左侧立有"惜字库"，对联"子才身显贵，全善世登科"。

书院中厅左右设小厅，中厅天子壁上写有"文人蔚起"四字，厅前上方有"礼堂"两字，大门向上厅用木牌写"指日高升"。中厅左边小厅有神龛，安孔圣人神位，有对联一副："贩卖尼山杂货，栽培天下人才"，横批"耐辛教诲"。右边小厅简挂有创办观成书院人的名字二三十人和捐献经费、粮田、物资等。观成书院共有大小房间 19 间，左右有上下天井，下天井种桂树、柳树各一株，桂花树上挂铸铁大钟一个。右边天井种有石榴树、柚子树和枣树等。右边上天井坎下挖有四方形小井一口，放有小鱼，其水便于学子取水磨墨、洗手之用。

1889 年春，在武平东门梁山书院和十一个台阶左侧建一所观成试馆，为便于中间堂辖境内王姓后辈乡试节省住宿费用。观成试馆第一任主持是岩前大布的王宗海（字汉卿，考取第二届甲等知县事，曾任浙江龙泉县事，晚年居广东汕头，任绥靖公署谘议）。

观成书院教学严谨，培育了大批优秀英才。科举时代，一批秀才、举人在这里接受启蒙教育。民国时期先后易名为初级小学堂、中正中心学校、八区一小校。中华人民共和国成立后，改为公立四维小学。办学成绩更是斐然。近代较为突出的：红十二军三十四师一○一团政治主任王拔奇（长征途中湘江战役牺牲）；解放武平有功人员县支队长王嘉奇；福建师范学院（后改为福建师范大学）毕业、驻瓦努阿图特命全权特使廖金城；西安交通大学毕业、武汉工程学院教授王通勋；北京大学毕业、高级工程师王贵生；福建师范大学毕业，首都师范大学二级教授、博士生导师王光明；中国科技大学、美国犹他大学毕业，物理博士胡愈挺；吉林大学毕业、医学博士王华锋；南开大学、香港中文大学毕业，天津市财政局高级经济师王永锋；培育了王增能、王茂春、王飏等县处级领导干部和一大批文教卫科技的高级人才，不胜枚举。

20 世纪 60 年代，观成书院在破"四旧"中，大门遭受破坏。1973年，拆除原校舍，改建了教学楼和教师宿舍楼。2017 年，四维村结合美丽乡村建设，以募捐方式筹集资金，恢复了书院大门楼和下厅，重现了书院面貌。

书院是传统文化的重要组成部分。书院作为独特的教育机构，承担着继承和弘扬优秀传统文化、培育英才的重任。

三松书院话沧桑

饶稳祥

在武平县武东镇所在地陈埔村，古称陈坑村，有所历史悠久的三松书院。它背靠寨美顶，面朝东山，重檐翘角，巍峨壮观。

书院原为乡贤隐士饶氏仁丰公的生祠，也是他研读儒学经典的场所。公为感念皇恩，重教爱民，遂将生祠扩建创立书院。

传说，书院后山有三棵南宋末年栽种的松树，经过百余年的风风雨雨，直到饶公时，已树高参天，树粗如箩。饶公办学心愿，就是期待一批批学子走出书院后，不论为官为民，不论富贵寒士，都要像院后的三棵松树一样，在风雨面前，坚强不屈，所以饶公将书院命名为"三松书院"。

进入书院，首先映入眼帘的是一块内坪，这是供先生和学子晨练的场所；过内坪往前便是下厅，再往前便是天井和上厅。上下两厅是学子上课的地方；上下厅堂左右各有厢房，那是先生的起居室；书院正厅右侧，是天街和横屋，那是学子起居饮食之地。古代乡下书院有这样的设施，应该说条件优越，可见饶公对先生和学子的一片热诚！

书院原是饶姓私塾，但由于书院先后聘请的先生学问深厚，先后教授培养出饶熙、饶荷禧举人数人，饶曰都恩贡等，并且他们在仕途上都得到朝廷的信任，有的任县丞、县教谕、知县，有的任州判、同知等职，这样书院知名度不断提高，异姓学子纷至沓来，从此书院由饶姓私塾，面向四方百姓子弟开放。如本县十方黎畲肖某，三松书院出身后，官至知府，每当回乡省亲路过陈坑，都在村口下马，步行到三松书院，顶礼膜拜，然后再步行出村。

这里特别值得一提的是，书院创立者仁丰公的长子其彦公，在父亲和书院先生的教授下，在陶宗师主持的岁考中考取了邑庠生，在武邑诸生中雅负才名。当时邑中寇盗充斥，其彦公团结书院诸生和乡勇捍御有功；清顺治三年（1646 年）寇侵上杭，其彦率众与战，乘胜追击，不幸为贼所害。巡抚张嶙然、上杭知县张世经，奉旨旌奖义烈，乡贤设位，又奖联匾，匾云：两邑干城；联云：风雅出群，文人自与山河寿；慷慨御侮，烈士由来姓字香。雍正五年（1727 年），皇恩制神主入县乡贤祠；乾隆六十年（1795 年），皇恩赐锡赏给其子孙世袭恩骑尉；嘉庆三年（1798 年），皇恩又赐锡骑尉文武并选，其彦公名和事业载省府县志。

科举制度取消后，民国初期（1919 年 8 月），书院改为东山保国民学校，校长饶华文，教授廖凤高等。后来，易地建设新校舍，书院改称三松居，为饶氏仁丰公和其长子其彦公的祠堂。1927 年冬，朱德、陈毅率领的"八一"南昌起义军，由潮汕撤退往赣南途中，当到达武平象洞境内时，兵分两路，一路指向武平县城，一路来到武东陈埔，就驻扎在三松居祠堂里。至今陈埔还有高寿老人，小时曾聆听过朱德打动人心的演讲。两年后的 1929 年冬，红四军来了，随后罗炳辉率领的红十二军也来到陈埔，其司令部也设在三松居祠。他们在这里办公，帮助农民组织农会，宣传发动贫苦农民起来打土豪分田地，扩红动员青年参加红军。住在三松居附近的青年，如饶玉旺、饶玉锦、饶自祥、饶保祥等十几位青年，一起报名参加了红军。

1934 年秋，红军主力长征后，三松居一度为国民党保安团侵占，后又成为中正乡公所。1949 年秋，武平解放后，三松居为武东乡人民政府办公地。1958 年秋，为支援福建前线，在三松居旁建起粮站粮库。在"文化大革命"前期，三松居祠受"破四旧"影响，拆除后改为粮站。

培英书屋

王贵生

培英书屋，位于四维村雷公井以中公祠右侧，占地面积约 200 平方米。清道光年间（1821 年前后）由武平王氏万九郎公十六世祖子郁公牵头始建，三间平房，属土木结构，期间修缮数次。1986 年由王贵生向县教育部门申请学校修缮。教育局拨款 5000 元，本村群众投工投劳，将校舍改建为砖木结构。2016 年由雷公井、司马坪村村民捐资改为铁皮屋面，现保存完好。

培英书屋系一所民办学校（属私塾），经费来源于公尝租谷，辅以社会捐助，是以中公裔孙启蒙学校。书屋除招收本村蒙童外，还接收炉坑、袁田、三峙、五坊的学子。王济美、王坚美、王光炫、王光福、廖凤高、廖凤尧等曾在此书屋任教。

中华人民共和国成立后，村民们深感教育的重要，迫切盼望自己的子女能得到良好的教育。1951 年，由王发武（互助组长）等人自带饭包，步行 60 多华里到武平县政府反映情况，请求政府委派公办教师来"培英书屋"任教。从 1952 年开始，县文教科曾委派王生茂（岩前人）、简宜奎、王如鹏、王冠等公办教师来书屋任教，书屋后改为培英初级小学。

1955～1957 年，培英书屋曾设四袁乡人民政府。期间，学生上课地点搬到王光炫的厅厦里。"文化大革命"期间，培英书屋校址改为民办公助学校。先后有王仁魁、王连周、王梅生、王荣生等教师在校任教。教师的待遇是拿工分参加生产队分红，教育部门只给少量的补助。2000 年后因生源少，该校与四维小学合并，从此，培英书屋退出了教学舞台。

培英书屋校址虽为"单人校"，但也培育了不少人才。北京大学毕业、高级工程师王贵生；福建师范大学毕业，首都师范大学博士生导师、二级教授王光明等在原培英书屋校址读过书。

文化学堂

王大仁

　　文化学堂，位于四维村大窝里自然村。19 世纪初，由武平王氏均德公十三世祖汝槐公牵头始建，占地面积约 300 平方米，有上下厅，左侧横屋数间和厨房等，属厅堂式结构。文化学堂坐落在自然村的最南端，左靠墩上，右靠竹胡子圾，后有子龙公祠，前有将军崇，视野开阔，田园风光一览无余，是办学的理想场所。

　　文化学堂最初为私塾，大窝里村地处周边村中心，在这里设私塾学校成为必然。学堂经费靠祠堂公尝田谷收入和学子所缴的学费。民国时期，学校设有理事会，由王先隆先生总理学校事务。先后聘请有王作屏、林祥喜、王如江、石富礼等先生任教。学校有一至四年级多个班级。学生来源除本村学子外，还有上畲、远浆、左田、雷公井等邻村学子来文化学堂求学。

　　中华人民共和国成立后，改为大窝里初级小学，并入四维小学，设大窝里分班，设有一年级和二年级。20 世纪 50 年代，由林光豪、林赠甲、林步云、王生茂先后任教员。后因老师缺乏，聘请了本村有识之士王学群、王学义、王先兆、王泰祥、王金福先生任教。

　　20 世纪 70 年代中期，文化学堂由县教育局拨款拆旧，兴建四维小学大窝分班，80 年代末并入四维校本部。

　　文化学堂人才辈出，红十二军三十四师一〇一团政治部主任王拔奇，解放武平有功之臣、县支队长王嘉奇，北京京联华不锈钢有限公司董事长王茂昌和一批教育精英等都在文化学堂接受过启蒙教育。

安丰新文堂书院

廖祺道

新文堂书院坐落于安丰村中心圆墩子上。原系乡贤同德（禀生）、揆本（禀生）父子于清光绪三十年（1904年）建造的别墅，四合院式，主体建筑清幽典雅，充溢着丰厚的文化内涵。坐西向东，屋前有口鱼塘，砖木结构，占地面积280平方米，建筑面积210平方米。

别墅建成住了几年后，因风水不合，主人迁回原寨头子上的三栋厅居住。

出身秀才的揆本（与时任武平县执事的蓝玉田为同科秀才），出于为安丰培育人才考虑，清宣统二年（1910年），将闲置的别墅无偿办学堂，以别墅新文堂堂号取名"新文堂书院"。其本人并聘请本村秀才凤翱为私塾老师。书院开办五六年后，因揆本身患重疾，书院再无经济来源而停办。新文堂书院1954年倒塌，现已成废墟。

1939年，揆本之子建康，时任观成书院教导主任，继承其父——揆本之遗志，牵头在罗墩子上，创办安丰初级小学，并任第一任校长。

崇德又尚文　一村两书院

林福堂　林锦华

　　武东镇袁田村地处国家级自然保护区梁野山东南山麓的一块小盆地，村庄依山而建，南山溪绕村而过，景色秀丽，村风淳朴，素有崇德尚文的民俗。清末，人口不过 500 人的小山村，竟创办有两所书院——崇德书院、向阳书院。据 1991 年编撰的《武平县教育志》记载，全县仅有 27 所书院，袁田一村占两所，可见该村读书办学之风的兴盛。

　　崇德书院　创办于清光绪年间（1880 年前后），地处村庄东面的崇德堂。分上下厅堂，坐东向西，中间依客家建筑样式为天井，上厅左右两侧为厢房，供教书先生备课、办公和住宿，左侧还建有教室和厨房。整体建筑用三合土建成，坚固而耐用，屋内用条石和青砖铺设，大门的门框和门槛都用大理石搭就，墙体正面系用青砖勾缝砌成，更显客家元素。书院的后方还留有一块菜地和花园，右侧为通村大路，留有侧门，占地面积约 400 平方米。书院的招生范围，除本村以外，还包括周边村庄，如炉坑村等。书院的学生，一类是经童试合格或以相关水平入院准备考秀才的童生，另一类是准备乡试应考的秀才。教学内容以四书五经、《增广贤文》及《三字经》等为主。书院经费主要来源于院田、学田的租谷，辅以官绅、乡民的捐助。清末废科举、兴学堂，崇德书院遂改为崇德学堂。民国期间（1916 年）设立私立崇德国民学校，后又改为袁田初级小学。中华人民共和国成立后，先后称为袁田初级小学、炉袁小学袁田分班、袁田小学。到 20 世纪 70 年代新择校址，迁建于莆岗上，原崇德书院改作农药肥料仓库，后在新建村委会办公楼和文化活动中心时拆除。由于国家施行计划生育控制人口政策、生源外迁等因素，生源逐年减少，至 21 世纪初，袁田小学撤并于武东中心小学。

　　向阳书院　创办于清朝末年。受袁田兴教好学风气的影响，邻近几个村庄的村民都把子女送到崇德书院求学，且逐年增多。为了大力培养人才，经商议，筹资在村西头一个叫寨上的山坡上新建向阳书院，坐西向东，背靠梁野山麓，面向上杭紫金山，与崇德书院遥相呼应。向阳书院的建筑为土木结构，也为上下厅堂，中间一天井供采光，右侧配套建有横屋，供教书先生住宿、起居。20世纪50年代初废弃，自然倒塌。

袁田崇德书院、向阳书院的创办，重续文脉，承继道统，兴学助教之风鼎盛。从古至今，该村读书的人多，教书的人多，家族以有读书人为骄傲，宗亲以有教书先生为荣耀，为国家培养、输送了大批人才。较为著名的有：袁田念七郎公后裔林其年（后迁居平川）为清末进士；1930年前后有林明初先生（又名日升），大学毕业曾任武平中学校长；林凤岐，1948年大学毕业，50年代初曾任龙岩地区进修学校校长、龙岩县教育局局长。中华人民共和国成立至60年代初，有林三松，厦门大学毕业，曾任北京外国语学院红专大学副校长、副教授。

旧时的高小毕业典礼

吴瑞书　吴桥春

旧时高小毕业生就属当地的高级知识分子，为鼓励青少年接受文化教育，各宗族专门购置一定田地，所得田租用于养活没有功成名就的学子们，而高小毕业生就是该行列中最低学历的。

凡读完高小的学生，家庭里都要举行隆重的毕业典礼，毕业生要穿戴专门为其购置的长袍和礼帽，并配上文明棍。从此，每年可享受本宗族提供的几百斤稻谷的待遇，族里各家遇婚娶喜庆之事，该生要无偿提供文化礼仪方面的服务。

尊师重教　奠基未来

——武东镇打造教育之乡侧记

李永达

天有缺，石补之。教学优，奖励之。镌刻在武东中学的五根捐赠柱上的名字将永远弘扬武东人民的善心义举，永远激励着尊师重教的热忱，成为全力打造教育之乡的强大精神动力。

近年来，武东镇党委政府始终坚持教育兴镇战略，把教育作为首要民生工程来抓，通过采取一系列措施，营造了全镇上下共谋教育之策、共绘教育蓝图、共筑教育之乡的良好氛围。围绕教育改革与发展，做了一系列卓有成效的工作。

一是着力加大经费投入，持续改善办学条件。三年来向上级争取拨款，先后投入1200万元新建了标准化中心幼儿园；投入220万元完善了中心学校多功能运动场、电子阅览室、智慧校园、广播系统设施；投入400多万元新建了武东中学学生宿舍楼和完善校园基础设施建设。准备实施投资600万元的教师周转房项目，计划启动投资4000万元的武东中心学校整体迁建项目。全镇教育教学条件不断改善。

二是着力支持奖教助学，营造尊师重教氛围。以武东（六甲、丰田）中学50周年校庆为契机，举全镇之力，通过召开座谈会、推进会，走访宣传等方式，动员全社会2400多个个人和单位自发捐赠奖教助学基金350.0941万元；各村也通过成立奖教协会或慈善分会的方式筹集奖教助学基金，从几万到几十万元不等；外出乡贤校友纷纷慷慨解囊，捐赠30多万元教育教学设备。近年来，镇村两级坚持每年举办各种形式的奖教助学活动，共发放奖教助学资金50多万元。通过镇引导、村带动、乡贤校友积极响应，加大奖教助学力度，在全镇形成了广大教师安心教育、广大学生奋发图强、全社会尊师重教的浓厚氛围。

三是着力提升教学水平，教育形势喜人。中学、小学和幼儿园积极开展教学研究和德育工作建设，全镇师生崇文尚教的氛围浓厚，教育成果丰硕。近年来，中心幼儿园分别荣获县级"示范幼儿园"、县级"文明单位"、县"教书育人先进单位"等荣誉称号；中小学着力提升教学水平，教育形势喜人。中小学校共获得市县表彰奖励 14 项，武东中学连续两年被县委、县政府评为"武平县教书育人先进单位"，还获得"龙岩市初中'五率'评估三等奖"（全县唯一），中考成绩连续多年位居全县前列。特别是 2018 年中考，学生熊春红、刘春红以全县前 10 名的成绩被武平一中实验班免试录取（全县农村中学唯一）。

四是着力传承优良学风，人才辈出回报社会。武东历来崇文重教，据史料记载，全县 27 所书院中武东就有 8 所，已经修缮的四维观成书院就是其中的代表。武东厚重的文化底蕴和浓厚的尊师重教氛围，深深影响了一代又一代武东学子秉承勤奋好学、刻苦上进的优良传统。早期就有一大批学子以优异的成绩走向社会，成为国家栋梁之材，林宝树、林默涵、林伟、廖步云、王光明、朱大可等，就是其中的杰出代表。新时期也有大批的武东学子走上全国各地各部门重要岗位，据不完全统计，有厅级以上干部 8 人、处级以上干部 39 人、科级以上干部 100 多人、军界副团以上干部 10 人、文教卫科副高级职称以上人才 120 多人。这些人文资源成为武东镇打造教育之乡的重要名片。

展望未来，我们对武东教育事业充满信心，我们将通过政府引领、社会参与、学校优化、师生互动，着力塑造品牌农村学校和一流乡村教育，为各行各业培养更多更优秀的人才，通过发展好乡村教育，助推乡村文化振兴，为打造教育之乡奠定坚实基础。

武东教育回眸

林建华

　　武东镇是一个历史悠久、人文厚重的大乡镇，自古风景秀丽、崇文重教，历来尊师重教、人才辈出，涌现出了一批批文人墨客。几百年来，由于武东资源匮乏、土地贫瘠，武东人素以"求学"走出穷山恶水的愿望从未改变，特别是恢复高考制度以来，武东人刻苦勤学的精神一直影响着一代代学子，创造了一个个奇迹，培养了一大批有用之才。武东的教育犹如华夏文明摇篮中的一朵奇葩，以其厚重的历史文化底蕴，独特的地理人文景观，展现出不凡的气势，绚丽多姿，五彩斑斓。

　　翻开《武平县志》，一页页记载着武东教育的文字映入眼帘，其崇文重教、人才辈出的史实，可圈可点。明洪武二年（1369 年），国家号召天下府、州、县兴办儒学，在武平县城办有儒学堂，武东学子纷纷前往求学，据不完全统计，有儒学生数十人，其中不乏中举者。到了清代，书院在各地兴起，武平县共有 27 所书院，武东占了 8 所（川坊村的培英书院、四维村的观成书院、六甲村的崇文书院、陈埔村的三松书院、五坊村的鸣冈书院、三峤村的奎文书院、袁田村的崇德书院和向阳书院），其中较为突出的有：咸丰年间，川坊林氏后裔筹建的"培英书院"；咸丰九年，四维村贤达人士筹建的"观成书院"；光绪年间，六甲片地方绅士筹建的"崇德书院"等 8 所书院，造福周边乡邻。书院经费，多数来源于院田租谷，辅以社会捐助。其兴教育人之状，可见一斑。据史载，在封建时期，考上进士一人（林其年）、举人十几人，其中举人林宝树先生，亲自编写《元初一》，流传于闽粤赣客家地区，成为客家农村广泛使用的通俗读物。民国时期，武东人办学热情更加高涨。当时全县有中小学 138 所，武东占了 14 所，约为 1/10，其中中心学校二所（六甲乡、中正乡）、私立学校 1 所（川坊培英小学）、国民学校 11 所〔袁畲保、三峤保、五坊保、上山保（美和）、大窝保（左田）、东兴保、火湖保（六甲）、东华保（六甲），阙上保（六甲）、角洋保（六甲）、黄埔保〕。以上学校办学经费，国拨民助，大部分由乡村集资筹措。

中华人民共和国成立后至"文化大革命"前，武东人靠勤奋好学、刻苦用功，屡创中、高考佳绩，其中考上清华大学的 3 人（袁畲 2 人、川坊 1 人），北京大学 1 人（四维村 1 人），考上名牌大学的数十人。"文化大革命"后至今，考上清华大学 4 人（其中，在 2019 年高考中，本镇安丰村双胞胎兄弟，双双考取清华大学），北京大学 2 人，重点大学几百人。

武东人崇尚耕读传家理念，非常重视对后代的培养教育，支持办学的热情从未停歇。从"文化大革命"后至今，武东人民在 1964 年分别创办了六甲中学和丰田中学。

六甲中学于 1964 年由六甲公社筹备成立，初为六甲农业中学，校址位于六甲圩桥子头，1966 年迁至崇文子里，1970 年并入武东中学，为六甲分校，1979 年因六甲水库建设迁至美和邹屋，1984 年，成立六甲初级中学（独立初中），2006 年撤点并校重返武东中学。

丰田中学于 1964 年由丰田公社筹备成立，初为丰田农业中学，校址位于丰田塘下，1966 年迁址竹山背，1970 年并入武东中学，为丰田分校，1984 年成立丰田初级中学（独立初中），2006 年撤点并校重返武东中学。

而后又于 1968 年由武东公社筹办武东中学，初为武东公社"五七"中学，校址位于陈埔村陈岗上，1970 年开始招生并同时接收六甲、丰田两校为分校，1971 年招收高一新生，因校舍局限，初中学生转移至陈埔小学上课，1972 年因公调整停止招收高中生，原六甲片区学生到武平一中就读，原陈埔片区学生到武平二中（十方中学）就读，原丰田片区学生到武平六中（中堡中学）就读，初中学生仍返原校就读。1975 年恢复招收高中学生直至 1980 年，1981 年后不再招收高中生。因学生高考成绩突出，1983 年还办有高中补习班，1984 年成为独立初中，但校名一直使用"福建省武平县武东中学"。2006 年接收六甲、丰田两校，合并为"武东中学"。

20 世纪 90 年代初，教育六项督导的春风吹遍了全国各个乡村角落。武东人民积极响应，迅速掀起了改善办学条件、提升教育质量的热潮。在教育主管部门的指导下，武东人民秉承"再穷不能穷教育，再苦不能苦孩子"的兴学理念，纷纷捐资办学。当时的办学经费来源是"三三制"（上级拨一点，乡村挤一点，学校筹一点），通过广大群众的投工投劳、出钱出力，一座座教学楼、实验楼在全镇各中小学校拔地而起，各种配套设施也一应齐全。当时出现了最漂亮的房子是学校、最优美的环境是校园的景象。而后的教育"两基"达标、"双高普九"等一系列教育评估，更是把武东的教育推上了一个新台阶。

学校环境的极大改善，教学设施的不断完善，切合实际的激励机制，充分调动了广大教师教书育人的积极性和学生的学习主动性，教育教学质量不断提升。

最值一提的是，1976 年 8 月武东中学真正成为完中。1976 年 9 月至1978 年 6 月，武东中学高一、高二各三个班。招收高中生直至 1980 年，1981 年后不再招收高中生，1983 年还办有高中补习班。期间，在 1978 年高考中，考上大专以上的有 5 人，考上中专的有 23 人。这成绩在当时是非常突出的，名扬全县。除一中外，其余几所老完中都望尘莫及，令全县人民刮目相看。第二年，就有不少其他乡镇的学子慕名前来就读或复读，自此的几年间，武东中学都桃李满园，硕果累累。据不完全统计，自 1977 年至 1981 年的五年里，考上大中专学校的就有 90 多人，考上其他各级各类学校的不计其数。并且在 1981 年至 1984 年的三年里，所办的补习班考上大中专学校的人数也在全县名列前茅。而其后的丰田初级中学更是开启了一段中考传奇。它曾是武平县乃至全市远近闻名的"红旗学校"，1986 年至 1990 年连续五年在全区 146 所独立初中"四率"（巩固率、毕业率、优秀率、体育达标率）评比中均获第一名，成为全区的先进典型，并先后获得县、市"教书育人先进单位"等荣誉称号，多次被上级评为"文明单位"，成为全县教育史上山旮旯里的一盏明灯。曾几何时，一拨拨优秀教师主动请缨调往这偏远的山村中学任教，一批批外乡学子纷纷慕名前来求学寻出路！

据《武平教育志》记载，1986 年至 1991 年全地区的初中"四率"评比中，丰田、六甲中学连年获得一等奖、二等奖。自 2006 年实行九年义务教育以来，武东镇中小学每年的适龄儿童入学率均达 100%，巩固率达99%，普及程度之高前所未有，真正实现了"一个都不能少"的夙愿。武东中学更是始终保持清醒的头脑和不懈的斗志，中考成绩一直数一数二，基本处在农村中学的第一、第二名。据不完全统计，六甲中学 1964～2006

年的 40 多年间，共培养出中专、一中学子 212 人，其他各级各类学子 2455 人；丰田中学 1964～2006 年的 40 多年间，共培养一中、中专学子 256 人，其他各级各类学校学子 3240 人；武东中学在近 50 年的办学过程中，共培养出大学、中专、一中学子 863 人，其他各级各类学校学子 5896 人，总计为各级各类学校培养输送了 12922 名人才。

强镇必先强教。武东镇历届党委政府都有这一共识，尤以本届党委政府，以高度的政治责任，敏锐的发展眼光，睿智的前瞻意识，始终高度重视发展教育，高度重视人才培养，把优先办好武东人民的教育放在首位，想方设法筹措教育基金。从 2014 年开始筹措到 2018 年 9 月止，共募集善款人民币 752446 元，2015 年至 2018 年四年共发放奖教助学善款 37 万多元，除产生的投资收益 21 万多元，其余不足的近 20 万元全由镇财政支付。2018 年适逢武东中学 50 周年校庆和奖教助学协会成立 4 周年。武东镇党委政府抓住这难得的机遇，借助宣传发动 50 周年校庆这一平台，主要领导率领有关部门负责人，利用大半年的节假日休息时间，亲赴福州、厦门、广东、龙岩等武东人较聚集的地方，持续发力，再次激发外出乡贤捐资助学的热情。尤令人感动和钦佩的是：厦门的吴永康先生在前已捐 15 万元的基础上承诺再捐 15 万元，朱田祥先生在前已捐 10 万元的基础上再捐 10 万元，并发动其拓岩员工捐资 8 万多元，刘开发先生认捐 30 万元（已到位 10 万元）。福州的林龙生先生在前已捐 15 万的基础上再捐 5 万元。在这些杰出的乡贤的带动和感召下，全镇人民纷纷慷慨解囊，踊跃参与，截至 2018 年 12 月底，共有企业家、乡贤、乡友、镇机关干部职工、中小学校教师和村干部以及在外创业务工人员、离退休老同志等 2179 人，32 个单位、企业和 20 个行政村捐献了爱心善款。共计捐得爱心善款 350 多万元。武东中学的功德碑上镌刻着他们的姓名。这一善心义举将惠及更多的武东人民，对为武东各项事业的发展提供更多更好的人才支撑添砖加瓦。

"长风破浪会有时，直挂云帆济沧海。"武东人正在 21 世纪的曙光初照下，以坚定的信念、昂扬的斗志、矫健的步伐奔向小康的康庄大道，而武东的教育将随着人们生活质量的不断提高，更加适应新时代发展的要求，勇于探索，大胆创新，迎难而上。武东教育的明天将更加灿烂辉煌，璀璨夺目。

丰田中学，我少年梦的圣地

林谊华　王灵妹

　　丰田中学是我们的初中母校，校址在丰田竹山背自然村。我们是1975年秋季进入当时的丰田分校，学校建在竹山背的一个形如琵琶的小山岗上，校园狭小，校舍简陋。东西两边各有一排小平房，分别是学生宿舍和教师宿舍，还有教室二间（另三间在建）及简陋的厨房和膳厅。坐北朝南，面向山坡。

　　那时学校实行开门办学，我们走出校门，走进社会，深入农村，在大田墩、塘厦等地参与土地平整，在瑶前、中间堂等自然村参加春耕秋收，在学校教育田里施肥割稻，在学校教育山上开山种茶。白天劳动，晚上还派出同学，提着朝阳灯，轮流到挂钩生产队的夜校班去上课，帮助所在生产队的队员识字扫盲。为了弥补办学经费的不足，学校开展勤工俭学活动，我们不止一次上山采过杉树果子，挖过菝葜（马加勒），砍过牛骨槛柴，割过海金沙……同学们经常超额完成学校下达的任务。我们全体师生也参与学校基础设施建设，经常利用劳动课时间，挖土坡、搬砖瓦、搬木料。我们吃了苦，挨了累，但也让我们收获了很多，培养了我们热爱劳动、吃苦耐劳的精神，锻造了我们不断进取奋发向上的品德，提升了我们动手、实践、沟通以及适应社会的能力，提升了我们各方面的素质。

　　学校坚持正确的办学方向，努力培养学生全面发展。学校坚持将学生的思想品德教育放在首位，经常组织学生听报告、写心得。同学们思想上进，初一时就有同学加入了团组织。学校不忘革命传统教育，曾组织我们这一届同学步行几十公里去革命老区才溪乡参观学习，听革命老奶奶的报告，参观光荣亭和才溪乡调查纪念馆。也重视体育艺术教育，体育活动搞得轰轰烈烈。学校组建了篮球队、女子排球队等，经常与兄弟学校开展比赛；课外活动时间大家积极参加体育锻炼，也常常到学校前面的两条小溪里游泳、洗澡。同时，组建了毛泽东思想业余文艺宣传队，我们都有幸成为其中的队员，石玉屏、林开珍、林建华等老师先后组织指导我们排练演出，文艺宣传队不但在学校演出，还到周边各大队（行政村）巡回演出，也参加过在公社礼堂举办的文艺调演。

当然，我们对文化知识的学习也没有落下，学校并没有放任文化课的教学。当时，老师虽然没有给我们太大的学习压力，但是，他们教学灵活，重视生产、生活知识的传授，让我们学以致用，尽其所能教给我们生活的知识及道理，引导我们去体验人生、感悟生活、适应社会。粉碎"四人帮"后，学校领导老师紧跟形势，转变思想，集中精力抓智育，努力让我们把前面少学的知识补回来。那时，学校教学设施设备简陋，老师就想方设法用好身边现有的教学资源，帮助我们消化理解。王永钦老师用教具在黑板上画的那些数学图形，胡金涛老师演示的那些理化实验，王金尧老师保管在木箱里的那些图书，至今令我们难忘。

几十年过去了，我们仍然十分感激这些老师。是他们的厚爱、宽容和引导，让我们在那样动荡变革的年代里依然保持一颗纯真的心，依然学到了人生的知识和做人的道理。也正是因为丰田分校老师们的兢兢业业、引导得法，才让我们学生一心向学、健康成长、学有所长。1977 年夏我们初中毕业时，参加了武东公社在全县率先组织的高中招生考试，据我们所知，丰田分校的中考成绩好过武东中学校本部。这当然归功于我们母校领导和老师的辛勤耕耘与倾心付出。

80 年代初，我们师专毕业后先后回到母校工作，当时学校刚成为独立初中，我们在那儿工作的几年，正是学校办学最红火、成绩最为突出的时期。取得好成绩离不开学校领导班子的正确领导，离不开老师的辛勤付出和学生们的勤奋努力。回想起来应该是这几个方面的原因：一是学校领导特别是蓝大德校长对办好学校有强烈的事业心和责任感，积极争取资金，前后兴建了砖混结构的教学楼和师生宿舍，师生全部食宿在校，为师生工作学习提供了比较好的条件。二是重视教师队伍建设。学校重视教师的培养教育，发展教师加入党组织；关心教师的家庭生活，当时绝大部分教师家在农村，家里承包有责任田，学校合理安排，努力做到让教师能教学与农耕两不误；关心年轻人的恋爱、婚姻大事；重视教师的业务学习和学历进修，发挥教研组和教师传帮带的作用，注重挖掘教师业务潜能，充分调动教师的工作积极性。那时，早晚自习老师们争着下班辅导学生，不领一分钱补贴。三是严格教育教学管理。学校对备课、上课、作业布置与批改、课外辅导、考试、班会、团队活动等教育教学常规，都有一套符合学校实际并行之有效的制度，引导督促教师自觉遵循。四是教师之间关系融洽、团结同心。老师们课余时间经常一起参加文体活动，一起简单聚聚餐、聊聊天，沟通思想、融洽感情，学校的后勤服务也做得比较贴心。五是家校联系紧密，家长积极配合、大力支持学校的工作，形成了尊师重教的良好社会氛围。

正因为领导老师群策群力，教师学生齐心协力，那几年学校教学、生活秩序井然，文明建设成绩斐然。1983 年被评为省"爱国卫生运动先进单位"，1984～1987 年先后两次被评为龙岩地区"精神文明先进单位"，并被誉为"龙岩地区学校文明建设的一朵鲜花"。同时，学校"三风"建设成效突出，逐渐形成了"勤奋、严谨、团结、创新"的优良校风，教学质量迅速提升，中考成绩连续多年居全县前列，1986～1990 年连续五年在地区"四率"（巩固率、毕业率、优秀率、体育达标率）评比中获农村初中组第一名，学校的办学经验在省、地、县教育部门召开的有关会议上作介绍，成为龙岩地区农村初中的一面旗帜，一时之间美名远扬，学生慕名而来，外地的家长也想方设法把孩子转入丰田中学就读。

进入 21 世纪，初中生源逐年减少，2006 年丰田中学不再办初中了，我们只能把母校留在记忆的深处，把我们共同学习生活奋斗过的圣地当成心灵的港湾。时时回味在这里度过的美好时光，在这里成长的酸甜苦辣，在这里收获的成功喜悦；时时牢记母校"艰苦创业、团结奋进、敢于争先、勇于胜利"的办学精神。

当年，我们以有这样的母校为荣耀，以能为母校的辉煌尽力而欣慰。今天，丰田中学虽然成了历史，但她珍藏于我们心中，她是我们永远的少年梦的圣地。

忆母校六甲中学

——写在母校武东（六甲、丰田）中学 50 岁生日之际

林文峰

父亲提着新的大木箱，里面装有我的衣服，还有五斤大米、一罐腌菜，带着我离开了家，翻过一个山头，然后往下走了一段很长很陡的石径路，石径路两旁还有很多百年老松树，四十分钟后到了一个陌生的村庄。穿过那村庄，见着一片静谧干净的水库，水库的另一角，就到了我人生长途之旅遇见的第一个驿站——六甲中学。

那一天，看着父亲离开学校大门的背影，眼中含着泪，然后就学会了独自生活，学会了一个人面对问题。那一夜，第一次留宿在家之外的地方，不是无眠，是坚强，是憧憬。此后的日子，慢慢习惯了凌晨的铃声和哨子声，到操场上做广播体操，在校门口的小溪边刷牙洗脸及洗澡，吃钵子饭配腌菜，在教室里晨读、上课、晚自习……

在六甲中学的学习生涯中，我最自豪的有三件事情：一是在元旦晚会上自编自导自演了一个小品，小品名叫《鱼会说话》；二是以一个差班生的身份赢得了年段数学竞赛三等奖；三是我妈妈炒的腌菜是整个宿舍里最好吃的菜。

虽然只在六甲中学读了一年，却有着我最单纯、最干净的美好记忆。随着时光流逝，我把大多数老师和同学的名字淡忘，但依然记得一些人：比如把"大学"两字装进我脑袋的班主任兼数学老师刘启平、奖励我笔记本的地理老师邹太生、被我拉去同演小品的同桌朱东文、坐在我后排的女生朱丽红……名字还记得，可多少年没见了，现在他们都还好吗？见到了还能一下就认出来吗？幸福的是，六甲中学还有位学妹，当年无缘认识，却在十几年后走进了我的心，与我携手余生……

我就读初中时，六甲中学一个年段 5 个班，转学后的武东中学一个年段 6 个班，谁能想到，后来武东中学、六甲中学、丰田中学会合并到一起呢？

　　六甲中学教会了我独自生活，在我心中埋下了上大学的种子。武东中学则教会了我不放弃，在我心中埋下了知耻的种子、恻隐的种子、感恩的种子。

　　前往武东中学的路不是石径路，而是没有硬化的黄泥公路，翻过一个山头，然后是5公里的连续下坡，弯弯曲曲，坑坑洼洼，直到武东集镇。最为难忘的是周五放学回村时，那五公里的上坡是推着自行车的，小个子、大单车，要赶上队伍，甚至要走在前头，唯有坚韧前行，咬着牙不放弃。感谢那些一起长大、一起骑行上学堂的同学——家峰、平生、小东……是他们做伴并鼓励着我这个小个子学会了在坎坷道路上骑行。

　　我是个贴着笨小孩标签的学生，五岁才会说话，没有任何语言方面的天赋，语文不及格、英语不及格，是我初中乃至高中时代无法抹去的痛。中考英语成绩过及格线是我上学生涯中少有的几次及格之一。要感谢吴春宗老师、林明文老师，他们分别是初二和初三的班主任兼英语老师，前者鼓励我不能偏科太严重，英语要多读、多练习；后者则纠正了我贪玩的念头，并鼓励我要对英语有信心，认真学习，一定能考上高中。直到今日，我依然认为，英语中考成绩及格是我读书生涯中的一个奇迹，是我能考上高中的最直接因素。我的语文则更是愧对老师，后来大学读的是中文，大概就是中考、高考语文成绩都不及格的赌气选择，不说也罢了。老师桃李满天下，他们鼓励过的学生数不清，也许不记得我这个学生了，但我不会忘记，是他们让我懂得了笨小孩要知耻，要不怕耻，要学着不放弃、学着去改变自己。

　　还有一位美丽的女老师，虽然她只教了我一年数学，初中毕业后也没有再次见到过她，但对我学好数学产生了很大的影响，以至于在中考时我考了高分。她还很关心我，曾借给我一条皮带。二十年过去了，这位美女老师的倩影仍时刻浮现在眼前。那年应该是她第一次站在讲台之上，她比我们成熟，却保留有和我们一样的学生气质。后来我看《红楼梦》时，觉得林黛玉像她，漂亮而多愁善感。就在上课铃声响起前，我的皮带断了，提着裤子慌张得不知所然，遇上了准备前往教室给我们上课的她。她原来穿的是带皮带的裤子，看到我的窘境后，她把自己皮带解下来，给了我系，然后折回房间换了一身裙子再来上课。

　　谁的学生生涯里，没有几位不能忘却的老师，没有几位不能忘却的同学？林琛、文长、永锋、德平、水香、慧梅、小芳……同学的故事太多了，一张张面孔像一帧帧影片在脑海中掠过，说不完道不尽……

记印乡愁

武东镇最高山峰梁野山

袁　轲

雄峙闽粤赣三省边界、东临武东的梁野山，系属武夷山脉，在武夷山脉最南端与广东南岭山脉最东端交会处，面积 14365 公顷，主峰古母顶海拔 1538.4 米。

梁野山是国家级自然保护区，有极其丰富的动植物资源，其中，已知的脊椎动物 370 多种，属国家重点保护的 50 余种；维管束植物 200 余科 1742 种，属国家保护的 20 多种；昆虫有 193 科 938 种，属国家重点保护的 6 种；微生物 31 属 51 种；真菌 63 属 122 种。国家一级保护树种红豆杉，分布面积一万多亩，种群结构之好、面积之大，为全国所罕见。被林业专家誉为"国宝"构栲林 1000 多亩，处于原始状态。观光林大树群落特别多，最大者胸径 155 厘米，亦为全国罕见。

梁野山自然风光独特。除上述动植物特色外，还有以下一些。

绝顶石群。由于亿万年的风化，其主峰之巅泥土流退，一里许的山脊群石峥嵘，千姿百态，酷肖人、虎、龟、兔等动物，以及人体男根女阴之类的大石比比皆是。其中绝顶风支石最为著名。是石大如一座房子，其下却垫了三个桌子大小的石头，远看风吹欲动，摇摇欲坠，危哉险哉；近看稳如泰山，纹丝不动。

流泉飞瀑。大山深处各次峰的涓涓泉流，汇成云礤溪后，飞落 500 多米，汇入平川河，其间连续飞瀑三十余级，蔚为壮观，也是国家级自然保护区中罕见的景观。

湖泊棋布。大山及其原始植被，孕育了丰富的水资源，汩汩细流，汇成东南坡谷的六甲人工湖、西北坡谷的捷文人工湖和西坡的东留人工湖。最为奇特的是处于峰之巅的白莲池，这是典型的高山天然湖泊，几十亩水面碧波荡漾，终年不竭，鱼戏荷间，令人叹为观止。

山顶常常云雾缭绕，须晴日，登临绝顶，极目南天，群山如奔象，汀江如白练。再凭镜远望，闽、粤、赣三省边界尽收眼底，赣水浩荡北去，

梁野山寺及白莲池

梅江、韩江蜿蜒东流，沿江城市乡村隐约，耳边鸡犬之声相闻。

谚曰：天下名山寺占多。巍巍梁野，僧道情有独钟；崇山峻岭，香客不绝于道。梁野山系寺观十余处，青灯古佛，晨钟暮鼓，自古以来不知多少善男信女膜拜于此。留连在大山佛寺中，令人顿生"山中一日，红尘十年"之感。《武平县志·康熙志》载："梁野山在邑东三十五里，险峻迭出，绝顶有白莲池。昔乡民采茗，误至一岩，见门垂龙须草，蒙披而入，内有佛像、经帙、钟磬，幢盖如新。再往迷路。"据此记载，疑即指主峰绝顶稍下的白马寺。白马寺，不知建于何年何代，虽在险峻之处，但旁有一洞，深不可测，笔者曾前往探访，至深处因呼吸不畅而返。据清代康熙年间汀州太守王廷抡吟咏"梁野于今遗古殿"句可知，此寺最古，可能在那时就已经只有古殿和断墙残垣，今亦如是。梁野山中，最为著名的为白莲池边的梁野山寺，该寺亦不知建于何年何代，但规模宏大，佛殿石柱皆合抱，寺中原存一铜鼓非常知名，据说凡鼓皆用皮革，因皮革涉嫌杀生，故该寺改用铜鼓。今亦不知去向。梁野山寺主神为定光古佛，据称有五个化身，于是木雕成五个佛像，依次称为大古佛、二古佛……五古佛，山下昔时（包括闽、粤、赣边界各县）有佛事时即依次被请下山。据说封建时代因梁野山寺古佛十分灵异，因而即使有五个化身替代，但因各地佛事醮事频繁，五个佛像奔忙各地分享香火竟常年无暇归庙。

白莲池边，耸立一座灵塔，葬有古代和尚灵骨，塔身沧桑，门额虽有勒刻却模糊莫辨。伫立塔前，不禁遥想当年，竟有那么多信徒，远离人间烟火，诵经守戒于如此深山老林、险峰绝顶之处终其一生。

定光古佛在梁野山有许多传说，除了济困扶危、为民除害之外，也有一些法力无边、风趣幽默的故事。如山顶古母石，据说为定光古佛搬上去的。一日，定光古佛忽发一念，想去某村考察一下民情。他托钵来到该村一富户家。问可否化点缘来果腹，主人答曰，我家每餐均按人头放米做饭，不会有一点残羹剩饭的。古佛说，既如此，我带了一点米，能否与你搭伙？主人答曰，柴薪有限，不方便。古佛说，我自有办法。于是，古佛在其煮饭锅里用稻草隔出一定位置，放入自带之米，然后把自己的脚伸入灶膛，点燃后竟烈火熊熊，很快把自己那一半锅里的饭煮熟，另一半主人锅里的饭却一点动静都没有。古佛吃完饭后告辞远去，目瞪口呆的主人方醒过神来，急忙去厅堂一看，所有桌椅的脚均被抽出烧掉了。又看，通往梁野山的路上，一个特大石头在蠕动，原来和尚竟把水口石背走了。急喊全村人去赶，意图夺回。可是紧赶慢赶，就是赶不上，和尚捡了三个桌般大的石头把这屋大一个水口石安在险峻处，似乎随时都有滚入该村之势，仿佛在警示人们为人切勿悭吝势利。

山的东、北、南坡均有石砌古道可供登临。古道蜿蜒曲折，历险历奇，沿途风光无限，亦为人间胜境。

历朝历代，名人学士，都对梁野山心驰神往，他们登临之余，留下了许多诗词吟咏：

梁野仙山①

明永乐年间汀州知府　刘禀

梁野峰峦插汉间，神仙曾此炼丹还。

幽岩洞渺三冬暖，山殿云深六月寒。

松叶秋深猿啸集，瑞花香拂鸟声残。

僧闲睡起无尘想，茶罢经完坐石坛。

梁野仙山

清康熙年间汀州知府　王廷抡

仙山自昔开生面，梁野于今遗古殿。

---

①　以下同一吟咏主题，均摘自康熙三十八年编修的《武平县志》卷一"方舆志·形胜"。

岩逐钟声出谷闻，风高树影从天见。

莲池浴日吐朝霞，石壁披云横素练。

洞里残棋尚未收，沧桑几度韶光变。

又

明嘉靖年间武平知县　孙勋

一陟梁山紫翠间，倦游飞鸟不知还。

晴空俯瞩沧溟小，古殿深凝玉宇寒。

丹灶尚存仙子去，岩花依旧石棋残。

凭高访胜风云觇，笑指烟萝月满坛。

又

明崇祯年间武平知县　巢之梁

苍茫四望列峰攒，野鹤孤云天地宽。

绝壁花明香雾暧，长松月映曙光寒。

一声清梵金猊袅，百杵疏钟玉漏残。

几度临风怀古迹，空余丹灶伴幽坛。

又

清康熙年间武平知县　刘旷

极目梁山翠色斑，仙家灵处可医顽。

尘心顿共苔痕破，遥想宁容涧户关？

滴露幽人携《易》至，锄云衲子种茶闲。

飘然物外天寥廓，风度钟声出古坛。

又

清康熙年间武平知县　赵良生

斯山何嵯峨？元气浩盘礴。

千载仰嶙峋，万仞俯寥廓。

佛宇闲山空，安禅足栖托。

清梵闻午余，林端响金铎。

仙踪不可寻，岩花自开落。

凉秋明月高，仿佛来笙鹤。

清康熙己卯科举人林光阶水口石屏题诗

石阜如屏障，浓阴景物幽。

高松仙鹤宿，密竹彩鸾留。

意静山希籁，心间水息流。

肃然无俗累，何必汉京游。

康熙癸子年秋林宝树题

宝树裔林亮明整理

水口石屏题诗

福州林氏"试馆记"发现珍贵资料

林东祥

　　近日，笔者在中堡镇 70 多岁的林玉钦老人家中发现一本研究清朝末年科举及林姓源流极为重要的资料。该资料封面封底已损坏，扉页书写"试馆记"，全书 69 页，约 15000 字，详细记录了清末同治十三年（1874 年）建成的，位于福州的专供武平、上杭（部分）、长汀（部分）林姓考生住宿、应试和祭祀祖先的试馆的位置、建筑历程。前一部分叙述林姓各房各乡的建房捐助银两及住房划分、试馆的运作、器具以及祭祀祖先的规制等，后一部分主要列举武平、上杭林姓各地从开基祖到二十二世祖妣的名单、官职名号以及林姓居住分布地等。

　　如《试馆记》第 2 页言："嘉庆十三年梅坡公创建武城南大宗祠，以立其基。至咸丰七年，迄同治三年间，迭遭发逆（指太平军——笔者注），修而复毁者再。及同治八年，贼寇荡平。"从中可以了解，林氏宗祠在明嘉靖十三年（1534 年）建于武平城南边，清咸丰七年至同治三年，短短几年间被太平军多次毁坏，至同治八年（1869 年）则完全损毁。这些对于研究武平历史都有重要帮助。另外，该书完整地记录了武平、上杭、长汀林姓的居住地、祖先姓名及官职封赏等信息，对于遭"文化大革命"之乱而族谱大都毁损无存的百姓寻根不啻是一个福音，对于地方文史工作者来说也是极重要的实证资料。其中还载有《一年使用杂字文》（即《元初一》）的作者林宝树的珍贵资料。

　　据武平文史专家考证，林宝树系（武平中堡）林九郎公后裔，林九郎十郎—三十郎—元九郎—胜科（为袁畲村始祖），故林宝树为林九郎第十六世裔孙，为林胜科第十三世裔孙。

陈三姑妙手回春

周文根

话说，清朝光绪年间武东的三峰村，有家富户，主人名唤蓝满元。他识文断字，教育子女有方，有儿女四人：大女取名蓝春繁，二儿名唤蓝夏荣，三女姓名蓝秋昌，满子名字蓝冬盛。二儿夏荣念书用功，科考得名，为官一方。两个女儿出嫁，家中都很幸福。唯有冬盛一念完童生课程，父亲就不让他再去考秀才了，留在身边更好使唤，帮自己共同照顾好这个家。因冬盛做事诚实，老少无欺，乡亲们便请他做私塾先生，教本村孩子们念书识字，不在话下。

这年冬盛刚好二十左右年纪，经人介绍，明媒正娶。大红花轿从上杭县寨背村抬回一位陈家美女，名唤三姑。婚后夫妇恩爱，三姑遵守家规，从不惹是生非，在家专心挑花刺绣，很受公公婆婆喜爱。

有一天，三姑正想把各种鞋子花样拿到阳光下晒晒时，忽见丈夫上气不接下气紧张回家来拿钱。这到底是怎么一回事？三姑只好轻声细语相问，只听官人上句不接下句道："快！快把你那点私房钱拿出来，今天真倒霉，我教的一位学子突然间大寒大烧，全身发抖，站都无法站稳，如今必须请人，尽快把他背到武东刘郎中处看看，若是有个三长二短，他父母肯定到咱家找麻烦。""官人！是说有个孩子得病？快领我去看看。""咳！你就别给我添堵了，你又不是郎中，你去有啥用？""官人呀！看来你是小瞧我三姑了，谈婚时，你是知道我家几代行医，特别是我父亲，对疑难杂症没有治不好的。""我是知道你家的医术高明。但岳父他常对我说，他家的秘方医术是传男不传女。""好了，好了。我不跟你争，你让我去看一眼，又不妨碍你的时间！""好吧，咱俩别在此磨嘴皮子，耽误了孩子的医治时间，我还有脸教这群孩子吗？现到房取些钱就走。""钱，我这里有。""那还站在这里干啥？"冬盛说完，拉着妻子一阵风似的来到私塾门坪里。只见几个孩子围着房东四妹婆在哭，唤她孙子大雄回来背孩子又未归，冬盛只好站在坪中等。三姑趁此机会走进教房，只见一个孩子躺在课桌上，紧闭双眼，喘着粗气，身子颤抖，危在旦夕。三姑忙走近孩子身边，取出从娘家带回来备用的百草液，在孩子的太阳穴、鼻孔里、肚脐中、屁股沟、脚底心都点上此液，最后还把此液喷进他嘴里。说来也奇，孩子一得到此液，慢慢睁开双眼，气喘平息，身子也不发抖了，坐了起来，问刚进来的蓝先生和双脚沾满泥巴的父母亲这是怎么回事。母亲一见儿子好好地坐着，破涕为笑，走过来抱着儿子的头道："他们都说你快到阎王殿报到了，把你爹娘都急得像疯子似的跑回来看，是谁……"没等她把话说完，刚进屋的四妹婆抢过话头道："是谁，是站在你后面的这位活菩萨把你儿从死亡路上夺过来，你夫妇俩还傻站着干啥，还不感谢，感谢这位救命恩人！"孩子父亲蓝大忠一听，忙拉着妻子要跪在地上感恩，三姑忙抢上前扶住大忠夫妇道："使不得！使不得！你俩行这大礼，非折我寿不可。再说孩子已经好好的，你夫妇俩这就回去做没干完的农活吧。"看大忠夫妇恋恋不舍不想走的模样，三姑又道："我家中晒的花样没有东西压住，怕被风吹走，得赶紧回去看看。"这一来，才使大忠夫妇依依不舍地离去。三姑见这孩子并无大碍，正想回家，想不到官人忙跑过来拦住："夫人啊！今日之事真该谢谢你，要不是你把孩救活，我教书这条路也就走到头了。为何你有治病的医方不说，竟藏在肚中，不拿来发挥发挥？""我想发挥，但你家的家规我怎敢去破坏？""这个你不用怕，回去我好好对我爹说，为了让大众的病痛更快好转，老人肯定会支持的。"盖因三姑从小聪明过人，爹爹向儿子们传授医术医方时，她悄悄牢记在心，所以她掌握的医术医方，完全传自名医父亲，且超出她的两个哥哥。果然三姑父亲陈满元得知媳妇有治病的本领，十分支持。从此三姑走上为民治病路，成为远近的名医。

杉树窟里扒出三担花边（银圆）的传说

饶志龙　饶亮金

从前，武东陈埔村文胜自然村流传着一个奇特的故事。

清同治年间，活动于江浙一带的太平军（俗称"长毛"）转战于福建、广东，途经武平，到了武东陈坑等地。太平军所到之处，大肆搜刮富户的金银财宝。当时通用货币是花边（银圆）。花边笨重，难以带走。太平军用"藏窖"的办法来处理"硬货"。到了陈埔牛金坑，发现水口有一棵秃尾空心杉树。太平军就往树洞里倒入了三担花边，在窖书上记下地点，以便以后有机会再来取。太平军撤退到广东嘉应州（今梅县一带）后，被清军基本消灭。

光绪末年，牛金坑一位村民（侯添汉的祖宗）到广东蕉岭县贩盐，夜宿蕉岭城内一家旅店。该店老板得知旅客是武东牛金坑的，便问他："牛金坑水口的秃尾杉树还在否？"侯添汉的祖宗回答说："此树早被人砍掉了。"店老板说："砍树之人定发大财！"却未道明原因。侯添汉的祖宗第二天一早，就急着赶回牛金坑，半夜来到水口边，找到了那棵秃尾杉树，在树头下砍开了一个口子，只见树洞里不断流出白花花的花边（银圆），足足有三箩担。

侯添汉的祖宗用这三担花边，建造了当时陈埔最豪华的青砖鸳鸯上下厅和横屋。此厅厦一直屹立在牛金坑（文胜组），近年因危房改造已被拆除。

萧满姑古墓的传说

廖祺道

旧时，武平县各村基本上有保护村民的公王庙或者是土地爷庙，安丰村也不例外。

相传很久以前，有一廖姓村民从浙江洪山带回一尊佛像，并将其安奉在安丰祠堂对面一座山脚下的庙内，取佛名"洪山福主"，庙名"公王庙"。村民奉洪山福主为保护神，诚心祈祭朝拜。庙前的一片田地，地名称为"庙子前"。

安丰是武平县较早开发的区域之一。据县志记载，宋代就有安丰地名，且居住着彭、李、廖、萧诸姓。

元末明初因战乱，有一萧姓名显闻，原任元朝命官县教谕。因元末农民起义军之一的陈友谅，欲聘萧到军中任职，萧不从，陈大怒，欲杀之。萧即从江西九江抛妻弃子潜逃至福建省武平县安丰村，隐居在萧氏家族中，改名绍辅。续弦饶氏，生二子一女，小女取名满姑（来自十方萧氏族谱）。

有一天，满姑与同村伙伴放牛，遇大风雨进公王庙内避雨。众姐妹指着菩萨戏闹说，我喜欢这尊，她喜欢那尊。满姑因经常陪母亲来庙内朝拜洪山福主，对其情有独钟，她说："我喜欢洪山福主公王菩萨。"姐妹们戏言："你满姑长得沉鱼落雁之容，闭月羞花之貌，是国色天香之美女，人见人爱，难怪洪山福主的眼睛好像目不转睛地盯着你，他一定喜欢，你就嫁给他吧？"满姑说："他是菩萨，他若是要我做老婆，我肯（愿意）。"

俗话说，无巧不成书。当晚，洪山福主菩萨竟显身成为一英武潇洒的凡人，潜入满姑房求婚。满姑对来到自己闺房的凡人认真辨认后确认，竟是洪山福主公王菩萨。想想自己白天在庙内向菩萨的表白，君子一言，驷马难追，就满口答应了凡人的求婚。此后，凡人夜夜来寝。日复一日，俩人感情越来越深，如胶似漆地不离不散。满姑已深深陷入情网，白天做事丢三忘四，神魂颠倒，日不欲食，夜不就眠，日渐虚弱，面黄肌瘦。她父母见状，心痛地问其原因。满姑自感羞耻，难以启齿，总是搪塞说没病。父母带她寻医问诊，凡看过的郎中也都说没病。日子久了，父母心痛。在父母的再三追问下，满姑道出了实情。父母闻之大吃一惊，世上真有这奇事？为验证满姑所说虚实，其母想了一妙招，交代满姑如此这般。当夜，菩萨依旧来了。此时，满姑壮下胆子，剪下凡人衣衫上的一块布角。第二天清晨，将剪下的布角交给母亲。当母亲接过满姑递过来的布角时，奇迹发生了，布角瞬间变成了一块金灿灿的木块。父母怀揣这木块即刻来到公王庙，走近洪山福主佛像一看，菩萨身披的袍甲后面果真少了一个角。母亲将带来的木块放到菩萨身上少一块的衣角上比试，刚好合一，瞬间还粘住了。此刻，父母意识到，菩萨显身真正爱上了女儿满姑。父母随即焚香祈祷，默告洪山福主公王，若不嫌我家小女丑陋，愿结良缘，吾全家满意许婚，请尊神显灵造化，带满姑上天去吧！此愿许诺不久，满姑便无疾而终。家人设奠致哀，扶枢还山。当棺枢抬到庙子前时，突遇奇风怪雨，天漆黑一片，风雨交加，寸步难行，抬棺的"八仙"只好就地停放，跑回家中避雨。当"八仙"的脚刚踏进门，雨停，瞬间天又晴朗了，且似乎听到天空中飘荡着动听的迎亲仙乐声，徐徐而去。当"八仙"重返放棺处，发现棺枢不翼而飞，环顾四周，只见原停棺处出现了一块黑色大石头。"八仙"即回去将此奇事禀报满姑父母。满姑父母说，这是洪山福主显灵，带满姑升天成婚了，让他们去吧，祝他们夫妻恩爱，保佑天下庶民平安……

也有的说，这地方是活龙口，倒地酒壶嘴口穴，正对村中小溪流水的地方，天葬了满姑。此后，村民将此大黑石称为萧满姑古墓，成为安丰的八景之一（已毁）。同时，村民将满姑雕塑成佛像，奉放于庙内，与洪山福主公王菩萨夫妻同坐，永享祈祭朝拜。

"二百五"的来历

力　夫

　　客家人谓自作聪明、实际愚蠢之人为"二百五"。此说有一来历。

　　古时武平县有一杀人案，积年未破，上峰催得又紧。知县为了破案，忽想出一计：在四大城门贴出告示，谓某年某村被杀之人是朝廷钦拿要犯，不巧被义士就地正法。现朝廷了解此事，拨银一千两奖励那位义士，请当年杀人的义士速速前来领赏。布告贴出，第二天便有四人来公堂投案，都自称是那位义士，且争得难解难分。知县无奈，说既然争不出一个分晓，干脆四人平分算了，四人表示同意，皆言四人合力杀了那人。录了口供，按完手印后，知县问："一千两银子你们怎样分？"四人异口同声回答："情愿平分，每人二百五！"知县见目的达到，一拍惊堂木，大呼："来人哪！把这四个二百五给我拖出去斩了！"

　　"二百五"之谓由此流传下来。

礼文古请先生吃鸭肉

蓝文肖　蓝盛田

从前，武东三峙村有一对夫妇生了一个男孩，取名叫"礼文古"。他从小聪明又活泼，但又特别顽皮。八岁那年，父亲送他去入学，学堂边有一口池塘，先生养了十只鸭，礼文古家庭生活很苦，天天吃不饱穿不暖，更没有办法去谢劳先生。有一天，礼文古看见先生的鸭子在池塘边上晒太阳，他偷跑过去抓了一只，用小刀赶快把鸭肚破开，并将心、肝、肠内杂全部拨出。然后，把鸭体用小树枝架好放回原处后，把内杂煮好后倒回去请先生喝酒。先生经过校门外池塘边时，礼文古说，先生，请把你的鸭子数数，是否有十头？先生数了数，说没错，就到礼文古家去了。礼文古把鸭内杂煮好了拿到桌上请先生吃，并给先生倒了三碗米酒后，说先生慢慢吃，我去把鸭肉弄好。他飞快地跑到池塘边将鸭体皮毛拔掉，拿到锅里煮好，很快就给先生吃了。先生吃得高兴，喝得很醉，回到学校休息了。第二天早晨，先生发现鸭少了一只。礼文古说，先生，昨天我不是请你数过了？先生说，是啊，但为什么少了一只呢？

乾隆与地理先生的传说

刘增添　刘荣昌

传说，从前有一个人讨"新婢"（儿子娶媳妇），事前，请地理先生为其择日子。先生为他择了一个"八杀倒汤"的日子，这日子很热闹。乾隆皇帝游江南路过此村，看到很热闹，就问当地人，为什么这么热闹？当地人告诉他，有人讨"新婢"。乾隆也懂得地理知识，一算今天的日子是不能用的，就到其家里，叫讨新婢的人把先生择的日子给他看一看，一看日子上写了"有皇帝到此，一切都由皇帝担当了"。乾隆看了很吃惊又赞叹，后来就把这先生叫到京城里做事。

"不愿帮人，该苦"

林启生　林振声

从前有一个绅士，名叫林迪周。有一次去陈埔买回一只小猪，跟同村一同赴圩的人回家。走到半途，迪周先生很劳累了，请这位同村人帮助。但这位同村人却说，"我家有事要赶回家去"，就先走了。迪周先生是个绅士，无缚鸡之力，却无可奈何，但他把此事记在心里。后来这位村民因亲戚结婚要送贺联，就叫迪周先生帮他写对联。那天一早，先生故意出去放牛。这位村民找到迪周，迪周说，"未写，忘记了。如急于要用，你就到我家将毛笔墨水等拿到田野中来写。"没有桌子怎么办？先生就叫他弓起身，用背当桌子写字。迪周先生故意慢条斯理，弄得这村民满头大汗、腰酸背痛，便说，"先生快点写，我很累了，太苦了。"这时先生说："这有什么累，又不要出力的。我从圩上背猪崽儿回家更累更苦啊。"这时这位农民才想到那次没有帮助他，今天故意报复。想当初，能帮人做的事结果没有帮，该苦！

蓝公玉田之盛德与机智

廖建安

民国初年，武东乡丰田村青年王某，因上山烧炭，将丰田村廖姓山林焚毁，廖姓当即纠众至王家质问，将王某殴打，并责令赔偿。王家深感廖家欺人太甚，乃遍告族，经好事者挑唆、渲染，械斗于焉爆发。廖姓鉴于事态严重，亦派人通知永平等地族人，并整集壮丁武器。战机既启，幸在仍无伤亡之际，事为蓝公玉田所悉（公与从伯日升公，系同科之秀才，两人为莫逆交），即挺身出而调解。蓝公先至廖家，佯称系受王家之托，欲平息纷争，询以有何条件。廖家要求：一、王家须赔偿损失；二、须以祭品、大花（猪双）、香烛，为廖家祭祖，以示道歉。蓝公谓王家原则可以接受，但细节尚需磋商。再至王家，亦佯称系受廖家之托，愿意和平解决，并询王家条件。王家除愿以象征性之金钱作赔偿外，亦要求廖家以花红祭祖，道歉。蓝公即对王家表示，廖家大致可以接受。旋即故作往返商讨状，并自行出资，派人购买肥猪两头及祭品香烛等，以表对方履约之诚。一场血斗，乃无形消弭；干戈玉帛，全出于其一念之仁。迨王廖两姓明白原委后，无不感激涕零。公之机智，固非流俗所及，而其舍己为人之精神，尤足为后世排难解纷者所取法焉。

从一张老照片想起的

——记盲人林嘉彬二三事

王麟瑞

《武平文史资料》第 23 辑刊登了一张老照片，照片上有一位青年在制作捕鼠工具。因是同乡，笔者在孩提时就认识他，一眼看出他就是双目失明的林嘉彬。他在年轻时做了很多好事，于是笔者怀着敬佩的心情于日前驱车前往他家进行采访。现将他的事迹整理如下，以飨读者。

林嘉彬于 1937 年 11 月出生在武平县武东乡袁田村，今年 83 岁了。他在 4 岁时，患了严重的疳积症，由于家境贫寒，无钱医治，造成双目失明。

1955 年，武平县卫生部门在全县开展灭鼠运动，双目失明的林嘉彬积极响应，天天摸索着上山砍竹子，做了大量的"驳筒"，用旧木板钉了不少的"鼠笼"①，每天傍晚拿到田野里捕杀老鼠，有时一天能捕杀二三十只。节假日和寒暑假，他还带领小学生一起去捕鼠。当时，他把捕到的老鼠尾巴割下来，用生石灰腌藏，待上级验收统计后深埋。两年间，共灭鼠 1700 余只。1956 年 11 月，全县评出灭鼠积极分子 6 名（李荣德、吴占荣、梁生养、钟金秀、熊永祥、林嘉彬），由县医院陈仲生带队，前往福州参加省召开的灭鼠积极分子代表大会，受到表彰和奖励。

1956 年，全县开展扫除文盲运动，袁田村也办起了扫盲夜校。当时，袁田小学（分班）只有一位老师，白天教日校，晚上教夜校。林嘉彬积极协助老师动员学员入学，参加夜校学习的有三四十人。他还管理夜校的扫盲课本、学员的作业本及油灯费开支等。有时日校老师要外出开会，他就请老师先读一两遍，自己背下来，同时把老师讲解的内容用脑子记下来，晚上去教夜校学员。他不但教学员读书识字，还教学员唱歌，因此，受到学员们的好评，并被上中区政府评为扫盲积极分子。

1957 年，武平县掀起了农业合作化高潮。林嘉彬利用土广播、唱民歌

---

① "驳筒""鼠笼"，均为捕鼠工具。

等形式，宣传农业合作化的优越性。与此同时，他还利用早、中、晚时间，深入各家各户进行宣传，从而使袁田村的合作化高潮迅速兴起。是年，林嘉彬被评为武平县社会主义建设积极分子。

1956 年，双目失明的林嘉彬在制作捕鼠工具

远去的少年

——诗与故乡杂忆

林德荣

　　我是突然开始写诗的。1988 年的秋天，上海的徐家汇还不是很繁华，比较出名的建筑只有上海体育馆和华亭宾馆。当然，这种大上海的都市场景，已经让来自边远农村的我大开眼界了。

　　有一天，在校园的某个角落，突然发现一堆锈迹斑斑的空油罐，一种感慨油然而生。这些曾经被丢弃在家乡小城镇的东西，似乎也跟着来到上海大都市了！此情此景，触动了一个十八岁青年的心，我马上联想起自己的命运。于是，在一个上自修课的夜晚，我提笔在作业本上写道："你锈泪斑斑的记忆里/母亲忧伤的眼睛/支撑着你……"

　　这应该是我写的第一首诗。作为一个理科生，我之前并没有写过什么诗歌作品，阅读到的诗歌作品也只限于课本里。初中和高中阶段的学习又十分紧张，没有时间也没有闲心。另外，同学当中也没有喜欢文学的，缺少这样的氛围。

　　我出生在福建省武平县的川坊村，虽然是一个偏僻的小山村，读书风气却很浓，是真正那种客家人的耕读传家，许多家庭都能找到几本书。像中国的古典四大名著，我是在小学时候读的。父亲当年有本繁体字竖排的《说岳全传》，我经常从他床头拿走，他发现我也在读很吃惊，没想到才读小学三、四年级的人能读懂繁体字的书。记得读完邻居家的《聊斋志异》后，我就不敢一个人上自家的楼房了。但乡下的书还是少，我见书就读，哥哥和堂哥的初中、高中语文课本，堂叔伯家的报纸、杂志，都拿来读。

　　虽然是个理科生，但我语文还比较好，高二文理分班后，我的语文成绩在班上名列前茅，在高三阶段，语文老师李思庚有时还把同学的作业交给我来改。让人意想不到的是，高考偏偏是语文成绩出了问题，连班上的平均分都没有达到，与第一名差了二十多分。当时我始终认为是评卷老师搞错甚至是登分的老师搞错。初中考高中的时候，我的英语成绩就是七十四分被登成四十四分，硬生生少了三十分。但高考的查分更困难，作为一个农村孩子，申诉无门，人生轨迹彻底被改变。我是带着苦闷、悔恨、自卑的心情来到上海的。

在得意张狂的青春年少时代，第一次遭受沉重的人生打击；第一次远离父母，远离家乡，来到一个陌生的大城市，要忍受乡愁煎熬。

这些情绪需要一个出口，诗歌也许是表达这种情感的最好方式。对我来说，提笔写诗，是有功利性的，没有那种诗意如女神般降临的浪漫。我写诗，就是因为孤独、痛苦需要倾诉，人生命运遭受了打击需要疗伤。

尽管"动机"是如此不纯，但我近乎疯狂地喜欢上写这些分行的文字，喜欢通过这些优美的文字营造意象，喜欢把自己的各种思念、寄托，以及对人生的思考，勉强地用这些分行的句子表达出来。

这时我也开始大量阅读诗歌作品，每期的《诗刊》是必买的，报纸副刊的诗歌作品也是必读的。每个周末，我都带上一块面包，坐一个多小时的公交车去上海图书馆。在那里可以阅读到全国各地杂志上的诗歌和报纸上的诗歌，在那里我也开始阅读一些文学、哲学理论等方面的书籍。当时读得比较多的是中国诗人的作品，如戴望舒、刘半农、舒婷、顾城等。有一次寄了几首诗给李思庚老师，得到了他的肯定，他还把自己收藏的《普希金诗选》寄给我，让我的信心更足。

我把所有的精力都用来读诗、写诗，白天上课写，晚自修也写，甚至半夜打着手电筒写。当一个人沉浸在诗歌的世界时，往往走在路上遇见一个事物，听到一首歌，甚至别人无意中说的一句话，都会触发诗意。好几年，我都生活在这种诗歌的包围中。

写作是一个人人生经验的反射，当时我仅有的人生体验来自乡村，来自乡情，来自亲情，来自乡村与都市的文化落差和碰撞。这是我写作的全部资源。

有人口才能传承文化。我们村是个有几百年历史的乡村，基本保留了中国农村的风俗、人情和文化。像我的母亲不识几个字，但对农事非常熟悉，何时要播何时要种，红白喜事婚丧嫁娶等风俗，了然于胸。生活在这里的乡亲都像我母亲一样熟悉农村的一切。这种世俗社会已经深深刻在我脑海里，我所生活的乡村社会，所认识的人，所经历的事件，所知道的故事，对于原乡的怀念，都是我写作的素材。这些，在所写的诗歌里都有体现。

中国改革开放后，城镇化的抽水机把乡村的人抽到了城里。现在的乡村，虽然房子变新了，但相比以前，确实是凋零了。平时村里以老人居多，村小学的人越来越少。我们家原来有块水田，据说是我们自然村单体面积最大的一块田，以前叫"九担谷田"（应该是可以收割九担谷子），也早已荒废多年。在70年代中期的时候，我们村还在大力组织开垦，甚至把村头的"水口"之地也开垦成水田。当年的青年突击队长林建华校长如今也60多岁了，有次和我提起当年古树参天的家乡"水口"，连连说可惜了。最近我在村的微信群里看到，有人建议在村里筑坝修水库，这个提议得到很多人响应。从毁"水口"的古树林开垦水田，到想毁水田筑水库，就发生在短短40多年的时间里。

这背后当然是乡村生活的巨变，人们观念也跟着发生变化。"绿水青山就是金山银山"成为中国人的共识，建设美丽乡村，找回乡愁，是人们的共同追求。随着社会的发展，我们没必要回到田园牧歌的生产方式，乡村的人情交往也随着信息化时代发生了巨变。

故乡已经回不去了，但乡愁无法忘却，还停留在我们这代人心里。30年前，我恰恰用诗歌记录了这段乡愁，今天把她翻出来，发现珍藏的记忆是如此弥足珍贵。

30年前，我是从乡情出发开始写诗的，参加工作走入社会后，更多的是用诗歌表达事业奋斗或追求爱情的苦闷与喜悦，通过诗歌感悟人生和人性的复杂多变。但写诗毕竟是属于青春的事业，从1988年写第一首诗，到1998年写最后一首诗，我整整写了十年的诗，诗歌伴我走过了青葱岁月。

十年的诗歌写作，作品留下不少，自己满意的作品并不多，但诗歌训练了我的文字功底，酝酿诗句的过程，丰富了我的语感，磨炼了我的形象思维能力。更重要的是，对诗歌倾注十年挚爱的我，从此拥有了一颗诗心。我想，有诗心相伴，人生会永远充满诗意。

爱犬"巴克"

郑文宽

　　3月5日至7日，约650名厦门知青为纪念上山下乡50周年重返当年他们插队的第二故乡——武平，受到武平县各界的热烈欢迎与接待。在抵达武平的当晚，武平县为厦门知青献上了一场以"追忆青春岁月，畅叙山海情缘"为主题的专场文艺演出。在文艺演出的背景大屏幕上放映出一幅幅知青们往日在乡下劳动、生活的照片，其中竟然有一幅当年我在武平武东金山塘林场抱着一只大狗留下的影像！我由于健康的原因没有同这批老知青一起前往武平，但我一直关注着他们的这次武平之行，关注着他们发回来的每一幅照片和视频，当我看到这幅我抱着狗狗的老照片时，心里不禁感慨万千，不禁又想起在武平时与我相伴将近一年的爱犬"巴克"。

武平县招待厦门知青文艺演出舞台背景

　　也许是受文学作品的影响，或者是天性使然，我从小就喜欢狗，喜欢狗的聪明、灵敏和勇敢，特别是它对主人的忠诚。但由于条件的限制，在上山下乡当"知青"以前我从未养过狗。

在我下乡到武平的第五个年头，初春时节房东大娘到中堡去赶圩时顺路到她孩子的姑姑家走亲戚，回来时带回了一只小土狗。小狗是孩子的姑姑送的。由于学生时代读过杰克·伦敦的小说《野性的呼唤》印象深刻，所以当时竟脱口给小土狗取名"巴克"。巴克的到来让我欣喜不已，它的到来使我下乡务农的艰苦知青生涯里多了一抹温暖的色彩，它的忠实陪伴使我因久久不能调回厦门的愁苦之心稍得慰藉。我插队的武东四维的房东待我如同亲人，她带回来的小狗自然就成了我的宠物，它的三餐都是我给它喂养。那个年代虽然人要吃饱都是个问题，但我每餐都要省下一口来喂它，一年里难得几次有肉吃我也不会把它落下，因此在我与房东一家的所有人里，它最黏我、亲我，天天几乎形影不离地跟着我，连晚上睡觉都睡在我的床边。

巴克不仅亲近我、依恋我，附近的知青经常到我这儿来走动，它对我的客人也异常亲热，一看到厦门知青，它都会扑上去亲热地摇尾巴，不管是熟客还是第一次来访的知青都如此。久而久之，它练就了一奇特的功能，就是能分辨出知青与当地老乡的差别，看到知青不管他穿着如何或是赤膊，它都一眼能认出是知青，会主动去亲热地摇尾巴；看到当地老乡，不管他穿得如何光鲜亮丽，它都会对他们龇牙狂吠。

巴克非常的黏我，就连我出门也非要跟着我，所以在条件许可时我出门也会让它跟着。有一次我要到公社的所在地陈埔办事，它也要跟着。平时我出门大都是徒步，让它跟着问题不大，但这次刚好大队的一部手扶拖拉机要去陈埔，我好不容易也挤上了这部拖拉机的拖斗搭上了顺风车，巴克是挤不上车的，我就要它回去，可它就是不回，跟着我所乘的拖拉机拼命地飞跑，从四维到陈埔15里的路程把它累得够呛。当它看到我所搭乘的拖拉机一停下，就一头扎进路边的水田大口地喝水，当时我看了很是心疼。那天中午我在公社办完事情，就带巴克到供销社的小饭店买了一大碗牛血犒劳了它。

现在城里人养猫养狗都被戏称为"铲屎官"，总要为清理宠物的排泄物而费心，想当年巴克从没让我为此费过心思，它总是跑到偏僻没人的地方解决大小便。有一次我到隔壁大队安丰找知青玩，它也跟我去，当晚我在安丰知青那边过夜，它照例睡在我的床边。半夜时分，它突然对着我哼哼，小声叫唤，原来它内急了，知青的房间没像老乡的房子有让狗出入的狗洞，它再怎么急也不会在房间里面解决，就想让我帮它开门才叫醒了我。我门一打开它忽一下就跑出去了，完事后马上回来蜷曲着卧睡在我的床头。离开巴克四十多年了，我最难以忘怀的就是当年它帮我在山上找回了两头丢失的山羊。那年我在大队林场负责放养一群山羊，每天要做的工作就是把羊赶到附近的山坡去吃草，等它们吃饱后再赶回林场的羊圈。干这活虽然时间会比较长，但却比干其他农活轻松，并且能在放羊期间看看书，对身体羸弱的我很是合适，所以我也干得比较尽职，基本没出什么纰漏，深得大队领导和林场同事的好评。有一天却差点出了大错，那天我把羊群赶到四维与丰田大队交界的一个山坳吃草，看到羊儿安详地吃着草，我就照例看起了书，过了一段时间我清点了一下羊儿，发现少了两只！那是一只刚入群的母羊带着它的小羊不知"走私"到哪里去了！我赶着羊群在附近绕了一大圈没找着，两只山羊在那时是笔不小的财产，我急出了一身冷汗。怎么办？这时我想到了巴克，只有靠它了。我急忙把羊群赶回林场，然后回到房东家里把巴克带到我丢失山羊的山坳，聪明的巴克知道我交给它的使命，马上进入战斗状态，嘴里还发着"噗吱噗吱"的响声。不久它就发现了情况，对着一个小山头狂吠，我顺着它吠的方向一望，终于看到了那两头"走私"的山羊！但那山头有点陡，我要爬上去有点难，于是我指着山羊向巴克发出出击的指令。它马上奔上山扑向山羊，很快就把山羊赶下山，赶到我的身边！回到林场后，我为了惩罚那头母羊，抓住母羊的羊角，一向巴克发出指令，它马上扑上羊腿用力撕咬，直到我叫它松口它才松口。

　　巴克最后的命运却是非常的悲摧，这年春节期间我回厦门探亲过年，我房东那常年在外做木匠的大儿子也回武东四维过年，没有了我照顾的巴克就整天跟着我房东的儿子四处走动。这天房东儿子带着它到公社金山塘林场找朋友玩，可怜的巴克不知此次出门竟是它的大限之日！我房东的儿子禁不住金山塘那伙久不见荤腥的青年农民的怂恿，把巴克杀了，和他们"打平伙"！这么多年了，每每想到巴克的最后结局我还是会不禁泪下。

　　2015年10月19日，儿子的朋友送给我们家一条迷你"雪纳瑞"，这是一种小型的宠物犬，尽管它与杰克·伦敦笔下的"巴克"以及和我四十多年前在武平的爱犬巴克相差甚多，但我还是给它起名叫"巴克"。两年前儿子与儿媳曾带我和老伴到久违了的电影院看了一部美国电影《一条狗的使命》，电影讲述的是有一条狗几十年里经过几次生死轮回，最后转世找到了它原来的主人。我多么希望我现在的巴克就是我当年的"巴克"转世！

写于 2019 年 4 月 6 日（作者系下乡武东四维村的厦门知青）

乡　愁

林亚狮

　　我命运多舛，一生漂泊离家在外时日颇多。1969 年 9 月 20 日下乡武平县武东公社四维大队，1972 年 12 月招工回厦，三年又三个月，虽比不上许多同学在农村的日子多，但也刻骨铭心。在下乡的日子里除了耙田比不上当地的庄稼里手，犁田、插秧、打谷、挑谷以及上山砍柴，丝毫不输村里的强劳力。去远离村子 1.5 里的上畲砍柴，中午挑着一担柴火，村里的队长掂了掂，说是不少于 150 斤，汗流浃背，饥肠辘辘，但心里是甜美的。吃苦耐劳我不怕，难受的是我的家在哪里？三年又三个月，虽不算长，但我的青春年华曾在那里挥洒，人生记忆里最旺盛的那段时光，不能不说刻骨铭心，也许这就是我人生中第二个难忘的乡愁。

　　我青春年华最美好的一段时光，挥洒在那里的武平。对武平这个知青们眼里的"第二故乡"，总会有些牵挂。1997 年，武平县厦门知青联谊会成立，我回厦后第一次受邀重返，也没到处走动。1998 年组织下乡武平的知青重返第二故乡，与下乡时的 1969 年时隔 29 年。以后又去了几次，也大胆对武平县领导提出了对武平县经济、社会发展的建议。但多次武平之行，我都没有去亲近和感受代表武平之魂的梁野山，她是雄浑、秀美或充满灵气？连梁野山我都没亲近过，不用说武平的那些山、那些水了。下乡时，我只串联过区区几个地方，最常去的是中堡的章丰，去过武东乡的"首府"陈埔，去过六甲、袁畲、炉坑，最远是县城，还有十方的中和，中山的太平，梁野山都没去过。跟人说都不相信，梁野山是我的一个心结。

　　4 月 8 日，五部大巴，三部小车，满载着武平知青及其亲朋好友对第二故乡那山、那水、那段刻骨铭心的历程寄托着的特殊情缘，驱车 300 公里，再次寻访年轻时抛洒泪水甚至血和汗的记忆。

　　可惜和遗憾的是，因特殊变故，我未能圆满地经历整个行程，于 4 月 10 日一早匆匆返回鹭岛，为一位突发脑溢血而病故的好友送行。

武平之行虽短短的三天，但无不镌刻着我们这些特殊农友对第二故乡的感念，也许这是一种别有韵味的乡愁。乡愁是一杯美酒，充满了美好的记忆，那是对故乡的情怀，那是对故乡山水、一草一木、风土人情和经历的眷恋；乡愁，也许是一杯苦酒，充满苦涩和创伤，但我说，知青们对第二故乡的乡愁，更是一杯掺杂酸甜苦辣的酒，什么滋味都有。这次的武平之行，寻找的乡愁，更多的是带着香甜且醇厚的糯米酒。它联系着红土地与蓝海洋、武平乡亲与厦门知青的一段亲情。再见了，武平，再见了，武平的父老乡亲！

让我们在有生之年，永远都记住这份乡愁。

写于 2016 年 5 月（作者系厦门市下乡武平的知青）

难忘的四维大窝里自然村

郑文宽

也许是远山的呼唤，心潮涌动，利用春节休假期间我又回到了36年前下乡插队的小山村——武平县武东公社四维大队的大窝里村。

啊，闽西，一代厦门老知青生命中永远无法割舍的闽西！这里留下了我们太多的牵挂与回忆。如今我们都已年过半百，即将步入花甲之年了，不能再老去苦苦地咀嚼历史，感伤过去，趁现在还不算太老，能跑能动，抓住现在，张开双臂，时不我待地把闽西久违的美丽、古老和翠绿一一搂进我们的怀里，尽情地呼吸那饱含负氧离子的清新山地空气！

当年要让我们颠簸两三天的崎岖山路，如今都已变成高速公路或水泥公路。我们原在同一公社插队的四位老知青和三位家属一行七人，分乘两部小车，仅用不到五个小时就抵达了让我们魂牵梦萦的当年插队的小山村。哦，久违了！我的大窝里村！

房东一家在多年以前就把新屋建在了离村子有一段路、交通比较方便的公路边上，在他们家用过午餐后，我就迫不及待进到村里。先去看我住了四年的房东的老屋，望着曾是我栖身之地的老屋已破败不堪，只剩下一小片残墙断壁和一小块老屋基，我的眼睛潮湿了。我又到了我生活劳动过的原大队林场。大窝里村边的原大队林场，我曾在这儿劳动了两三年。林场的周围都是年代久远的老坟墓，当年我曾把被雨水冲刷得裸露出地面的棺材板劈开了当柴火烧，现在想想真对不起那些亡灵哟！看到林场那一排当地人作为宿舍的土屋，不禁想到当年我曾在半夜里在他们房间门口装鬼叫，把他们吓得魂飞魄散的情景。

我用相机摄下了我住过的老屋，摄下了当年挑过水的小水涧，摄下了我当羊倌时的羊圈，摄下了我曾经走过的小路、山路，摄下了我曾经拥有的自留地，摄下了……哦！要摄下来留念的景物太多太多……

当年待我胜似亲人的房东大娘已过世多年，第二天一吃过早餐，我即叫上他的儿子、孙女和孙女婿带我到大娘的坟头叩拜，说上几句感激之

语，悼念这位善良的老人家，以慰亡魂。

　　山里人对人是真诚的，在我回到大窝里村的三天里，家家备好大桌大桌的好茶好饭，像招待贵客一样轮番招待我，土鸡、土鸭、兔子、鲜鱼和家酿米酒，都是绿色食品。真情实意，着实让人感动万分。在这儿的两个夜晚里，酒足饭饱之后，都要和老乡们品着香茶，促膝谈心到深夜。

　　第三天上午，我们将踏上归程，当我握着送行的朋友们的双手时，热泪盈眶！再见了老乡们，再见了朋友们！再见了我曾住过的小村庄！这里留下了我的青春，我的初恋，我的汗水和我的泪水！

　　再见了，大窝里！我还会来看你的！

　　　　　　　　　　　　　　　　（作者系厦门市下乡武平的知青）

人物春秋

著名文史专家王增能

榕　生

王增能，1938 年出生于武东乡上畲村，1963
年厦门大学中文系毕业。曾任山西省财经学院教
师、武平县汉剧团编剧、武平县文联主席、武平县
政协副主席。

《客家》杂志主编、客家文学研究专家谢重光
先生在《忆增能》一文中借江春之口称赞他"真是
一个奇人、怪才！"，"与他在一起，总是古今中外，
天南地北，无所不谈"。

增能先生在县汉剧团中创作有《触逆鳞》《史碑案》《春娘曲》《乞儿
小传》《范进后传》《游子情》等戏曲作品，品位很高，均在省内外文学
刊物上发表并获奖。1980 年新编历史剧《触逆鳞》获福建省剧本创作三等
奖；1985 年新编历史剧《史碑案》参加福建省第 15 届戏剧会演，获福建
省剧本创作二等奖；1994 年 10 月新编历史剧《范进后传》参加广东佛山
市主办的全国戏曲剧本征集评奖活动，获优秀剧本奖。

增能先生参与编辑和整理出版了两部《武平县志》，主编《武平文
艺》，还为《客家》等各类杂志撰写了数十万字的论文十多篇。他为推动
武平客家文化研究事业，竭尽全力，甚至在病房中还坚持写作。在人生弥
留之际，还完成了《客家饮食文化》一书，在他的身上闪耀出客家精神的
光辉，显现出乐观自信、顽强拼搏的品格。他给后人留下了门类多样、精
湛的精神文化食粮，留赠给人间一腔深深的情与爱。增能先生 1997 年因病
离世。

忆增能

谢重光

增能先生离开我们了！他诙谐幽默的谈吐、坦诚爽朗的笑声时时萦回在我的耳畔。他对家乡的深厚感情，对客家文化的执着追求精神，不断激励、鞭策着我。他的质朴而感人的形象，永远活在我的心中。

我与增能先生相识得很晚，但在正式谋面以前对他心仪已久。记得有一次友人谢江春来榕，闲谈中很快就谈到了增能。江春兴奋地说：我最近认识了一位王增能，厦门大学中文系六四年毕业的，是班上的高才生，同班同学如刘再复、王种生等很推许他。在山西待了很久，又在龙岩干了一阵，最近调回老家武平，为了编县志，把眼睛都熬坏了。他这人啊，真是一个奇人、怪才！文章很漂亮，写的剧本还在《羊城晚报》得了大奖，但是愤世嫉俗，好发怪论。与他在一起，总是古今中外、天南海北，无所不谈。他嬉笑怒骂，令人捧腹大笑，过后一想，才体会到弦外之音，意味深长呢！

江春口中的王增能，颇有一点传奇色彩。我深知江春内心的自负，一般人要得到他的称许不是一件容易的事。如今他对王增能赞不绝口，那么这位老兄一定不是等闲之辈，我心中油然产生了结识增能的愿望。后来读到增能的若干精彩文章，看到他参与编撰的《武平文史》品位甚高，我对他的好感和敬意也就与日俱增了。

1993年初冬，我借去长汀开会之便，顺道回到阔别了36年的故乡。在县城，我向负责接待的县领导表示要见一见王增能先生，而增能方面呢，也已听说有我这么一位久客他乡的游子，一直怀着对家乡的拳拳眷念之心，正从事客家学研究，也想与我结识。于是，我们就在县委举行的宴会上初次见了面。说来也怪，我们两人，年龄、经历、职业、性格都有很大差异，却一见如故，很快撇开了虚文客套，侃侃谈起了乡邦文物掌故，以及共同关心的客家学热点问题。我们的许多观点都很接近，谈着谈着，我们感到彼此的心很快就贴近了。

　　第二天，增能先生以县政协副主席的名义宴请我，邀了一批关心地方文史的社会贤达作陪。当然，醉翁之意不在酒，在乎交谈，如何推动武平开展客家学研究，很自然成了席间的中心话题。我们谈到了定光佛、何仙姑、太平山妈祖太太、武北畲族问题，还谈到梁山李纲史迹的真伪问题。我们交换了许多设想，还拟定了一些近期调查的计划。增能表示，要全程陪我下乡去作调查。只是我临时接到赴日本开会的通知，提前匆匆离开了武平，那些美好的计划不得不搁浅了。

　　翌年，我主编的《客家》杂志创刊，增能全力予以支持。他撰写了一系列雅俗共赏的文章，相继在《客家》刊出，为刊物增色不少。在此基础上，我主编《客家文化丛书》时，其中的《客家饮食文化》一册，便毅然请增能撰写。对此，增能的信心也很足，他编写的提纲很合我意，也受到出版社同志的肯定。于是增能便全力投入了材料收集和正式撰写工作，开始时进展很快，但不久他就病魔缠身，写作时断时续，不少章节是在医院里病榻旁草拟的。得知这种情况，我极为担心增能的身体，不时挂电话问候他，请他以身体康复为重，不要因书稿的事造成心理压力，影响了治病。可他每次都要我放心，说他的命硬，一时半会死不了，书稿一定按时保质完成，一定不会影响整套丛书的出版。在电话中，他的话语依旧那么乐观自信，依旧那么幽默诙谐，有时还爆发一阵阵大笑。因此，每次通完电话，我总是感慨万分：增能啊增能，你看似文弱书生，实为铮铮硬汉！在你身上，任何时候都闪耀着客家精神的熠熠光辉！

　　经过一年的顽强拼搏，增能终于出色完成了全书的撰写任务，但他为此竭尽了全力，病情再度恶化，又住进了医院。书稿的最后誊抄工作，是友人钟德盛、谢江春帮助完成的。其书稿我和出版社的同志都很满意，问世后又受到读者普遍赞扬，被誉为整套丛书中的上乘之作。我及时把这些情况通告了增能。我想，没有什么比这更能告慰病榻中的好友了。

　　1996年4月，我为了调查家乡民间信仰的情况再度回到武平。到县城之后的首要任务当然是去看望增能。我的到访使增能一家惊喜万分，而增能身体恢复之快则使我喜出望外。当天下午，增能特地到武平宾馆来看我，畅谈达数小时之久。晚饭后我们把增能送回家中，一路都是步行。增能自从熬坏了眼睛，视力已近于零，据说已经多年没有走这么多路了。这次他跟我们在薄暮中漫步回家，谈笑自若，精神状态很不错，大家叹为奇迹。更奇的是，第二天我到万安乡调查，增能坚持全程陪着我，又是问，又是记，完全像个没事人似的。在踏勘古迹过程中，我们意外发现了一块石碑，记载的是太平军经过武平后地方上建造万人冢收埋枯骨的事。我们为此都很兴奋，以为可资考证地方史实；我心中还有一层兴奋，是以为增能的身体真的会从此一天天好起来，再为武平、为客家学研究做很多很多事。两人在兴奋之余，竟商谈起合作写《客家妇女》一书的事，还谈到了更久远的许多计划。

从武平返榕后，我们又通过几次电话，讨论了《客家妇女》一书的具体细节，增能还为此行动起来，从《十三经》中开始查找和积累有关资料。我调汕头大学后，增能也曾来电话，表示两人之间路程更近了，有机会他要到汕大来看我，顺便查阅资料。当时，一切看来都是如此顺利、如此美好。我暗暗为增能的康复高兴不已，对他研究客家学的前景充满信心。

何曾料到，此后不久，增能再次病倒，并从此一病不起，永远离开了我们。噩耗传来，我简直不敢置信，为之怅惘悲愁累日。痛定之后，仔细寻思，增能生命最后日子的出色表现，莫非就是通常所谓的回光返照？要不然，就是巨大的精神力量，暂时压倒了病魔的淫威，使他为客家研究的大业多作了一些贡献。而他最后的大归，应是他艰苦奋斗了一生，太累了，需要彻底休息了。

是的，增能是太累了，长久休息去了。在他身后并没有巍峨的丰碑，但他给我们留下了一大批门类多样极见精彩的论著，还以其自强不息乐观进取的精神激励着后人。

他是武平的好儿子，客家的好儿子，客家人民将永远纪念他。

王增能先生二三事

袁　轲

秋风萧瑟，秋草渐黄，秋雨敲窗，秋愁千结。这是一个特别令人伤感怀旧的时节，我决定为已故的王增能先生写点东西，作为其作古十年之祭。

名士风骨

古人是很欣赏名士的，于是中国历代名士辈出：有惧怕富贵不爱江山的许由，"尧让天下于许由，许由不受，耻之逃隐"①。有不食周粟的伯夷、叔齐，此两兄弟先是耻袭父亲孤竹君之职，互相推让，终至逃入深山。后商亡周兴，不听周武王之召，又"不食周粟"，隐于首阳山采薇而食，终至饿死②。魏晋时期，那些不羡富贵、崇尚清高、甘于寂寞的名士不胜枚举。如为鲁迅先生称道的"竹林七贤"之一的嵇康，善弹名曲《广陵散》，好老庄之学。朋友山涛（亦为"竹林七贤"之一）做了西晋大官，他作《与山巨源绝交书》，与之绝交。如《陈情表》的作者李密，朝廷屡召为大官，均以孝养祖母为由不就；又有崇尚"采菊东篱下，悠然见南山"，耻为"五斗米折腰"的陶渊明；等等。于是自古就有"唯大英雄能本色，是真名士自风流"的赞叹。可惜唐、宋以后，特别是现代、当代社会比较崇尚功利主义哲学，众生皆为利来俱为利往，社会往往以升官发财为价值取向，于是不求功利显达、但求真善美和个性自由的名士渐少。

我熟悉的王增能先生却是一个具有名士风骨的读书人。他一身正气，几分傲骨，为人处世遵循鲁迅"横眉冷对千夫指，俯首甘为孺子牛"的原则，也常常不苟同于世俗。他淡泊名利，以一个"文化大革命"前厦门大学高才生的身份，甘居小小的武平汉剧团编剧之职，"布衣"几十年却自

---

① 司马迁：《史记·伯夷叔齐列传》。
② 司马迁：《史记·伯夷叔齐列传》。

得其乐,并取笔名"渡边小草"(意为渡口边任人践踏的草芥),读他文章的人还以为是哪一位日本高人。改革开放后他担任县文化局副局长、政协办副主任、政协副主席之职,但他一反职场潜规则,冷对"达"者,热对"穷"者①,因而往往为"达"者侧目,他却我行我素。他在发妻不幸早逝后,不惧世俗议论,登报征婚再娶,首开武平征婚之风气,也是名士风骨。

斯文遭遇

王增能先生的大半生处于"斯文扫地"的时代。先生亲历两件哭笑不得的"逸事"。某次,先生妻子嘱他上街买一只番鸭,书生之气十足的先生,当时尚不辨番鸭、胡鸭之别(胡鸭即番鸭与当地黄鸭杂交的后代,价钱较便宜),上街即指着笼内胡鸭问:"你的番鸭多少钱一斤?"鸭主人一声不吭,即将胡鸭作番鸭卖给了他(当时两种鸭子的价钱几乎相差一半);又某日,先生将去丈母娘家,又受妻命买猪肉五斤带去。一到农贸市场,屠户们争着拉客,不知市场深浅的先生,选了一个有点熟悉的屠户成交。事后经妻子鉴定,猪肉系母猪肉,细心的丈母娘又重新过了一下秤,竟然还少了一斤。愤怒的先生找到屠户,屠户竟冷冷地说:"母猪肉不卖给你们这些'四眼狗',谁还会要?"

苦难与幽默

不知有谁说过,人生事事得意的人不会有幽默。即以此来反证,人生不得意时才会以幽默化解苦难和烦闷。王增能先生即是这样一个浑身都是幽默的人。外观上,先生高高瘦瘦的个子,戴一副深度近视眼镜,似乎度数还不够,常有人与之打招呼他视而不见。偏又结交了一个至交,矮瘦又背微驼的钟德盛先生,两人在一起饮酒赋诗作文,还一高一矮常在街路上蹒跚而行,令人一见,便禁不住笑意顿生。先生还说如此即能给人带来快

---

① 古人云:穷则独善其身,达则兼济天下。此处取其"达""穷"之意。

乐，是他俩对人民的一大贡献。

他的幽默是比较深刻的，常常使人半天才领悟过来，大笑之余还回味不已。一次他给我们编故事：一位老风水先生给他的儿子迁居择一吉日吉时，刚好是凌晨五时，不巧的是当迁居队伍行至新居前时，主人发现忘带钥匙，返回去拿又来不及，只好请一小孩从气窗爬入打开大门，此时入门吉时已过；又不巧的是，入门后放鞭炮，噼啪几声就熄了，老先生大喊一声"一定高升"；又放，又熄，老先生又大喊"四季发财"！又再放，又再熄，愤怒的老先生又再大喊："除死无大灾！"将剩余鞭炮远远扔掉，家人于是惶惶然更加不安；又再不巧的是，选定七时开始砌灶，泥水师傅按时辰开砌，非常小心地砌上第一砖，即对旁边的人大声说，我这第一砖一放就放死了（迷信的说法意为一砖放下后不能移动，客家方言常把"定"字说成"死"字），家人闻言大惊失色，怎么讲出这样的话呢；还有不巧的是，迁居宴会开宴前，担任"礼生"角色的人因故迟迟未到，一个半文盲且又好事的远房亲戚看着饥肠辘辘的宾客，拿起事先拟好的礼仪主持单就喊："鸣炮"（鸣炮），放炮者愕然，但意思是领会的，于是就放，不料此亲戚接着又喊："某某某大鼻公（大舅公）请入席！时值大舅公在场，气愤得差点掀翻酒桌。

在场听故事的人都曾风闻先生迁居时也有一些小插曲，于是打听这些故事是不是对他迁居时的演绎，先生"顾左右而言他"，不置可否。

我是熟悉先生的，盖因先生一生清贫。20世纪80年代中期，本县第一批商品房建成出售，先生倾其所有购置一套，当时为筹款，先生卖了家里所有值钱的东西，包括电视机、毛毯等，还欠了一屁股债。急得先生尚未迁入新居就视网膜脱落，双眼几乎失明，抗不住压力的先生发妻也幽愤自伤告别了烦恼的人世。真是苦难加绝望啊！也许，事后先生不再愿意触及这种旧伤疤，于是把迁居前后的一些小插曲演绎成故事，当然还借鉴了一些别人的故事和想象，以这样的幽默和浪漫，化解那一段可怕的往事。

不禁又翻出书架上先生的著作：除了一大摞他主编的县政协文史资料之外，还有不同时期的剧作、客家学专著、学术论文、散文等篇章。虽然数量不多，但都是力作、佳作。如他主编的近十辑《武平文史资料》，其中史料性、文学性和可读性均成为当时全区各县文史编辑之楷模。他与钟德盛20世纪80年代联手创作的三个大型汉剧《触逆鳞》《史碑案》《春娘曲》，曾大展闽西汉剧创作的雄风，并获得省剧目创作各项大奖；他的客家学研究力作《客家饮食文化》，曾被誉为此方面的扛鼎之作，他的《客家丧葬文化》论文，填补了客家学在此风俗习惯研究方面的空白；他的《武平史话》，也是使武平籍人士津津乐道、县外人士一致称道的散文名篇。捧读这些简练幽默、文白兼备的熟悉文字，先生的音容笑貌，仿佛就在眼前。记得当年先生曾有许多著述计划，可惜就在他厚积薄发、就要大干一番的时候，天不假其年，竟至一病不起，就此而去。掩卷不禁又想起唐人悼三国蜀相诸葛亮的诗句"出师未捷身先死，长使英雄泪满襟"。能不悲夫！

师长去矣，犹如东流之水。惟祈先生的在天之灵，能庇佑天下寒士不再演绎先生故事，都能报国有门，为共建和谐社会出大力，都能平安少恙，共享改革开放带给人们的诸多成果。

刘乾开

李永模

刘乾开，武平县武东乡美和村人。1955 年 7 月毕业于武平一中高中部，后考进浙江农业大学植保系就读。1960 年毕业后留校任教。现为副教授、硕士研究生指导教师。曾任浙江农业大学植保系党总支副书记、系副主任等职，主持日常工作。刘副教授担任党政工作期间从未停止过教学和科学研究活动。1989 年因患小中风病辞去党内外行政职务，目前仍在担任教学和科学研究工作。

刘副教授的专业主要是植物化学保护、农药毒理学、农药商品学、昆虫学、如何防治农田鼠害等。

他的科学研究项目主要是农药残留毒性研究、农药质量分析、制定"农药安全合理使用"国家标准。刘副教授从 20 世纪 70 年代初一直从事该项研究工作，并主持中央农业部、化工部及浙江省政府下达的多项研究课题。20 多年来成果卓著，曾获多项浙江省和国家科技成果奖，并发表了多篇论文和专著。其中较特出的获奖项目是：

1. 1979 年获浙江省科技进步三等奖。

2. 1981 年获中央农业部科技进步一等奖；

3. 1984 年获浙江省科技进步四等奖；

4. 1985 年获浙江省科技进步二等奖；

5. 1987 年获中央农业部科技进步三等奖；

6. 1989 年获国家技术监督局科学技术进步一等奖（中央部级）；

7. 1990 年获国家科学技术进步二等奖；

以上七种奖励均有一级证书，此外还有多项二级证书（二级证书是主持单位盖章证明获得某项研究成果证明书）。

刘副教授因教学科研成果显著，多次代表国家出国考察和援外。

1976 年 10 月至 1977 年 5 月应中国—阿尔巴尼亚科技合同项目要求，前往阿尔巴尼亚建立"农药分析实验室"，是中国派出的专家组成员之一。1987 年 3~4 月赴英国进行农药技术考察，刘副教授为这次考察团团长。

清华大学教授林福宗

林文峰

2019 年 3 月 16 日，北京，水木清华，春风有期，回暖了荷塘月色，却送别了一位计算机科学与技术系的教授。"林福宗教授一生对待工作兢兢业业，对待学问一丝不苟，对待学生关心备至。他善良正直，宽容谦和，乐观豁达，淡泊名利，是教书育人的榜样。"在简朴而深切的遗体告别仪式上，清华大学如此评价林福宗。

时间倒流至 1964 年的夏天，19 岁的小伙子林福宗（出生于 1945 年 7 月 19 日）像之前的每一个寒暑假一样，从武平县第一中学回到老家武东公社袁畲下村（80 年代袁畲村分成了袁上、袁下两个行政村），受客家人耕读传家的传统熏陶，他与家人一起参加生产队里的劳动。这是个丰收的年份，林福宗帮忙割稻子，帮忙晒谷子，在等待清华大学录取通知书的日子里，家人以及同村的乡亲都问他是否对之前的选择有所后悔。就在高考前夕，他的老师阙硕龄征求林福宗意见，说上海复旦大学有个保送生的名额可以给他。林福宗却谢绝了老师的好意，执意要参加高考，目标只有一个，就是清华园。清华园不负自信的好学子。"通知书送到村里时，我正在门头下的晒谷坪里晒谷子。"林福宗回忆说，"去北京读书是第一次出远门，家里没有皮箱装行李，堂哥就帮忙做了个大大的木箱子。"就这样，林福宗扛着大木箱子走进了北京，走进了清华园。

林福宗在清华大学学自动控制系（后改为计算机科学与技术系）专业，1970 年 3 月毕业并留校任教，成了清华大学的一名教师，一个一生工作在清华园的武平人。从助教到讲师到教授，再到多媒体技术和中国现代教育技术的领头人，林福宗脚踏实地，一步一个脚印，默默耕耘在清华园里，绽放出平凡而绚丽的花朵。在清华大学教师的岗位上，林福宗长年从事多媒体技术的科研和教学工作，1986 年至 1987 年还在美国波士顿大学做访问学者。从 1996 年开始，负责国家重点实验室新建的多媒体课题组的教学和科研工作，先后承担自然科学基金、973、863、985 和横向课题等研究工作。

多媒体技术的应用研究工作方面，林福宗在图像检索、视频检索、数字水印、言语生成等领域进行了深入探索。1994 年发表了我国第一篇全面阐释 VCD 技术、开发方向、市场及它们之间关系的文章；《多媒体和 CD - ROM》等著作和十多篇相关文章在 VCD 工业领域起到了一定的技术指导作用。林福宗不仅在文章里阐释，还完成 VCD 播放机的设计工作，亲自协助中国计算机与信息发展研究中心的下属企业成功研发 VCD 播放机，产生了巨大的经济效益。

从事多媒体技术基础教学工作方面，林福宗多次执教软考辅导，积累了丰富的教学经验，深受学生欢迎。同时，林福宗创新教学方式，是国内最早实践和运用现代教育技术的教育工作者之一。他发挥多媒体技术的专业优势，积极尝试运用 Web 技术开展远程在线教学实践，设立了清华大学内最早被学校认可的网上课程，提出并建立了网上教学支持系统，并进行研究性教学的探索。鉴于在现代教育技术研究方面做出的贡献，林福宗还被推选为中国电子学会现代教育技术分会主任委员。

在从事多媒体技术科研和教学的同时，林福宗编写了《英汉多媒体技术辞典》《多媒体技术基础》《多媒体和 CD - ROM》等多部词典和教科书。其中《多媒体技术基础》前后共四版，印刷 20 余次，被评为 "2003 年度全国优秀畅销图书（科技类）"，2005 年被评为 "北京高等教育精品教材"，并入选 "普通高等教育 '十一五' 国家级规划教材"，被多所高校使用。

在众多成绩面前，林福宗表现得十分谦逊。作为清华大学教授、中国多媒体技术研究和教学的先驱、中国电子学会会士（在电子信息科技领域成绩卓著、学术造诣较深，并在该领域有重大贡献的电子学会最高级别会员），多次在中国云计算技术大会相关议程担任主持人的林福宗，网络上关于他的资料却少得可怜，故乡的族人也只清楚他是清华大学计算机科学与技术系的教授，大多不知道他研究和教学方面的成绩。老家人与他聊天，他不说自己的成绩，而是在赞扬他的同学、他的同事、他的学生。

"我对老家武平没做出过什么贡献，没什么好感到自豪的。""自动控制系专业的很多同学，都搞军事导弹研究，他们才是厉害的人，而我一辈子就是个教书的。""我看着中关村从一片农田变成中国硅谷，我的很多同事、很多学生都很厉害，在中关村的很多大公司担任重要职位。"

虽然林福宗低调谦虚，但在他的家乡武平县武东镇的袁下村，林福宗在族人心中却是一种示范的榜样。他的族人喜欢这样鼓励下一代："你要向细叔公（林福宗）学习呀，努力读书，考到北京去，考到清华大学去。"林福宗每到暑假也总会打电话回老家，问村里有没后生参加高考的并考到北京上学的，若知道有，总会主动去联系他们。因为工作缘故，林福宗很少回武平，但他希望百年后回归老家的决定从未改变过。2017 年夏天，他修订完《多媒体技术基础》（第四版）后，决定从工作中全退（以前是退休后依然被清华大学返聘），后回到了武平，小住了近一个月。这是他参加工作后回武平待的最长的一段时间，也是最后一次回老家。

我岳母是潮汕"学佬嬷"

进　中

　　我的家乡武东镇四维村，在抗日战争中曾经接纳过二十多位的"学佬嬷""学佬古"。记得她们的名字有：蔡阿庆、蔡玉芳、郭阿兰、谢美恩、王禄生、王占禄、王长学、王开华、王发芳等，至今70多年过去了，一些"学佬嬷""学佬古"已经作古，现还健在都是八九十岁的老人了。这些"学佬"都有不堪回首的伤痛。其中一位叫谢美恩的"学佬嬷"，后来成了我的岳母大人。岳母曾向我倾诉了当年的一段辛酸血泪史。

　　1939年6月21日，侵华日军为加强对中国华南沿岸的封锁，断绝中国与外界的联系，下达了攻占汕头市和潮州的命令。日本侵略者为配合日军海上登陆广东潮州、汕头一带，出动了几十架飞机，对潮汕地区狂轰滥炸，大片民房被炸废，无数平民被炸死。谢美恩一家六口人，父母和哥哥都被炸死，两个姐姐已经失散了，她和很多人一样无家可归，流离失所。

　　谢美恩当时17岁，随着大批难民一起向粤东梅县、蕉岭一带逃难。只身出门没有带干粮食品，全靠难民中的叔伯婶娓分点食品充饥度日，一直走到了广东蕉岭县城。左田村有一位叫王耀其的裁缝师傅到蕉岭县城选购布匹，走在街上碰上了谢美恩姑娘。谢姑娘饿得不行了，便求耀其师傅给口饭吃。耀其师傅见她可怜，便从裙裉袋里拿出块家中做的点心给她。谢姑娘吃完后，用手比画着（因语言不通）要跟耀其师傅一起回武平去。好心的耀其师傅选购完布匹后，雇了辆鸡公车子运布匹，将谢姑娘带回了武东左田村。耀其师傅已经有了妻室，不想娶二房，便与本村一位叫王振业（后来成了我的岳父）的人商量，叫他娶了这位姑娘。振业回家与父母说过此事后，特地去耀其家看了姓谢的姑娘，见谢姑娘人长得清秀，会劳动又能吃苦，只是潮汕话和客家方言不同，很多话听不懂，只能用手势比画来交流。经商量后，振业的父母认为这是个机遇和缘分，语言不通只是暂时的，通过慢慢学习，客家话就会说。于是，振业家将谢姑娘娶回了家。

　　谢美恩与王振业成亲后，夫妻恩爱，相敬如宾，一家子生活过得挺如意。谢美恩脑子灵活，没几年工夫，就能说一口流利的客家话，谁也不知道她是个潮汕的"学老嫲"。由于夫妻扎实勤奋，家庭生活还算美满，后来生育了一男三女，她家的老二与我结成百年之好，谢美恩潮汕"学老嫲"便成了我的岳母大人。

中华人民共和国成立后，谢美恩曾联系找过她的两位姐姐，左田村的蔡玉芳等"学老嫲"回过潮汕寻亲，但时过境迁，潮汕变化很大，已经找不到原来家的住址，也就很难与亲人联系上了，这是岳母一生的遗憾。

外交部前驻外大使廖金城

王闻福

廖金城，1938 年 9 月出生，福建省武平县武东镇安丰村人，中国共产党党员。曾就读于安丰小学、四维中心小学和武平县第一中学，1956 年考入福建师范学院（现为福建师范大学）外语系英语专业。1960 年大学毕业后，分配在国家对外文化联络委员会，从事对外文化交流工作。1971 年调入外交部，在条约法律司（简称条法司）工作。在条法司期间，曾在外交部党校和经济调研班培训学习，并在联合国总部实习，写出论文《论国家豁免问题》；
先后任条法司副处长、处长和政工参赞（司领导班子成员）；参加过多次双边和多边外交会议，多边外交方面主要有第 45、46、47 届联合国大会及其法律委员会会议、联合国禁止酷刑公约会议、亚非法律协商会议，双边外交方面有中英（国）联合联络小组香港问题第 29、30、31、32 次会议、中希（腊）司法协助条约会议、中瑞（士）避免双重征税协定会议、中尼（泊尔）边界联合检查委员会会议。

在 30 年的外交生涯中，廖金城先生常驻我国驻外使馆四次：中国驻阿富汗大使馆，任职随员；中国驻荷兰大使馆，任职一等秘书；中国常驻联合国代表团，任职参赞；1996 年出任中华人民共和国驻瓦努阿图共和国特命全权大使。他到任后即向瓦努阿图共和国总统让 - 玛利·雷耶正式递交了国书。在三年任期期间，廖金城先生积极开展外交活动，与瓦总统、议长、总理、各部部长以及社会各界人士广泛交往，建立了良好的关系，同时十分重视与瓦努阿图共和国华人华侨的友好联系，为中瓦友好关系的顺利发展做出了不懈努力。

1995 年 12 月，廖金城先生根据本人对邓小平外交思想的认识和体会，撰写了题为《搁置争议，共同开发——邓小平关于和平解决国际领土争端的新思路及我国外交实践》的论文，并在邓小平外交思想研讨会上宣读。随后，该论文被编入王泰平主编的《邓小平外交思想研究论文集》（世界知识出版社 1996 年出版）。其他论文有：《威灵顿评传》（载《外国历史人物传》）、《布朗宁》、《丁尼生》、《史沫特莱》、《韩素音》（《外国名作家传》）等。

廖金城先生退休后，主要精力用于回报家乡，回报社会。多年来，廖金城热心关注家乡闽西革命老区建设和发展，十分关心支持家乡武平的各项建设事业的发展，尤其是对家乡武东镇的教育事业和对安丰村捐资捐物以促进家乡建设事业全面发展。

廖金城现为北京闽西革命老区建设促进会副会长、北京龙岩企业商会名誉监事长、北京武平智力支乡会顾问、北京武平商会顾问。

林上金

建 子

　　林上金，出生于 1962 年，武平县武东镇川坊村人，现任中国人民解放军陆军工程大学副教授，享受副军级待遇。

　　1977 年，武东、丰田、六甲三所初中会考后，林上金以数学单科唯一满分和总分第一的成绩，进入武东中学高中部；1979 年，毕业于武东中学，当年参加高考，以物理单科全县第一考取空军气象学院。1983 年毕业于空军气象学院，取得理学学士学位。毕业后响应上级到军事斗争最前线建功立业的号召，到云南某部空军机场气象台，从事天气预报工作。1985 年，直接参加了对越自卫反击战，荣立三等功。

　　1993 年考取空军气象学院研究生，1996 年毕业，取得工学硕士学位。毕业后留校任教，现任陆军工程大学副教授，专业技术 5 级。

　　20 多年来，林上金潜心教书育人和教育教学学术研究与基础科学研究。先后参与完成了“外部海洋和大气变率对北极地区海冰变化影响的数值模拟”和“东海中尺度涡和长江冲淡水低盐水团的相互关系”两项国家自然科学基金面上项目。参与完成了多项军队科研项目，获得军队科技进步二等奖 1 项，三等奖 2 项，技术革新成果奖 1 项。

　　在《物理学报》《力学学报》《水动力学研究与进展（中英文版）》等刊物发表论文 100 多篇，其中 SCI 收录 5 篇，EI 收录 2 篇；编撰了两部教材，分别由高等教育出版社和解放军出版社出版。

　　指导学生参加各类创新竞赛，获江苏省物理创新竞赛一等奖 1 项，二等奖 2 项，三等奖 1 项；获全军院校物理创新竞赛二等奖 1 项，三等奖 1 项；获解放军理工大学国防工程学院环保设计大奖赛一等奖 1 项。三次被江苏省物理学会评为优秀指导教师，一次被解放军理工大学国防工程学院评为优秀指导教师。

　　林上金同志，热爱国防建设事业，在军事气象领域矢志不渝、潜心钻研、造诣颇深，取得了一项项令人瞩目的业绩，为军队现代化建设做出了重大的贡献。

人民信任的医生

——记神经外科专家林元相教授

朱　榕

　　林元相，福建医科大学附属第一医院（以下简称附一医院）神经外科主任医师，科室行政主任，也是医学博士、福建医科大学教授、研究生导师。作为脑外科权威专家，他还身兼国家卫生健康委脑卒中防治工程委员会出血性卒中外科专业委员会常委兼秘书长、福建省抗癫痫协会副会长兼秘书长等十多个协会组织的领头人之一，推动神经医学临床与基础研究的交流和发展，曾获 2003 年"福建省新长征突击手"。

　　从医近三十载，手中一把柳叶刀越发炉火纯青，求诊之人踏破门槛，林元相实现小时候悬壶济世的理想，也成了行业的佼佼者，在患者、同行乃至学术圈有口皆碑。但林元相越学习，越体会到大脑还有很多未知领域，远没有能够揭示展露它所有奥秘。回顾这一路从医经历，林元相的初心越发坚定：做患者信任的医生，做人民信任的医生！

从小培育向医之心

　　从 1990 年成为医生起，林元相一直耕耘在神经医学领域，擅长颅脑肿瘤、脊髓肿瘤、脑血管病、颅脑损伤的诊治，尤其在脑动脉瘤、垂体瘤、胶质瘤、难治性癫痫、三叉神经痛、舌咽神经痛、面肌痉挛、帕金森病等疾病研究及微创手术治疗方面有较深造诣。

　　林元相自幼体弱，经常出入医馆。爷爷、奶奶都因肺结核去世。父亲年轻时也得了肺结核。两岁时，林元相得了一场严重的肺结核，幸亏当地一名林姓赤脚名医妙手回春，才捡回一条命。父亲在林元相小时候就嘱咐他，以后也要学医，救人！对医学的虔诚就在那时种下。1985 年，林元相以远高于重点线的成绩，考入福建医科大学临床医学专业，进入了重点班。

　　在附一医院实习期间，因为成绩优异，林元相获得自选科室的权利。

在耳鼻喉科、内科、外科、神经外科递来的橄榄枝中，林元相选择了当时还很神秘的新型学科——神经外科。

20 世纪 80 年代，CT 开始应用在临床，促进了神经外科在 90 年代的迅猛发展。当时一听到"开脑袋"，大家都觉得很神秘，林元相对大脑也充满好奇。"越难，我越想试试！"热爱挑战的性格，让林元相坚定地选择了脑外科。

始终立于行业前端

医学的点滴进步，都会影响成千上万患者。以前大骨瓣开颅，手术死亡率较高，即使侥幸活下来，偏瘫、失语等残疾率也很高。

从 2002 年开始，林元相就跟着全国知名专家康德智院长、兰青教授等，在全国率先开展"锁孔"微创手术，在脑部打开钱币大小的孔，在影像、神经导航等精准引导下，深入脑部操作。当时很多同行质疑，但实践证明，微创术最大限度避免了术中的功能损伤，手术后病人能吃、能走动，甚至旁人根本看不出动刀的痕迹。如今这项技术已从附一医院向基层医院推广。

医学的发展一日千里，林元相始终保持对技术精益求精的追求，不断和国内、国际接轨，进行吸收、应用、创新，先后主持国家、省部级等课题十余项，国内外发表杂志论文 100 余篇，"局灶性皮质发育不良相关性难治性癫痫的相关基础和手术预后研究""癫痫灶的手术定位及损伤性癫痫的致痫机制系列研究""锁孔微创手术治疗脑动脉瘤的临床应用研究"等课题研究，分别获得福建省医学科技二等奖、福建省科技进步二等奖和三等奖。他每年开展的复杂手术达 500 多例。

林元相主持了全省首个 ROSA 机器人"入脑"手术，用 ROSA 机器人导航安装"脑起搏器"，让外科手术进入智能时代；开展了癫痫、面肌痉挛等方面的神经外科新技术新项目十余项……正是基于他对技术的精益求精，从全国慕名前来求诊的患者不计其数，接待过最远的黑龙江省的病人，甚至有不少去外省看病的省内病人，又由北京、上海等地大医院同行推荐回来让他诊治；美国、欧洲、菲律宾等国家和地区的许多华人华侨专程回国请他手术。他科室的病床经常一床难求。

　　看到一项项新技术应用到疑难杂症，为病人送去健康，林元相涌动在心头的，除了欣慰，更是医者的骄傲！

总是保持人文温度

　　精湛的医术固然重要，但林元相时刻警醒，不要陷入技术的迷思，仪器是冷冰的，但医学是有温度的，医生和病人，应该是同一个战壕的战友，一台成功的手术，必然要建立在医生和患者的信任关系上。

　　信任来自哪里？来自内心的善良，来自细节。从医以来，林元相每天的日程安排得满满的，即便前一晚通宵抢救，第二天上午还要赶到病房替病人看化验单、换药、加药等。只要许诺病人的，林元相都会说到做到。他是这样要求自己的，作为科室主任，他也要求各级医生做到这一点。提起林元相，患者普遍评价"医术没话说、态度特别好"。医患之间，有时难免出现沟通问题，产生一些纠纷隐患。护士长打趣地说，这个时候，"元相主任说一句，顶上我说一百句"。因为林元相深知，病人需要关怀，假若对病人的期待没有回应，可能就埋下不信任的种子。

　　医学有其局限性，不可能每个病人都能药到病除。脑外科的疑难杂症特别多，在晚期癌症面前，最高明的医生也束手无策。美国名医特鲁多的名言"偶尔治愈、常常帮助、总是安慰"，林元相也奉为信条。

常怀感恩回报社会

　　生命至重，命贵万金。名医，不仅体现在医术的精湛，更在于其医风医德令人仰止。林元相也一直朝这个理想在追求。

　　作为科室的掌舵人，每天的早会，每周二7点30分的业务学习，无论多忙林元相也会参加，通过手术讨论将经验分享给更多年轻医生。2017年，附一医院神经外科进入中国医学科学院发布的"中国医院科技影响力排行榜"，学术影响力位列全国第17；连续3年进入复旦大学影响力排行华东地区前5名，2017年首次获得全国最佳专科提名。

　　对同行，林元相不因一己之利而藏私，抽空多次到外省、基层医院帮扶，通过行业联盟指导基层医院开展疑难杂症的手术，让医学造福更多人。对自己所带的研究生，林元相坚持耳提面命，在查房、手术中尽己所能，倾囊相授，坚持教学相长，以身作则。

一份爱心能带动另一份爱心。林元相是福建省抗癫痫协会的副会长兼秘书长。一位患者经他之手，治好了十多年的癫痫，其父亲感动之余，决定连续 10 年无偿支持协会，捐款用于开展义诊、科普、学术交流和对困难患者的诊治。

树高千尺不忘根。离开家乡 30 多年，林元相"一直记得生我养我的故乡，是位于龙岩市武平县武东镇的美丽乡村川坊村"。平时老家的亲戚向他求医问诊、故乡的医院请求他指导手术，林元相都是尽己所能，毫无保留。他表示，我是这片土地培养的，我所有的成就来自社会，最终也要回报社会。

弄潮儿向潮头立

——记拓岩创始人朱田祥先生

力　夫

书香门第　教育世家

武东镇东兴村大湖里自然村，地处武东西部的六甲湖流域，名山天马寨东坡山脚下，是个山清水秀、风景优美的小山村。大湖里之名的起源，可能出自该地原有一个大池塘，七个小池塘，号称"七星伴月"之故。这是个朱姓村民聚族而居的山村，从仅存的几幢古民居看，这应该也是一个人杰地灵、比较富庶的地方。

朱田祥先生，就出生在这样一个小山村里。其上祖是个践行耕读传家、有一定文化品位的中产农民之家，因此在民国时期就供出了一个中师高才生——田祥先生的父亲朱仰明老先生。仰明老先生是个十分优秀的小学教员，后来田祥先生也秉承其父亲的传承，学校毕业后曾在中学执教多年，盖源于此。

拓岩密封　勇立潮头

20世纪90年代中期，执教多年的田祥先生，发现从农村走出去打工的部分学生和青年乡亲，因为学历低，又无一技之长，外出找工作只能到处转悠，碰到什么活干什么活，工作辛苦，待遇低微，生活困窘。他征询师友同学的意见后，决心创办一个具有集群效应的产业群，以解决家乡青年的就业出路问题。

1997年，田祥先生开始涉足密封件销售行业，经过三五年的摸索和积累，2001年，田祥先生在厦门成立了"厦门市拓岩密封科技有限公司"。经过近20年的发展，公司现在拥有专业的材料物性检测实验室及油封气封疲劳寿命实验室，相关的关键实验设备均由公司独立开发设计，其中油封寿命实验室已成为华侨大学机械专业研究生实践基地。

　　公司现在拥有一支高素质的专业人才队伍，其中博士生 3 名，高级工程技术人员 5 名，在全国高级技工大赛获奖的高级技工多名。公司还与厦门大学、华侨大学、北京大学开展有关合作，并完成多个科研项目。其中申请的发明专利有：升高机专用高压密封件，维修专用密封件，分体双唇密封件，喷色机针筒专用密封件，等等。

　　公司发展近 20 年来，培养了众多密封件销售人才，建立了遍布全国的 200 多家密封件销售网点。这 200 多家销售网点，现在一年的工程机械配件销售额达到 20 亿元以上。现在，以拓岩冠名的公司有 46 家，如广州拓岩、南宁拓岩、昆明拓岩、成都拓岩、重庆拓岩等。此外，也发展了一批与拓岩系列有密切关联的子公司。

　　拓岩公司初创时期的成员以武平籍人为主，当时就已成为武平县一个知名的行业集群。现在，公司员工虽然遍布全国，但还是以武平籍人为骨干，因此得到县政府和全县群众的普遍认可和好评，成为跟不锈钢产业集群一样扎根武平、面向全国经济发展的一个知名产业集群。有识之士都说，在一个陌生的领域内，把这个行业打造成风生水起、规模宏大的产业群，田祥先生确有其独到之处。这充分展示出了田祥先生的远见和睿智。

　　田祥先生以拓岩密封科技为主产业，此外还广泛涉猎金矿采选、润滑油销售、绿茶生产与销售等多个产业。

赤子情怀　大爱无疆

　　国外对中国有种偏见，认为博爱精神和感恩精神衍生于基督教，中国社会比较缺失这两种精神。笔者比较喜欢钻研国学，为此翻开各种历史典籍一查，原来中国传统文化充满博爱精神和感恩精神，这两种精神甚至早于基督教宣传而扎根于中国传统文化之中。如孔子主张的"仁者爱人""泛爱众""老吾老以及人之老，幼吾幼以及人之幼"，墨子主张的"兼爱"等，这就是博爱思想；中国流传几千年的"孝道"、祖先崇拜以及对自然神的敬畏等，则是典型的感恩精神的体现。

　　这是一种"士"的精神，亦即读书人的传承。田祥先生按古代中国上流社会的"士、农、工、商"四民分类，位列"士""商"两界。我认为他传承的更多的是读书人的风范。因为中国社会至今还对"商人"有一点偏见，所谓"商人重利轻别离"（《琵琶行》诗句）。田祥先生却以自己的实际行动生动地诠释了博爱精神和感恩精神：尽管他目前尚属创业阶段，利润不多，但他先是关注"私惠"慈善事业，如资助贫寒学子、关爱鳏寡孤独；后是专注"普惠"公益事业，如为家乡修桥修路，等等。

　　最让人感动的是：2014 年，武东镇要建普惠全镇的教育公益事业——武东镇奖教助学基金，他率先垂范，立刻认捐 10 万元。2018 年冬，武东镇党委政府拟扩展奖教助学基金，在发动认捐会上，他振臂一呼，带头再捐出 10 万元，还推动拓岩集群人士捐资近 10 万元。在他的推动下，当年武东奖教助学基金扩展至 350 多万元，在全县各乡镇中首屈一指。

　　运笔至此，我又想起恩师朱仰明老先生。他是一个全能的好老师，我在文史工作上有一点作为，全赖他的教诲和勉励。由此推及，作为儿子，田祥先生事业有成，大爱无疆，也肯定得益于他的父亲大人的耳提面命和辛勤教导。

编 后 记

武东人文历史悠久，文化底蕴深厚，清康熙十二年（1673 年）举人林宝树所著《一年使用杂字文》被周边省、县广为传诵。武东是中宣部原副部长、文化部原副部长、中国文联原党组书记林默涵，共和国少将林伟、廖步云的家乡。

回顾武东镇的历史，寻觅前人的创业片段，让我们切实感受了艰辛、坚持、奋斗的沉重。记录武东的发展变化，定格今人的开拓成就，让我们切实体验了继承、创新、跨越的责任。正是基于这样的担当，我们通过各种途径，竭尽全力查找，征集了大量烙刻着武东记忆的碎片，几经筹划、遴选、归类，力图全景式地再现武东的历史风貌。然由于年代久远，限于当时的条件和诸多因素，许多珍贵的实物、文档，现在已无法呈现，只能留下一些历史遗迹及相传的史料。

往事如烟，征程再启。武东的历史将翻开崭新的一页，冀望后来者铭记历史，承前启后，继往开来，谱写武东镇更加辉煌的篇章。

在编辑《梁野东风——武东印记》这部书的过程中，我们始终得到了各级领导、社会各界人士和乡贤的关心、支持和帮助。值此，我们对武平县政协文史办、武平县党史办、武平县档案馆、武平县博物馆等单位给我们提供资料或查阅资料的帮助表示感谢！并对编辑此书踊跃投稿的有识之士、文史爱好者表示衷心的谢意！

在此，也对首都师范大学教授、博士生导师王光明先生为本书作序表示衷心的感谢！

由于编辑时间仓促，资料收集不全及编者水平有限，书中差错在所难免，殷切希望专家、学者、广大读者见谅、指正。

图书在版编目（CIP）数据

梁野东风：武东印记／练良祥主编. -- 北京：社
会科学文献出版社，2019.10
ISBN 978 - 7 - 5201 - 5554 - 0

Ⅰ.①梁…　Ⅱ.①练…　Ⅲ.①乡镇 - 地方史 - 武平县
Ⅳ.①K295.75

中国版本图书馆 CIP 数据核字（2019）第 205338 号

梁野东风
——武东印记

主　　编／练良祥
执行主编／林善珂

出 版 人／谢寿光
责任编辑／张倩郢

出　　版／社会科学文献出版社·学术资源建设办公室（010）59367113
　　　　　地址：北京市北三环中路甲 29 号院华龙大厦　邮编：100029
　　　　　网址：www. ssap. com. cn
发　　行／市场营销中心（010）59367081　59367083
印　　装／三河市尚艺印装有限公司

规　　格／开　本：787mm × 1092mm　1/16
　　　　　印　张：27.25　字　数：424 千字
版　　次／2019 年 10 月第 1 版　2019 年 10 月第 1 次印刷
书　　号／ISBN 978 - 7 - 5201 - 5554 - 0
定　　价／79.00 元

本书如有印装质量问题，请与读者服务中心（010 - 59367028）联系